权威·前沿·原创

皮书系列为
"十二五""十三五"国家重点图书出版规划项目

甘肃农业科技绿皮书

GREEN BOOK OF AGRICULTURAL
SCIENCE AND TECHNOLOGY IN GANSU

甘肃农业绿色发展研究报告

REPORT ON GREEN DEVELOPMENT OF AGRICULTURE
IN GANSU

主　编／魏胜文　乔德华　张东伟

社会科学文献出版社
SOCIAL SCIENCES ACADEMIC PRESS (CHINA)

图书在版编目（CIP）数据

甘肃农业绿色发展研究报告／魏胜文，乔德华，张
东伟主编 . -- 北京：社会科学文献出版社，2018.1
（甘肃农业科技绿皮书）
ISBN 978 - 7 - 5201 - 2207 - 8

Ⅰ.①甘… Ⅱ.①魏… ②乔… ③张… Ⅲ.①绿色农
业 - 农业发展 - 研究报告 - 甘肃 Ⅳ.①F327.42

中国版本图书馆 CIP 数据核字（2018）第 024367 号

甘肃农业科技绿皮书
甘肃农业绿色发展研究报告

主 编／魏胜文 乔德华 张东伟

出 版 人／谢寿光
项目统筹／邓泳红 陈晴钰
责任编辑／陈晴钰 陈 颖 桂 芳 薛铭洁

出 版／社会科学文献出版社·皮书出版分社（010）59367127
　　　　　地址：北京市北三环中路甲 29 号院华龙大厦 邮编：100029
　　　　　网址：www.ssap.com.cn
发 行／市场营销中心（010）59367081 59367018
印 装／北京季蜂印刷有限公司

规 格／开本：787mm×1092mm 1/16
　　　　　印张：20.5 字数：310 千字
版 次／2018 年 1 月第 1 版 2018 年 1 月第 1 次印刷
书 号／ISBN 978 - 7 - 5201 - 2207 - 8
定 价／98.00 元

皮书序列号／PSN G - 2016 - 592 - 1/1

主编简介

魏胜文 农学博士，研究员。现任甘肃省农业科学院党委书记。兼任甘肃省财政学会副会长、甘肃省科学社会主义学会副会长、甘肃省金融学会常务理事、全国党建研究会非公经济组织党建研究专委会特邀研究员，甘肃省宣传文化系统"四个一批"人才。

先后主持完成国家社科基金项目、省社科规划项目、科技厅软科学项目等各类课题26项；出版专（编）著19部（其中专著9部）；发表论文40余篇（C刊以上13篇）；完成研究报告16篇。获甘肃省社会科学优秀成果一等奖2项、二等奖1项、三等奖1项，其中主持完成的国家社科基金成果专著《反贫困之路》，荣获第十二届甘肃省社会科学优秀成果一等奖；主持修编完成的《甘肃省志·社会科学志》荣获第十一届甘肃省社会科学优秀成果二等奖及甘肃省地方史志编纂委员会、甘肃省地方史志学会"优秀成果一等奖"。

2006～2013年，连续8年主持编研《甘肃蓝皮书》，直接主编经济、舆情和县域蓝皮书。其中，担任执行主编的《2006～2007年甘肃舆情分析与预测》蓝皮书为全国首部，获第十一届甘肃省社会科学优秀成果一等奖。2016年主编全国首部农业科技绿皮书《甘肃农业科技发展研究报告》。

乔德华 副研究员，国家注册咨询工程师。现任甘肃省农业科学院农业经济与信息研究所所长。先后参加小麦、糜谷等粮食作物育种栽培研究，百合、玫瑰等花卉研究开发，西瓜、辣椒等瓜菜作物育种及种业开发，并从事《甘肃农业科技》期刊编辑以及科研管理工作。参加完成"陇东旱地复种糜子良种栽培技术示范推广""西瓜新杂交种选育"等课题8项，主持完成国家"十五"攻关项目"重要技术标准研究专项"、甘肃省软科学专项"科技扶贫关键问题研究"、甘肃省"十三五"期间扶贫攻坚重大课题"特色产业在扶贫开发中的应用研究"等课题 5 项；获甘肃省科技进步二等奖 2 项、三等奖 3 项；在各类学术期刊发表论文 60 余篇，其中核心期刊 13 篇；出版专著 3 部。

张东伟　理学博士，研究员。现任甘肃省农业科学院农业经济与信息研究所副所长。长期从事农业经济管理、生态经济学、地理信息系统应用等方面的研究工作。先后承担国家科技攻关项目、国家科技支撑项目、世界银行贷款扶贫项目、英国政府赠款流域管理项目、澳大利亚发展奖学金项目、国家外专局农业引智成果推广项目、农业部行业科技专项以及地方政府资助项目等 20 余项，获得各类科技成果奖励 16 项。在各类学术刊物及国内外学术会议发表论文 30 余篇。出版专著 1 部，参编学术专著 4 部。曾先后赴加拿大、新西兰、澳大利亚等国家的相关大学和科研机构开展专业研修和合作研究。

摘　要

要实现农业农村现代化，就必须坚持农业绿色发展，坚定走生产发展、生活富裕、生态良好的农村文明发展道路，加快建设资源节约型、环境友好型社会，形成人与自然和谐发展新格局。农业绿色发展是实现乡村振兴和农业农村现代化的基本要求和必然选择。

本书从多个层面系统分析了甘肃农业绿色发展情况，客观剖析了影响全省农业绿色发展的因素，提出加快农业发展方式转型的意见和建议。全书分为总报告、综合篇、环境篇和产业篇四大部分，共计18篇研究报告。

总报告从绿色发展的视角，对甘肃省农业发展状况进行全面、深入、细致的分析，客观探讨了甘肃在农业绿色发展方面的优势与存在的问题，分析了全省农业生态与环境的空间格局，提出了推动全省农业绿色可持续发展的基本遵循、制度创新路径和技术创新策略。

综合篇针对影响农业绿色可持续发展的重大问题和关键环节，以全省农产品质量与安全、农业生态服务功能、农业标准化、中低产田改造中生态与环境问题等为研究重点，分析该领域发展动态、本省现状、存在的主要问题及未来发展方向等。此外，本书搜集了全省各市州农业绿色发展基础数据，从生态环境系统、资源利用系统、社会经济系统三个准则层筛选了评价指标，并构建了指标体系，研究形成《甘肃市州农业绿色发展综合评价报告》。

环境篇以全省主要农业环境要素利用为主线，围绕"一控两减三基本"的目标，从水资源利用，化肥、农药的减量化与高效化利用，农膜、秸秆及畜禽粪污的合理处置等问题入手，深入分析甘肃省农业绿色发展条件及状况，剖析存在的主要问题，提出应对措施。

产业篇围绕甘肃省特色优势农业产业布局，以全省草食畜牧业、设施蔬菜、马铃薯、优质林果、中药材、现代种业等产业的可持续发展为主要内容，着眼于把优势调强、把产业调大、把链条调长、把质量调优、把效益调高的目标，探讨切实增加绿色优质农产品有效供给，推动特色优势产业绿色发展的方略。

本书所用的研究资料和数据主要来自各报告作者研究中的积累，同时引用了甘肃省各有关部门提供的资料，还参考了国内外同行的研究成果。旨在通过研究，提供事实充分、分析透彻、结论可靠、对策具体的权威性理论研究成果，使之成为各级党政机构、专家学者和社会各界了解甘肃省农业绿色发展全貌、开展民主决策及科学研究的参考书。

Abstract

In order to promote agricultural modernization and revitalize rural areas, it is necessary to abide by the principles of sustainable agriculture and aims at the target of green development that is signaled by sound farm production, affluent rural life and healthy ecosystems. Hence, the harmony between human and nature can be formed up and leading to a resource-saving, environment-friendly society. The green development of agriculture is the basic requirement and an inevitable choice to realize rural rejuvenation and agricultural modernization.

This book systemically analyzes the situation of Gansu's agricultural green development from multiple perspectives, and objectively studies the obstacles that affect green development of agriculture in the province, and then offers advice for accelerating the transformation of agricultural development manner. The book, containing a total of 18 research reports, is divided into four parts, namely, general report, surveys, environment topics and industry topics.

The general report analyzes Gansu's agriculture development from the perspective of green development, and objectively discusses the advantages and problems that affect agricultural development. By analyzing the spatial pattern of agricultural and ecological environment in Gansu Province, the report proposed approaches to promote the province's sustainable agricultural development, which include institutional reform path and technological innovation strategy.

The Survey part aims at the major issues and essential links that affect sustainable agriculture and green development, which covers a range of topics including agricultural product quality and safety, agricultural ecological service function, agricultural standardization, improvement of mid-low yield cropland, etc. In addition, the research team collected data that related to green development from all cities and prefectures of the province, and selected evaluation indexes from three criteria of eco-environment system, resource utilization system and social

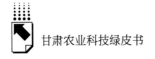

economic system, and completed a report entitled Evaluation on green development of agriculture in Gansu's prefectures.

The Environment articles, focusing on the main agricultural resources and aiming at achieving "one control, two reductions, three basics" goals, discuss the issues caused by agricultural water usage, chemical fertilizers, pesticides, farm plastic residue, farm waste, livestock manure and other matters. Based on the work, a series of in-depth analysis and sub-reports are put forward, which may facilitate the effort toward green agricultural development in Gansu Province.

The Industry Topics part, based on the special characteristics and superiority for agriculture industry in Gansu, encompasses the area of animal husbandry, vegetable, potato, quality fruit, Chinese herbal medicine and modern seed industry, and is targeted to enlarge the industry, lengthen the supply chain, improve produce quality and increase farmer's gains.

The research materials and data used in this book mainly come from all the report authors in the research work. At the same time, the book makes reference of the information provided by all relevant departments in Gansu Province and also cites the research findings and results of domestic and foreign counterparts.

The purpose of this book is to provide a full account of the facts, an in-depth analysis, a credible conclusion and a concrete authoritative study to make it an overall picture of the green development of agriculture in Gansu Province. The intended use of this book is to facilitate government agencies in their decision-making process. Meanwhile, it is also an important reference for scientific researchers and scholars at different levels to understand the green development of agriculture in Gansu Province.

前　言

　　绿色发展是当今世界发展的重要趋势和方向，是党中央提出的"五大发展理念"的重要组成部分。坚持节约资源和保护环境的绿色发展道路是我国的一项基本国策。

　　十八大以来，党和国家提出要坚持可持续发展，推进美丽中国建设，坚定走生产发展、生活富裕、生态良好的文明发展道路；十九大报告进一步强调加快建立绿色发展经济体系，坚持节约优先、保护优先方针，形成节约资源和保护环境的空间格局、产业结构、生产方式、生活方式，推进形成人与自然和谐发展的现代化建设新格局。可以说，绿色发展理念已经上升为国家意志。

　　甘肃省深入贯彻落实五大发展理念，大力推进绿色甘肃建设，在运用先进科学技术、先进工业装备和先进管理理念促进农产品安全、农村生态保育、农业资源利用和提高农业综合效益方面做出了不懈努力，探索出了具有区域特色的农业可持续发展模式，有力地促进了全省经济社会绿色发展、科学发展。

　　为了系统分析甘肃农业绿色发展情况，研究并发布关于全省农业绿色发展的权威性资讯，甘肃省农业科学院依托本院农业经济与农村发展创新工程学科团队，组织本院专家及省内相关管理、科研、教学机构权威人士，共同研究和编写了《甘肃农业绿色发展研究报告》。

　　《甘肃农业绿色发展研究报告》秉承"坚持原创、追踪前沿、打造权威"的皮书编研宗旨，研究并发布事实充分、分析透彻、结论可靠、对策具体的权威性研究成果。绿皮书的编研和连续出版将有助于发挥省级农业科研机构在区域农业发展研究中的智库作用，更好地服务于甘肃生态、经济和

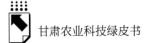

社会发展。同时，本项研究的开展也有助于集智攻关，打造"甘肃农科智库"品牌，为投身"绿色甘肃"建设提供舞台，为服务甘肃农业绿色发展做出更大贡献。

《甘肃农业绿色发展研究报告》包括总报告、综合篇、环境篇和产业篇，由18篇研究报告组成。整体编研工作以甘肃省农业科学院及相关专业研究所科技人员为基本力量，甘肃省农业生态环境保护管理站、西北师范大学完成了相关专题研究报告，组建了一支由13家单位、60多人组成的编研工作团队。甘肃农业科技绿皮书各研究报告均由相关学科的学术带头人或科研技术骨干承担具体编研任务。坚持专家立场、学术视角，体现科学性、客观性、前瞻性、应用性及可读性。遵循理论、方法与实践紧密联系，宏观研究与微观研究相结合的原则，以科学、权威、翔实的指标数据为基础，以评估现状、分析原因、预测走势、提出对策为基本框架，形成完整的研究报告。在研究内容上，以甘肃农业绿色发展进程中的重点、热点、难点问题为出发点，以向决策部门提供咨询建议为落脚点，力争成为各级党政机构、人大代表、政协委员、专家学者和社会各界进行民主决策、参政议政、科学研究的重要参考书。

为了顺利开展绿皮书的编研工作，本书成立了《甘肃农业绿色发展研究报告》编委会，全面领导和协调绿皮书的编研和出版工作。编委会主任充分发挥多年从事皮书编研工作的丰富经验，把握研究方向，进行全面协调指导和动态管理。编委会强化项目过程管理，根据研究内容，采取"按篇章分工，按专题定人"的方式组织研究和编写。编研工作严格按照皮书基本规范开展，编制了《甘肃农业绿色发展研究报告编研出版工作手册》，明确了编研内容、编研方式、编研程序、编研定位、编研目的，并对篇章结构、时间进度、质量控制、编排体例等做出了明确规定。在各篇章作者提交编研大纲后，编委会进行了逐一审定，通过审定后方可正式开展编研工作。

绿皮书的编研工作得到甘肃省农业科学院和甘肃省农牧厅领导的高度重视，甘肃省农科院将其作为年度重点工作任务，设立专项予以重点支持，党政"一把手"亲自抓，并明确提出"举全院之力，创智库精品"目标，精心组织，与协作机构通力合作，努力完成一本水平较高、质量上乘的绿皮书。绿皮书编研还得到了甘肃省绿色食品办公室、甘肃省统计局、质监局等单位及社会科学文献出版社领导和相关部门的大力支持，在此表示衷心感谢！

本书得到甘肃省哲学社会科学规划项目（项目编号：YB－016）的支持，是2017年度资助项目"甘肃农业绿色发展制度创新研究"成果之一。

本书是"甘肃农业科技绿皮书"系列丛书的年度成果。《甘肃农业绿色发展研究报告》是国内第一部由专业研究机构编创完成的省级农业绿色发展绿皮书。

绿皮书编研是一项创新性工作，尽管我们力图在农业科技发展理论、研究方法和评价实践上做一些探索和尝试，为提升甘肃农业绿色发展水平提供更多有价值的理论指导和实践对策，但由于数据资料获取方面的局限，加之受到研创时间、编者能力和水平的制约，研究仍然不够深入和全面，可能在许多方面还存在不尽如人意之处，纰漏之处在所难免，敬请各位读者批评指正。

编者

二〇一七年十月

目　录

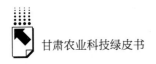
皮书数据库阅读 **使用指南**

CONTENTS

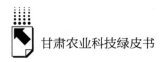
Ⅳ   Industry Topics

总 报 告

General Report

G.1

甘肃农业绿色发展现状与展望

魏胜文　张东伟　乔德华*

摘　要：　绿色发展是我国新发展理念的重要组成部分，是国家生态文
明建设战略的实现路径。农业绿色发展与农业可持续发展一
脉相承，是实现农业农村现代化建设的基本要求和必然选择。
甘肃作为西北内陆省份，生态系统脆弱，环境问题突出，农
业开发与生态保护的协调性差。尽管近年来甘肃在农业综合
生产能力提升、农业产业化发展、农业生产结构优化、农业
科技进步方面取得了长足进步，但是农业资源利用水平低、
农业生产的环境代价大、部分农产品质量与安全状况不佳的

* 魏胜文，博士，研究员，甘肃省农业科学院党委书记，主要研究方向为宏观农业政策及区域
社会经济发展；张东伟，博士，研究员，甘肃省农业科学院农业经济与信息研究所副所长，
主要研究领域为农业经济管理和生态经济学；乔德华，副研究员，国家注册咨询工程师，甘
肃省农业科学院农业经济与信息研究所所长，主要从事农业产业化和区域农业经济研究。

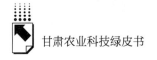
问题依然突出，农业人力素质及农业经营水平不高、农产品市场竞争力不强等问题在短期内难以得到根本改观，实现农业绿色发展、永续发展任重道远。甘肃省的主要生态类型区包括河西走廊地区、中东部黄土高原区、陇南山区、甘南高原区等，区域农业资源禀赋和农业环境迥异，生产力水平差异明显，应当在不同区域采用有差别的农业绿色发展策略。在全省发展进入新时期的转型阶段，要持续推进农业供给侧结构性改革，加快农业发展方式的转型升级；加强农业生态管理，促进农业资源的保护和可持续利用；发挥政府引导作用，建立完善的政策支持体系；构筑农业绿色发展技术体系，提高绿色农业科技支撑能力，加快建立促进农业绿色发展的长效机制，以助力甘肃农业现代化进程，加快全省农村和农民致富奔小康的步伐。

关键词： 绿色发展　农业　甘肃省

随着我国发展进入新时期，农业和农村发展内外部环境都发生了深刻变化，当前我国发展不平衡不充分的矛盾主要表现为城乡发展不平衡、区域发展不平衡、农村发展不充分，我国社会主要矛盾集中体现在农业、农村、农民上。人民日益增长的美好生活需要对农业发展提出了新期待和新要求，与此相应的农产品供求态势、农业资源利用方式、农业生产经营与管理方式都呈现新的特征。新型农业经营主体大量涌现，并逐步成为农业产业化发展的主力军，农业发展面临生产方式和结构调整、动力转换加速的要求。有效解决农产品有效供给与资源环境承载力之间的矛盾、提高农业质量效益、破解农民收入增速减缓问题、完成精准扶贫任务，都对农业发展模式提出了新挑战和新任务。认真分析甘肃农业发展现状，科学研判农业可持续发展态势，对于贯彻以节约优先、保护优先、自然恢复为主的生态文明建设方针，谋划甘肃农业绿色发展空间格局、生产方式，服务甘肃省农业和农村现代化发展，实施乡村振兴战略具有重要的现实意义。

一　甘肃省农业发展概况

（一）基本形势

近年来，甘肃省以落实中央提出的"着力发展现代农业，增强农产品供给保障能力"为主线，大力实施"365"现代农业发展行动计划，积极深化农业和农村改革，通过加强农村基础设施建设、新型农业生产经营主体培育、农民职业技能培训、农业设施装备和技术创新，及加大政策支持保护力度等措施，着力打造旱作农业、高效节水农业、草原畜牧业可持续发展3个国家级示范区，持续壮大草食畜、苹果、蔬菜、马铃薯、中药材、现代制种业和酿酒原料六大特色产业，有力促进了农业增效、农民增收和农村繁荣稳定，全省农业发展水平稳步提高，农业综合生产能力明显提升，粮食生产连年丰收，优势及特色产业快速发展，走出了具有甘肃特色的农业发展新路径。

（二）主要成效

1. 农业综合生产能力逐步提升

2016年，甘肃省农业增加值近1000亿元；粮食总产量达1140万吨，实现了"十三连丰"，全省粮食生产实现了由总量基本平衡到略有盈余的历史性转变；农民人均可支配收入达7457元，比2010年翻了一番多[①]。

2. 特色农业产业快速发展

通过推进农业现代化建设，甘肃地方特色作物提供了约三分之二的农民

---

① 甘肃发展年鉴编委会：《甘肃发展年鉴》，中国统计出版社，2016。

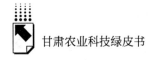

家庭经营收入。同时，苹果等特色果品的竞争力和知名度逐年上升；蔬菜生产标准化水平显著提升；马铃薯种植实现了脱毒种薯全覆盖；中药材产业由弱向强转变，延伸了产业链；包括杂交玉米、马铃薯脱毒种薯、高值蔬菜及花卉繁育在内的现代种业地位进一步提升，行业影响力持续加强。甘肃省农业在农牧结合、草畜良性平衡和大农业产业结构调整方面成效明显。

3. 农业经营模式与管理方式持续创新

以土地经营制度为重点深化农村改革，合作社、龙头企业、家庭农场等新型经营主体不断壮大，集体经营、农业企业等多种经营方式共同发展，农业产业化、集约化发展步伐明显加快。现代农业示范园区建设积极推进，农产品质量和安全水平稳步提升。戈壁农业、休闲农业、观光农业、都市农业等农业新业态、新模式在全省各地涌现，并初见成效。

（三）困难与短板

1. 农业基础条件薄弱的短板尚未补齐

与全国其他地区相比，甘肃省农业基础条件差、设施落后、科技进步与农业现代化发展的需求不相适应。甘肃省农田土壤肥力和耕地地力水平整体偏低，种养业设施发展不足，农田水利条件落后，农业防灾抗灾能力薄弱，不能适应新时期农业发展总要求。

2. 资源环境约束趋紧态势尚未缓解

甘肃省大部分地区水资源严重短缺，单位面积耕地的水资源占有量低，约为全国平均水平的四分之一，全省70%以上的耕地为旱地；土地荒漠化程度严重，盐碱地面积大，中低产田比重高，土地后备资源的改造和利用难度大；局部天然草场退化，草产量和载畜能力均较低；多种农业自然灾害频发；在不同地区、不同种植方式下农业面源污染不同程度地存在。

3. 农民收入持续增长乏力

甘肃省的农民收入水平较低。2016年全省农民人均纯收入不足7500元，仅为全国均值的60%。尤其在农业经营成本"地板"和农产品价格"天花板"的双重挤压下，农业增收空间收窄；农业供给侧结构性改革要求日益迫切；新型职业农民和高素质农业经营者缺乏，全省农业持续增收难度加大。全省尚有 23 个深度贫困县面临突破农民增收瓶颈，加速农民脱贫致富步伐、与全国同步迈入小康的紧迫任务。

4. 农业现代化发展瓶颈尚未突破

总体来看，甘肃现代农业体系不够健全，组织化程度低；农业生产方式比较粗放，供给结构的调整滞后于需求结构的变化，新型经营主体数量少、规模小，辐射带动作用不强，第一、第二、第三产业融合发展不充分，小农户分散经营的弊端日益凸显，缺乏知名的农业企业和"叫得响""吃得开"的农产品品牌，发展现代农业所需的技术、储存、销售、保险等体系不完备，品牌农业发展步伐较慢，抵御自然风险和市场风险能力都有待培育和提升。

综合研判，甘肃省农业已经到了一个由传统农业向现代农业转型的临界期，既面临精准扶贫与精准脱贫的繁重而艰巨的任务，也要应对发展动力转换、发展方式转变等一系列重大考验与挑战，延续了数千年的农耕文明将不可避免地被"革命"，农业发展"拐点"已经出现。必须着力破难题、补短板，厚植优势，以绿色、可持续理念和方式推动甘肃农业完成由传统农业向现代农业的转型。

二 甘肃省农业绿色发展现状与挑战

近年来，甘肃省深入贯彻落实五大发展理念，积极推进生态文明建设。在农业领域，倡导运用先进科学技术、先进工业装备和先进管理理念，促进农产品安全、农村生态保育、农业资源利用和提高农业综合效益，探索出具有区域特色的农业可持续发展模式，促进了全省经济社会绿色发展、协调发展。

（一）自然资源与环境概要

从自然地理上看，甘肃省处于黄土高原、内蒙古高原、青藏高原三大高原交会区，地跨东部季风区、青藏高原区和西北干旱区三大自然气候类型区。甘肃地形狭长，自东南向西北延伸，呈"如意"形，东西长达 1659 千米，南北均宽 530 千米；地势自西南向东北倾斜，大部分辖区位于中国地势二级阶梯上，分属黄河、长江两条外流河流域和数个内陆河流域。全省地质地貌类型多样，山地、高原、平川、河谷、戈壁、沙漠镶嵌分布，森林、草原、荒漠、湿地、农田、城市六大陆地生态系统均有发育，农业立地条件迥异。甘肃深居西北内陆，受地理位置和大气环流特征影响，海洋暖湿气流不易到达，全省降水量普遍较少，大部分地区属温带大陆性季风气候，气候干燥，冬季低温时间长，春夏季节转换快，夏季短暂，高温多发，秋季降温快。年均气温为 4℃ ~ 14℃，省内总体降水量从东南向西北递减，范围为 30 ~ 860 毫米。总体而言，农业是自然再生产和经济再生产协同作用的过程，是高度依赖自然资源禀赋的基础产业，而甘肃省农业发展面临自然因素影响大、干旱范围广、水土资源时空不匹配、环境承载能力低、生态修复能力弱等自然条件制约。

从生态格局看，甘肃地处长江、黄河上游，是全国水土流失治理和防沙治沙重点区域，在涵养补给黄河水源、根治长江水患、阻止沙尘暴等恶劣气候环境、保障下游区经济社会发展等方面具有特殊重要性。其中，甘南高原是黄河上游重要水源补给区；陇东南部"两江一水"（白龙江、白水江、西汉水）流域是长江上游重要的水源涵养和生物多样性保护区；陇东陇中黄土高原是我国水土保持重点区域，是控制黄河泥沙输入的关键区段；河西走廊北部是腾格里、巴丹吉林、库姆塔格三大沙漠分布区和沙尘暴主要策源区之一，也是全国防沙治沙、防风固沙生态屏障区；河西走廊南部的祁连山区是内陆河水源涵养和补给区，其特殊的复合生态系统对确保河西走廊及内蒙古西部乃至中国北方的生态安全具有重要意义。简言之，甘肃省是国家西部生态建设枢纽区域和"一带一路"黄金段上的生态敏感区，是实现中华民族伟大复兴的生态后盾。

（二）土地资源

甘肃省土地总面积 42.6 万平方千米，除部分难利用地外，有约 2700 万公顷土地可用于农牧业生产和各类建设，占土地总面积的60%。各种林地资源面积396.65万公顷，有白龙江、洮河、祁连山脉、大夏河等地的成片原始森林，其中的野生植物达4000余种。各类草地资源面积1575.29万公顷，占土地资源总面积的34.67%，其中天然草地1564.83万公顷，占草地总面积的99.34%，是中国主要的牧业基地之一。甘肃地貌类型多样，以山地和丘陵居多，约占78%；平川地面积较少，约占22%。

1. 土地资源质量

甘肃省农业土地资源面积大，但总体质量不高。全省很大一部分耕地分布在水源缺乏或者水土流失、沙化、盐碱化严重地区，存在农作障碍，农业自然生产力不高，中低产田面积大、分布广。据测算，全省中产田面积占全省耕地总面积一半以上，低产田面积占全省耕地总面积的三分之一强。中低产田面积合计约占全省耕地总面积的85%。而高产稳产田仅占到总面积的15%。

2. 中低产田分布与成因

甘肃中产田主要分布在临夏州、陇南市、兰州市、武威市、定西市、白银市、平凉市、天水市、庆阳市等地区，占全省中产田总面积的94%，大部分位于甘肃省中东部和南部的雨养农业区，而在河西内陆河绿洲农业区，如嘉峪关市、金昌市、酒泉市、张掖市分布较少。甘肃的低产田主要分布在庆阳市、陇南市、定西市、白银市、甘南州、天水市、临夏州、平凉市以及兰州市局部地区，占低产田面积的99.4%。与中产田的分布类似，大部分低产田位于中东部和南部地区，河西农业区分布很少。总的来说，除了河西地区以及中东部沿黄河主流及支流的灌溉区、长江流域的河谷地区少数高产区域外，中低产田在甘肃全省广泛分布。

中低产田是多种环境和人为因素综合作用的结果，在不同地域中成因也不尽相同，甘肃省河西地区和河东地区的成因就有明显的差别。甘肃存在旱区水土流失型、瘠薄型、灌溉区盐渍型和沙化型4种中低产田类型，而且分布区域广泛。甘肃省中低产田的成因主要为：第一，自然因素及土壤自身质地造成土地生产力低下。由于自然及环境因素，甘肃省的耕地土壤耕作层浅薄，有机质含量普遍少；同时还受到水土流失和山地地形因素制约，绝大多数耕地肥力属于中下等。第二，低投入，轻管理，用地与养地脱节，产量潜力没有充分发挥。第三，甘肃水资源总体缺乏，且时空分布不均，加上全省农村水利基础设施不完善，特别是中部和东部地区大部分耕地还没有灌排设施。现有许多工程已超过规定使用年限，普遍老化失修，功能衰减，制约了耕地地力的发挥。第四，农田生态环境保护不力，耕地质量被破坏严重。不合理开发和使用土地，使甘肃省中东部及南部局部土壤遭受水蚀影响，局部地区耕地质量大幅下降；而在河西地区，不合理耕作、灌溉致使土壤盐渍化、风蚀沙化时有发生，造成了局部土地生产力退化。

（三）农业水资源利用

甘肃省是资源型缺水省份。多年平均降水量为 1258.3 亿立方米/年，多年平均自产地表水资源量 282 亿立方米/年，多年平均地下水资源量 124.6 亿立方米/年，不重复地下水资源量 7.3 亿立方米/年，自产水资源总量 289.44 亿立方米，人均水资源量 1113 立方米，仅为全国人均的 1/2，耕地水资源量 8295 立方米/公顷，约为全国平均水平的 1/3。全省农业依据有无灌溉分为旱作农业和灌溉农业两种基本类型。

1. 旱作农业区水资源利用

甘肃的农业面积中雨养旱地农业面积占 70% 强，主要分布在年降雨量 250~600 毫米的陇中、陇东和陇南半干旱、半湿润偏旱区，包括兰州、白银、定西、天水、平凉、庆阳、临夏、陇南、武威及甘南 10 个市州的 69 个县区；旱农区人口 1700 万人，约占全省人口的 68%。该区域自然条件严酷、农业农村经济发展滞后，是甘肃省主要贫困地区。

在过去几十年间，全球气候变暖的趋势越来越明显，极端气候条件出现的频率越来越高。甘肃的旱灾日益频繁，旱灾由过去的"十年九旱"变成了近年的"大旱三、六、九，小旱年年有"。应对全球变暖局面、抗旱减灾是甘肃省当前和今后相当长时期内所面临的任务。

甘肃的旱农用水技术的发展历程经历了以"土地的用养结合，以肥调水，生物抗旱"为指导思想的有机旱作农业，以"自然降水全部就地拦蓄入渗利用""生物措施治旱"为思路的水保型旱地农业，以"梯田＋品种＋增施无机肥"为技术支撑的旱地农业增产技术体系研究与推广等几个阶段。

近二十多年来，甘肃省干旱半干旱地区以开发有限降水资源的生产潜力为核心，千方百计蓄住天上水、保住土壤水、用好地表水，创立了"用水、保水、蓄水、拦水、截水"五大节水技术体系，结合水土流失防治，逐步确立了以"品种、梯田、水窖、地膜、调整"为关键措施的旱作农业发展道路。甘肃通过改善和开发旱地作物生长发育的微生境，解决了旱地农田水分严重缺失的问题，并与作物和农艺技术合理配套，大幅度提高了旱地作物生产力和水分利用效率，基本实现了自然降水的资源化、产业化。

2. 灌溉农业区水资源利用

甘肃农业的灌溉用水主要来自黄河、长江、内陆河三大流域，供水量主要来源于地表水，其中内陆河流域地表供水以蓄水、引水为主，黄河流域地表供水以引水和提水为主，长江流域地表供水以引水为主。灌溉水是内陆河流域农业供水的主要来源，降雨是黄河和长江流域农业供水的主要来源，且内陆河和黄河流域地表水供水量远高于长江流域。

甘肃省农田灌溉用水量占农业用水的比例最大，近十几年来有小幅下降趋势，而林果、草地和鱼塘牲畜用水均呈先降低后增加的趋势。2015年全省农业、工业和生活用水比例为80.7∶9.7∶9.6，与2003年相比，缺水程度降低1.8%，其中内陆河流域农业用水下降明显，但结构性用水矛盾依然突出，黄河和长江流域农业、工业和生活用水结构变化较大，逐步向着更为合理的用水结构调整；农业耗水量在全省各行业耗水量中占比最大，约为87%，2015年全省各用户综合耗水率依次为农业＞生态环境＞居民生活＞城镇公共＞工业；受人口密度、经济结构、水资源条件等多种因素的影响，甘肃省资源型缺水现象严重，水资源高效利用对发展绿洲农业、旱作农业和维持脆弱生态环境显得尤为重要。

甘肃省各市州农业水资源利用效率各不相同。2003～2015年农业水资源利用效率以甘南州、嘉峪关市、酒泉市、平凉市和庆阳市最高，武威市、

兰州市、天水市和张掖市农业水资源利用效率接近于 1，白银市、定西市、临夏州和陇南市农业水资源利用效率次之，金昌市农业水资源利用效率最低。

近年来，甘肃省农业水资源短缺和紧张的状况在一定程度上已与快速发展的农业经济不相适应，而造成区域农业水资源综合利用程度差异的主导因素依次为水资源丰度、农业用水效益、农业需水满足度、供需平衡能力、非农业需水、水源涵养能力和社会经济技术保障。因此，在保证粮食安全的前提下，建立以高效节水的现代灌区农业和旱作农业为核心的节水型社会经济系统是实现甘肃省农业水资源高效综合利用的根本途径。

（四）农业生态环境状况

1. 农业生态服务功能

农业不但提供农产品满足人们的食物等基本需求，还是农业资源的利用者和生态产品与服务功能的提供者。研究农业生态服务功能及其价值，可为农业生态系统可持续发展和生态服务功能完备、均衡性保持提供科学依据。2008 ~ 2015 年，甘肃省农业生态服务功能的总价值为 1054.07×10^9 元，并呈逐年增长趋势，其中土壤形成与保护的总价值最高，为 187.44×10^9 元；其他依次为水源涵养 171.32×10^9 元、废物处理 148.16×10^9 元、生物多样性与保护 121.05×10^9 元、气候调节 113.41×10^9 元、气体调节 106.68×10^9 元、原材料生产 96.79×10^9 元、食物生产 59.79×10^9 元、娱乐文化 49.43×10^9 元；甘肃省不同土地利用类型的生态服务功能价值均值从大到小依次为森林 > 水体 > 草地 > 农田，历年合计的总价值占比分别为森林 48.76%、水体 27.08%、草地 15.48%、农田 8.68%；甘肃省农业生态服务功能的价值贡献率为水体 > 森林 > 草地 > 农田。

尽管甘肃省农业生态服务功能的价值在不断增长，但是各项生态服务功能的增速和同比增长率并不均衡。鉴于甘肃省休闲文化等农业生态服务功能和农田、草地等土地利用类型贡献率较低，甘肃省亟须开展农业生态服务功能建设，大力发展农业经济、积极建设生态农业，以保持农业生态平衡、推动农业生态系统可持续发展和提高农业生态系统服务功能价值。

2. 农田化肥

化肥作为农业生产中的主要生产资料，与作物产量、品质及食品和环境污染等问题密切相关。甘肃省农业生产自然条件差，土壤保肥能力低，为了实现高产目标，只能大量使用化肥。2016 年，甘肃省化肥施用量（折纯量）维持在 100 万吨左右。在五大农业生态区中，河西干旱灌溉农业区的化肥施用量仍保持最高，平均化肥使用量为 580.5 千克/公顷，粮食作物化肥使用量为 498.0 千克/公顷，瓜果蔬菜等经济作物化肥使用量为 961.5 千克/公顷；中部干旱半干旱雨养农业区平均化肥使用量为 477.0 千克/公顷，粮食作物化肥使用量为 381.0 千克/公顷，瓜果蔬菜等经济作物化肥使用量为 636.0 千克/公顷；陇东半湿润雨养农业区平均化肥使用量为 508.5 千克/公顷，粮食作物化肥使用量为 462.0 千克/公顷，瓜果蔬菜等经济作物化肥使用量为 789.0 千克/公顷；陇南湿润半湿润雨养农业区平均化肥使用量为 474.0 千克/公顷，粮食作物化肥使用量为 430.5 千克/公顷，瓜果蔬菜等经济作物化肥使用量为 739.5 千克/公顷；甘南高山草甸寒冷湿润牧业区化肥使用量最少，平均化肥使用量为 402.0 千克/公顷，粮食作物化肥使用量为 273.0 千克/公顷，瓜果蔬菜等经济作物化肥使用量为 523.5 千克/公顷。在甘肃省河西干旱灌区、中部干旱半干旱雨养农业区、陇东半湿润雨养农业区、陇南湿润半湿润雨养农业区、甘南高山草甸寒冷湿润牧业区五大农业生态区中，除甘南高山草甸寒冷湿润牧业区单位面积化肥使用量低于全国平均水平外，其余四个农业生态区化肥使用量均高于全国平均水平。

3. 农药使用

利用农药预防控制农林病虫杂草及其他有害动物，是植物保护的重要手段之一，在病虫杂草及其他有害动物的综合防控措施中占有重要的地位。但长期单纯使用或不当使用造成的药害、残留、抗药性病虫害，以及环境污染等问题日益凸显。

甘肃省在减施农药、杜绝单纯用药造成对作物的药害、减轻农药残留污染、保障人畜安全等方面进行了不懈的努力，开展了农药复配利用、生物防

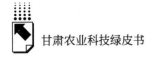
治、生态防治以及植物源农药等多项研究，并取得了一定的成果。

总体而言，甘肃省单位面积农地的农药使用量处于较低的水平。但是相对而言，设施栽培条件下蔬菜、水果上的用药量高于露地栽培作物的用药量；杀菌剂的使用量高于杀虫剂的使用量。各个地区间的农药使用量也不平衡，使用量较高的地区依次为陇南、平凉、天水、武威，分别占全省农药使用总量的 19.1%、12.4%、9.6%、9.5%；其次，白银、酒泉、定西、张掖市农药使用量也较高，分别占全省农药使用总量的 8.4%、8.1%、7.7%、6.7%；其余市州农药使用量相对较小，其中甘南州、嘉峪关市农药使用量占全省农药使用总量的比重均在 0.5% 以下。

需要指出的是，由于全省在农药残留检测方面的投入有限，检测与监管的覆盖面、频率等都比较低，相关信息披露也不够及时。

4. 农膜残留

以塑料薄膜为主要原料覆盖农作物是甘肃农业应对严酷的干旱等不利自然条件的重要技术手段，在全省旱作农业区广泛应用，为甘肃农村经济社会发展做出了重大贡献，特别是以全膜双垄沟播技术为代表的地膜覆盖栽培技术，因其具有显著的抗旱节水、增温保墒、增产增收作用，有效弥补了气候条件的不足，因而在甘肃省主要粮食作物上得到普及推广。2016 年，全省地膜覆盖面积达 187 万公顷，地膜使用量 17.9 万吨。但随之产生的残留地膜不仅造成人居环境的"视觉污染"，更对土壤环境产生日趋严重的威胁。

甘肃省第一次污染源普查结果和 2012~2014 年在全省 78 个监测点监测的地膜残留污染情况显示，全省主要种植作物和用膜地区均有不同程度的地膜残留；影响地膜残留量的因素众多，地膜厚度、种植模式、地膜重复利用等是主要因素；农田残膜具有层次性、累积性和不规则形；农田地膜主要残留在浅层农田土壤中，土壤越深则残膜越少。地膜残留污染的累积性主要表现为覆膜方式不同，残留量不同，全膜大于半膜；地膜厚度不同，残留量不同，超薄地膜残留量大于厚膜；年限不同，残留量不同，覆膜年限越长，地膜残留量越大。土壤中残留地膜主要有片状、卷缩圆筒状和球状等，形态多种多样，大小不一。2016 年，甘肃省农业生态环境保护管理站设立了 20 个国控监测点对全省农田残留地膜进行监测，数据表明，0～20厘米耕层土壤中的地膜残留量为0～151.8公斤/公顷。

废旧地膜作为一种可再生利用的宝贵资源，回收则利，弃之则害。甘肃经过几年的探索、实践和创新，总结出了"强化源头防控、政府扶持引导、企业市场运作、行政监管推动、技术支撑保障、法规引领规范"这一解决地膜残留污染问题、促进农田残膜回收和资源化利用的有效途径，基本形成了"地膜增产增收、废膜回收利用、资源变废为宝、农业循环发展"的绿色农业发展模式，有效防控了废旧地膜残留带来的环境问题。2016年，甘肃省废旧地膜回收利用率已提高到78.6%，棚膜基本做到了全回收，有力地推动了全省重点用膜地区农村生产生活环境的改善。

5. 种植业废弃物

种植业废弃物主要包括各种农作物秸秆和尾菜，富含各种有机成分和能量，是一种宝贵的生物质资源，但是长期以来甘肃对这些资源的利用不尽合理，部分地区的作物秸秆被随意焚烧，造成大气污染，蔬菜集中产区的尾菜被当作垃圾丢弃，对农村环境和水质造成不同程度的污染。

近年来情况有所改观，秸秆、尾菜等现已越来越多地被种植业、养殖业、加工业等行业广泛利用。2016年甘肃省粮食产量1140.59万吨，按谷草比1∶1.5计算，农作物秸秆产量1711万吨以上；蔬菜产量1951.48万吨，按尾菜产出率30%计算，尾菜年产生量585万吨；两类合计2296万吨。甘肃省秸秆综合利用率约80%，其中饲料化利用率约60%，显著高于全国平均水平；肥料化、基料化、燃料化和原料化利用率约为20%。省内秸秆综合利用的主要方式有：青贮养殖过腹还田、粉碎还田保护性耕作、栽培食用菌、制作有机肥、机械收获打捆储存再利用。全省现已建成草块、草颗粒加工厂20多家，年加工能力80多万吨。2013年，甘肃省将饲草料开发利用作为全省六大扶持环节之一进行财政扶持，同时，将秸秆综合利用机械（还田、收获、收割、揉丝、铡草、粉碎等机械）列入农机补贴，而且补贴经费逐年增长。现已初步形成秸秆收集体系，秸秆综合利用率与全国平均水平持平。

甘肃省在尾菜资源化利用方面取得的成效在国内相对突出。从2012年开始，省财政每年列支1000万元专项资金，市州县也按照比例自筹资金匹配，对尾菜处理利用工作给予补贴。目前，甘肃省的尾菜利用以肥料化和饲料化为主。肥料化利用方面以田间堆肥、半堆半沤、直接还田为主，生产有机肥为辅；饲料化利用方面以青贮发酵为主，还有少量的沼气化利用。2015年，全省尾菜处理利用率已达到31.3%，尾菜的综合利用水平显著提高，同时有效遏制了尾菜污染环境的问题。

6.规模化畜禽养殖业污染

畜禽养殖业是甘肃省的支柱产业，在促进全省脱贫致富等方面发挥了重要作用。与此同时，随着畜产品的快速增加，畜禽养殖产生的废弃物粪便、污水等"畜产公害"引起的土壤富营养化、重金属污染、有害病源生物传播，以及恶臭气体污染等环境问题日趋突出。

目前，甘肃省畜禽养殖业年排粪量约9500万吨，排尿量约5000万吨，排污总量约1.45亿吨；畜禽粪便污染物排放总量为COD 242万吨、BOD 199.94万吨、NH_3-N 8.69万吨、总氮96.84万吨、总磷9.96万吨。但畜禽养殖场大多离农田较远，畜禽粪不能就地无害化处理后直接施用于农田，于是便造成环境污染。

甘肃省畜禽养殖场对粪污普遍采用干清粪工艺，实施固液分离，固体粪便堆肥发酵，液体污水进入沼气工程，通过厌氧发酵生产沼气。2000年以后，甘肃省通过政府引导、财政支持，动员企业新建、扩建了一批大型粪污处理设施，主要包括沼气工程、有机肥生产线、污水处理池等，使大部分规模养殖场的粪污实现了干湿分离，有效减轻了环境的污染压力，初步形成了对养殖产生的废弃物进行无害化处理、资源化利用的循环模式。

（五）农产品质量与安全

农产品质量关系到保障公众"舌尖上的安全"、提升农产品竞争力、促进农业产业健康发展，农产品质量安全是实现农业"初心"的基本要求。近年来，甘肃大力推进农产品质量安全监管能力建设，全省农产品质量安全监测体系基本健全、监管体制机制逐步完善；紧抓农业标准化水平提升、农产品质量安全追溯信息平台建设和农产品质量安全县创建，农产品质量安全风险评估体系基本建成。近 5 年全省蔬菜检测平均合格率稳定在 98% 以上，畜禽产品和水产品检测平均合格率均达 100%，无重大农产品质量安全事件发生；已有 12 个市州、57 个县（区）成立了独立的农产品质量安全监管或检测机构，90% 的乡镇成立了农产品质量安全监管站；覆盖全省种植业、林业、畜牧业、农机、草业等产业的农业标准体系基本形成，累计发布农业地方标准 1800 余项，其中无公害、绿色等农产品地方标准 600 多项，创建了 15 个国家级农业标准化示范县、60 多个省级农业标准化示范基地；全省累计认证"三品一标"农产品 1600 多个，生产规模占全省食用农产品生产总规模的 45%；创建了 6 个国家级农产品质量安全县、22 个省级农产品质量安全县；已建成 17 个市级、107 个县级、719 个乡镇监管机构追溯信息平台，建立 331 个农畜产品生产经营主体追溯示范点，已有 1200 多家监管机构、3000 多名监管人员、4870 多家生产经营主体、3800 多家农资经营门店、40 多家屠宰场被纳入平台管理。全省的农产品质量安全风险监测与评估、风险预警与防范、风险交流与应用等研究工作已经步入良性发展的轨道①。

三　全省农业生态环境的空间格局及发展评价

（一）甘肃省农业生态环境的空间格局

甘肃省土地辽阔，生态类型多样，与之相应的农业生态类型区也呈现鲜明的特点。全省农业生态区域大致可分为四个各具特色的类型：陇南山地农业区、中东部黄土高原旱作农业区、甘南高原农牧区、河西走廊灌溉农业区，各个类型区的生态环境不同，面临的农业绿色发展问题各异。

---

① 鲁明：《甘肃农产品质量安全检测平均合格率超过 98%》，《农民日报》2017 年 7 月 11 日。

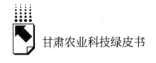

1. 陇南山地农业区

本区位于甘肃东南部,大致包括渭水以南、临潭、迭部一线以东的山区,为秦岭的西延部分。在行政区划上包括陇南市和天水市东南部地区。陇南地区大部分区域重峦叠嶂,山高谷深,植被丰厚,水资源丰沛。同时,区内特殊的自然地理条件和气候特点,造成滑坡、泥石流等自然地质灾害频发、水土流失严重等诸多问题,严重影响着当地农业生产和人民生活[①]。

陇南地区水资源丰富,但降水时空分布不均,水土流失严重。该区是甘肃省降水最多的地区,地表水资源丰富,但受降水分布特征,特别是山高坡陡地形地貌条件的影响,水土流失较为突出。加之局部地区植被覆盖较差及过量采伐和放牧等问题,加剧了土壤侵蚀,地质灾害频发,主要发生在白龙江、白水江两岸及各支流内,受威胁面积占总土地面积的42%;且灾害发生频率高,危害严重,属我国滑坡、泥石流集中暴发区之一,也是我国长江流域的重点水土流失区。

陇南耕地数量少、质量低。受地形地貌因素影响,区域大部分耕地土层较薄,石块较多,田块较窄,保水、保肥能力差,耕地资源总量有限、质量不足。加上过度垦耕、过量采伐等人为破坏改变了区内自然植被状况,生态多样性受损,自然生态系统脆弱。特别是在长期以粮为纲的单一化农业经济格局下,广大农民不得不将种粮作为主要收入来源,往往盲目毁林毁草垦耕,造成愈垦水土流失愈严重、土壤愈瘠薄、产量愈低的恶性循环,致使地形破碎严重,资源约束趋紧。

当然,陇南地区生态多样性好,雨量充沛,气候温和,具备发展山地特色农业的潜力,加上该区在农产品电商领域异军突起,为培育绿色山珍品牌集群奠定了基础。

2. 陇中陇东黄土高原旱作农业区

该区位于甘肃省中部和东部,东起甘陕省界,西至乌鞘岭畔。行政区划上涵盖庆阳市、定西市、平凉市、兰州市及白银市、临夏回族自治州、天水

---

① 李志龙:《陇南山地特色生态农业可持续发展问题研究》,《甘肃科技纵横》2012 年第 3 期。

市的大部分区域。甘肃中东部黄土高原地区地貌类型多样，土壤侵蚀强烈，严重的水土流失不仅造成当地农业生产力下降，汇入黄河的大量泥沙对下游的生态环境、区域安全等也造成极为严重的威胁。

甘肃黄土高原区是我国生态环境建设中的关键区域之一，是一个具有生态和经济意义的过渡带，这里植被破坏、水土流失、土地破碎与劣化、生产力低下，已成为区域生态环境退化的典型。长期对资源实行掠夺式开发，致使甘肃黄土高原地区，尤其是其丘陵沟壑区经济结构失衡、粗放、低效。全区农业以种植业为主，种植业又以粮食为主，畜牧业仍以粗放型经营为主，大部分地区交通不便，农业生产方式落后，社会经济不发达，曾以"苦瘠甲天下"而闻名，经济发展与生态环境矛盾突出，脱贫攻坚任务依然艰巨。

但我们也应当看到，甘肃黄土高原区农耕文明积淀丰厚，局部区域农业发展条件优渥。如陇东塬区土地平整，黄土层深厚，旱农历史悠久，具备发展特色林果业的优势；陇中南部的二阴地区，降水较多，是优质马铃薯和特色中药材的重要生产基地；沿黄水川地区水源便利，土壤肥沃，发展蔬菜、瓜果、奶牛等种植养殖业条件良好，具有发展城郊农业和高附加值农业的潜力。

3. 甘南高原农牧区

甘南高原位于"世界屋脊"青藏高原东部边缘，行政区域上属甘南藏族自治州。该区地势高耸，平均海拔超过3000米，大部分区域海拔3000~3600米，是典型的高寒生态脆弱区；区内气候寒冷潮湿，年平均气温低于3℃，属高原大陆性气候；年均降水量为400~700毫米，空间分布不均；水系发达，其中，黄河及其支流洮河、大夏河在该区的流域面积达3.06×10^4平方千米，多年平均补给黄河水资源66×10^8立方米，是黄河上游重要的水源补给区[①]。

甘南农牧区受社会因素与自然因素的双重影响，过牧过载问题比较普

---

① 万文玉等：《高寒生态脆弱区农户的生计风险识别及应对策略——以甘南高原为例》，《经济地理》2017年第5期。

遍，沙化土地扩展，湿地萎缩，杂毒草蔓延，生物多样性受损，部分区域草原鼠害严重，生态环境整体退化严重，退化草地面积持续扩大，重度退化草地已占退化草地的三分之一。这不但影响了农牧业的可持续发展，而且造成区域水源涵养能力下降，加剧了当地高度依赖自然资源谋生的农牧户生计的脆弱性。其生态经济系统表现出抗逆力弱、恢复能力差、边缘效应明显等特征。

当然也应当看到，甘南青藏高原地区整体开发强度低，基本保持了原生态的生产方式，区域土壤、水和空气的洁净程度比较高，加上藏传文化的丰富资源，具有发展现代农牧业、特色旅游业的良好基础条件。

4. 河西走廊灌溉农业区

河西走廊斜卧于祁连山之北，北山以南，东起乌鞘岭，西到甘新交界，是东西绵延 1000 余千米的狭长地带，行政区划上包括酒泉市、嘉峪关市、张掖市、金昌市及武威市大部，面积 8.9 万平方千米。河西走廊地势平坦，光热充足；发源于祁连山的数条内陆河沿岸孕育了规模不等的灌溉农业区；有水则绿洲，无水则荒漠，该区呈现荒漠与绿洲共存的景观，是甘肃主要的粮菜棉基地，也是全国规模最大、产业化水平最高的玉米制种基地和重要的瓜菜花卉制种基地[①]。

河西走廊天然降水量不足以维持农业生产，地表水资源是维系区域农业的生命线。河西走廊的河流全部发源于祁连山地，汇为石羊河、黑河和疏勒河三大内陆水系，但人均占有量约为 1440.59 立方米，不足全国平均水平的 2/3，属资源型缺水区域。由于工农业经济的快速发展，缺水问题日益严重，开采地下水已成为弥补水资源不足的主要途径，一段时间以来，黑河流域的水资源利用率高达 150%，石羊河流域达 172%。干旱、缺水和地下水的过度开采致使区域地下水位下降迅速，土地盐碱化加重，农地沙化、草场退化速度加快，沙尘暴频发，生态环境日趋恶化。水资源合理利用是决定河西走

---

① 车宗贤、张立勤：《甘肃河西走廊节水农业生态补偿机制探索》，《农业环境与发展》2011 年第 4 期。

廊农业经济发展、生态环境安全的关键。

此外，河西走廊东部面临腾格里和巴丹吉林两大沙漠合围之势，自然植被受损，土地沙化、荒漠化威胁严重，部分农田弃耕，受害居民被迫搬迁。走廊西部疏勒河尾闾的湿地因水资源匮乏而萎缩，沙漠正向湿地逼近。作为河西走廊水源涵养地的祁连山生态问题同样十分严重，植被覆盖度减少和永久性雪线上升，部分地区生态危机凸显，成为影响河西走廊可持续发展的最大隐忧，引起了各界的高度关注。

随着国家在石羊河、黑河及疏勒河等流域实施大规模流域治理工程，区域生态环境恶化的趋势得到明显改变，成效喜人。从整体上看，河西地区有广阔的土地，光照充足，地表水水质较好，空气干燥有利于抑制动植物病害发生和传播，发展节水型绿色农业的条件得天独厚。

（二）各市州农业绿色发展综合评价

甘肃地形狭长，生态类型多样，省内各市州农业资源禀赋和农业环境问题各异，农业绿色发展水平各不相同。为探索构建甘肃省区域农业绿色发展指标体系，本书对影响各地区农业绿色发展的因素进行对比分析，并对全省14个市州农业绿色发展的实际状况及水平进行综合评价，探寻解决农业绿色发展问题之道，调查分析了2016年各市州农业绿色发展指数，形成了甘肃省市州农业绿色发展评价报告。

基于农业绿色发展的理论基础、内涵及特征，综合考虑影响甘肃省农业绿色发展的关键性环境质量因素、资源约束因素及经济发展、社会进步的总体状况，本书构建了甘肃市州农业绿色发展评价指标体系。该指标体系分三个层次，第一层次为目标层，即甘肃市州农业绿色发展评价总指数，第二层次分为3个一级指标，即农业生态环境、农业资源利用、社会经济发展；二级指标层即方案层共14个指标。其中农业生态环境指标包含单位农业氨氮排放产值、单位农业化学需氧量排放产值、有效灌溉面积比重、中低产田面积比重、森林覆盖率；农业资源利用指标包含单位农业产值的机械能耗、农业土地生产率、化肥（折纯）施用效率、农膜使用效率、节水灌溉面积比

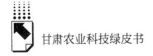
重；社会经济发展指标包含农村居民人均可支配收入、农业劳动生产率、农村居民恩格尔系数、城镇化率。

本书采用层次分析法对各指标权重进行了测算，并对各个参评指标进行了无量纲化处理，计算出了全省各市州的农业绿色发展指数。结果显示：甘肃省各市州的农业绿色发展状况存在较大差异，其中绿色发展评级为良好的有4个市，依次是嘉峪关、酒泉、金昌、张掖；发展评级为较好的依次是天水、甘南、武威、定西、兰州5个市州，区间内呈现比较明显的差异；发展评级为一般水平的依次是庆阳、平凉、陇南3个市，区间内发展水平差异明显；临夏、白银评级为较差水平。

总体来看，河西绿洲灌区5个市州在甘肃属于经济发展较好地区，但荒漠化威胁严重，植被覆盖率低，水资源约束明显，农业生态系统高效但易损；中东部干旱半干旱区的大多数市州中低产田比例高，受到生态环境和社会经济水平双重制约，在省内属于发展地区；临夏州人口稠密、农业生产立地条件差，土地生产率、劳动生产率双低，农业绿色生产的约束条件多；白银市属于资源枯竭型城市，处于转型发展期，城乡经济融合度低，对农村经济的带动能力弱，这两个市州需要注重生态环境修复、加强农业资源的综合利用、转变思路寻求突破绿色发展瓶颈，实现可持续发展。总之，坚定不移地发展绿色农业是各市州长期的目标和任务。

四 甘肃省农业绿色发展展望

（一）基本遵循

全面贯彻十九大精神，特别是其中关于"加快生态文明体制改革，建设美丽中国"的重要论述，紧扣统筹推进"五位一体"总体布局和协调推进"四个全面"战略布局，牢固树立并贯彻落实新发展理念，认真落实中央针对甘肃发展提出的"八个着力"的总要求，以绿水青山就是金山银山理念为指引，构建人与自然和谐共生的农业发展新格局，推动形成绿色生产方式和生活方式，实现农业强、农民富、农村美，为建设美丽甘肃、推进脱贫攻坚、实现经济社会可持续发展提供坚实支撑①。

以空间优化、资源节约、环境友好、生态稳定为基本路径。把保护生态环境放在优先位置，坚守三条底线：一是粮食生产能力不降低，二是农业资源承载力不下降，三是农业生态环境不恶化。

以粮食安全、绿色供给、农民增收为基本任务。以推进全省农业供给侧结构性改革为主线，通过农业标准化和品牌化建设、提升陇货农产品质量和竞争力，发挥后发优势，助力脱贫攻坚，促进农民增收。

以制度创新、政策创新、科技创新为基本动力。构建形成农业绿色发展制度体系，以"多规合一"思路科学设计农业绿色发展的空间布局体系、农业产业体系和农科创新推广体系，激发全省农业绿色发展的活力。

以农民主体、市场主导、政府依法监管为基本框架。发挥市场在资源配置中的决定性作用，通过深化农村产权制度改革，实现资源高效配置、产品优质优价、激励生态保护。充分发挥政府的执法监管职能，规制市场主体的生态环境损害行为，强化全过程监管，形成共同参与、各负其责的环境治理体系。

（二）制度创新路径

探索甘肃农业的绿色发展道路，破解区域生态环境退化和经济贫困问题不仅对于构建生态文明、建设美丽甘肃具有重要意义，而且也是全省脱贫攻坚、实现小康目标的现实要求。只有在更宽的视野和更广的背景中考察区域农业绿色发展问题，准确把握问题的实质，才能形成既具有理论性，又具有实践性的甘肃农业绿色发展对策。制度创新是新时代农业绿色发展的必然选择。

1. 完善市场经济体系，奠定制度基础

在改革开放近40年间，甘肃省农业取得了长足的发展，但是不少农区

---

① 《中办国办印发〈关于创新体制机制推进农业绿色发展的意见〉》，《人民日报》2017年10月1日。

还沿袭着传统的农业生产方式，总体上呈现小农经济的格局。随着市场开放度的提高和现代农业技术日新月异的变革，这些以小农经济为特征的传统农业耕作方式、管理方式、经营方式都不足以应对来自国内外的竞争压力。"碎片化"小规模的土地经营格局只能以兼业化的方式维持，仅靠小农生产方式无法取得社会平均利润，依靠小块土地从事农牧业致富的可能性微乎其微，土地撂荒现象在全省各地均有发生。尽管小农经济得到一些经济学家的赞誉，被认为"小的是美好的"，但是小农生产方式逐渐式微的趋势已无法逆转。

尽管计划和市场都是资源配置的方式和发展生产力的方法，但由于计划经济体制内在的缺陷，我国从20世纪80年代起逐步放弃了计划经济体制，而选择了具有中国特色的市场经济道路，发挥市场在资源配置中的基础性作用，从而促使资源配置实现优化，利用效率得以提高。

要在市场经济体系下实现农业的绿色发展，就必须遵循市场经济的客观规律，把传统农业经济学中的土地、劳动、资金等纳入市场体系加以管理，让"无价"的自然资源转化为可以带来收益和福利的资产，并将其融入市场体系而形成资本，实现农业资源的资本化经营。

农业绿色发展的基础在于农业资源的可持续利用。在市场经济体制下，虽然市场在生态经济社会总资源的有效配置中起着决定性作用，但仅仅靠自由市场机制难以实现社会总资源的最优配置，存在"市场失灵"现象。这在涉及自然资源利用和生态环境保护等公共物品时表现得特别突出。要让经济制度反映生态学的要求，就必须完善目前的市场经济机制，实现农村劳动力、土地、资金等各种生产要素的合理流动；同时，利用经济诱导、法规约束、环境教育等手段，实现微观利益和宏观生态目标相协调，建立可持续的绿色生态经济。

在现代市场经济条件下，政府作为社会公共利益的代表者，有义务在市场这只"看不见的手"运作效果不合乎公众利益时，用政府"看得见的手"加以合理干预。就甘肃农业绿色发展来说，关键是要建立有利于农民个人和社会力量参与生态建设的激励机制。甘肃应当充分激活资源潜力，用新思维来谋划甘肃农业发展新途径，通过资源变资产、资金变股金、农民变股东的"三变改革"，推动农村土地等要素有序流转。培育新型农村合作组织，提高农业规模化、组织化、市场化程度。通过合理的制度安排，形成有效的约束与激励，使外部性内在化，从而实现农业资源优化配置，将农业绿色发展建立在有效的制度基础之上。

2. 规范生态转移支付，优化投入体制

生态转移支付制度应当成为农业投入机制创新的选择。农业兼具生产功能和生态功能，譬如甘肃黄土高原地区地处黄河的中上游，是水土流失的重灾区，也是国家生态屏障之所在，在这样的生态环境高敏感区域发展农业和农村经济，必须考虑环境的制约，不能依靠牺牲环境谋求发展，否则将造成无法挽回的严重后果①。甘肃的河西走廊、甘南及陇南等地区也是国家生态屏障的重要组成部分，对维系黄土高原、青藏高原和内蒙古高原三大高原的环境安全具有不可替代的重要作用，在维护西北、西部、全国乃至全球环境安全中具有重要的生态功能。这些地区的农牧业不仅要提供合格的农产品，还要提供可保护江河水源、控制水土流失、防治沙尘暴等的"生态服务产品"。为了内化这些"外部经济效果"，我们很有必要建立有效的生态转移支付制度，使享受生态产品和服务的发达地区为绿色生态付费，从而使甘肃生态保育的成本得到合理的补偿。

3. 拓展人力资源，培养新型职业农民

目前甘肃省农业劳动者素质普遍比较低，与发展绿色现代农业的要求不相适应，主要表现为：一是从业者年龄普遍较高；二是文化水平普遍较低；三是农业科技知识普遍缺乏；四是农业管理能力、创新能力和企业家精神不足等。

农业的绿色发展不仅要求制度的变革，也要求农业生产和管理体系变革，而这离不开技术和资本的支撑，更离不开掌握现代科学技术的专业人才

---

① 张东伟等：《黄土丘陵沟壑区农业可持续发展实证研究》，中国环境科学出版社，2006年10月。

的经营。培育和引进具有"企业家精神",熟悉现代企业经营的"农业经理人";支持农业经营主体引进绿色农业高技术人才,并在户籍管理、社会待遇、专业职务晋升等方面提供更加灵活的优惠政策。破除城乡壁垒,允许非农户籍人才进入农业行业从事农业经营管理。同时,赋予高校、科研机构相应职能,鼓励他们培养适合现代农业绿色发展要求的应用型、技能型人才,造就出一批具备扎实专业知识和较高实践素质的"新型职业农民",让农民成为一个体面的职业,使甘肃现代农业绿色发展有可靠的人才保障。

4. 创新农业生态扶贫开发模式

甘肃省经济发展整体滞后,许多农业县区是国列的扶贫重点区域,存在为数不少的贫困群体。这些贫困地区往往位于资源匮乏区和生态脆弱区,不合理的资源开发方式和不可持续的生产和生活方式加深了贫困的程度。比如乱砍滥伐、陡坡地开荒等加剧了水土流失和土地退化,因而落入了"低收入—生态破坏—低收入"陷阱。饥民无法与社会协调,也难以与自然共荣。此类地区实现绿色发展的前提首先是"绿色生存",这需要通过系统化的脱贫政策和技术体系加以解决,走生态扶贫的路子。

只有建立贫困地区人口、经济、社会资源的协调发展和持续发展的制度体系,才能打破影响贫困地区生态经济绿色发展的"魔咒"。因此,很有必要深入探索甘肃生态脆弱贫困区生态与经济"双赢"的农业绿色发展生态扶贫的路径,谋求在提高区域防风固沙水平、增强水土保持能力、强化水源涵养功能的同时,强化区域发展能力和脱贫致富成效,促进人与自然和谐发展,推进美丽甘肃建设,为全球生态安全和减贫事业提供中国经验。

5. 重视农业标准化品牌化建设

现阶段甘肃省农业的小生产与大市场的矛盾无法满足农业标准化发展的要求。组织广大农户全面参与农业标准化实施,其主要依托力量是龙头企业等产业经济组织;使农户与这些经济组织通过订单生产、股份合作、土地流转或托管经营等方式,形成利益共享、风险共担的利益共同体,从农业标准化实施中真正获利,是强化农业标准化内生动能、扩大农业标准化覆盖面的重要途径。

用先进的标准体系倒逼农业供给侧结构性改革。应以苹果、百合、马铃薯、中药材、草食畜牧业和种业等特色优势产业为切入点和突破口，将标准化作为重要手段，构建产品有标准、生产有规程、质量可追溯、市场有监管、企业有诚信的标准化管理体系，用先进的标准体系促进农业结构优化升级，提高农产品有效供给水平。

用品牌化战略带动农业标准化水平提升。甘肃省大多数"三品一标"农产品的品牌影响力还处在局部地区，跨省区的品牌较少，国际知名品牌更少，打造名、优、特农产品品牌任重道远。品牌化的基础是标准化，品牌建设必须坚持标准先行，实施农业标准化是促进农产品品牌化的必然要求和重要措施。

用严格监管提高农产品质量安全水平。强化农产品质量安全属地管理责任和部门监管责任，建立健全法制化的监测检验管理体系。目前甘肃省农产品质量安全监管体系基本形成，在事后监管方面比较到位，但事前、事中监管，特别是源头监管还比较薄弱。因此，应建立完善的省、市（州）、县（区）、乡（镇）、基地五级质量检测体系，建立健全省、市、县、乡四级执法监管体系，使农产品质量安全监管环节前移，促进农产品生产流通各环节技术标准和管理标准的贯彻实施，从源头上有效提升农产品质量安全水平。同时通过强化质量追溯体系建设，逐步形成农产品贴标销售，给产品贴上"身份证"，做到生产有记录、产品有标识、质量有标准、市场有监测，打造"三品一标"品牌，让合格和优质产品货畅其流，让制劣售假者寸步难行，防控市场上"劣币驱逐良币"的现象，保障餐桌上的安全。①

6. 强化行政考核和法治保障机制

在充分尊重市场在资源配置中决定性作用的同时，利用法律和行政手段弥补其不足，引导农业向着生态可持续、环境可承载的方向健康发展。逐步建立有效的自然资源资产产权制度、国土开发保护制度、空间规划体系、资源总量管理和节约制度、资源有偿使用和补偿制度、生态环境治理制度、环

---

① 周红民：《我国绿色农业发展存在的问题与对策研究》，《地方治理研究》2017年第1期。

境治理与生态保护市场体系、生态文明绩效考核和责任追究等制度体系。完善干部的考核任用机制，把环境审计、环境保护党政同责、损害生态环境终生追责、自然资源资产离任审计等作为干部考核的重要内容。建立科学、合理、有效的立法、执法机制，使得节约农业资源、保护农业环境走上法制化轨道。

（三）技术创新策略

1. 农业技术供给侧结构性改革

资源有效利用和农业的绿色发展既依赖于制度保障，也依靠生产技术的革新。推进农业绿色发展，需要强化科技支撑，通过持续优化科技布局、强化技术推广、加强教育培训等措施加以落实。在发展绿色农业过程中应当发挥科学技术对产业发展的乘数效应，依靠科技进步增加农业产出，改进农产品品种和质量，同时减少农业的环境负效应，不断按照经济发展的要求调整农业生产结构，激发"后发优势"，以较低的成本走出一条绿色发展的道路，为农业绿色发展插上科技的翅膀。

从本质上讲，农业绿色发展就是要转变农业发展方式，这种转变有赖于技术研发创新的支持，有赖于有效的技术推广服务体系的支持。然而甘肃省在具有公益性特征的农业绿色发展技术研究方面与发达省份有较大差距。过去为了保障较高水平的粮食自给率，忽视了水土等农业资源利用和环境发展的可持续性，农业产业对环境的负效应问题日益凸显。尽管甘肃省在农业面源污染问题上的整体情况没有东部省份严重，但是在局部区域这一问题依然突出，农产品产地环境、农产品的安全性、绿色化成为短板。应抓住目前农产品供给相对充裕的有利时机，调整农业科技服务和科技成果的供给方式，在农业科技进步中寻求改善要素使用之道，精准使用水、土、肥、药、技、机等农业生产资源，避免农药、化肥、农膜等化学品的过量使用，转变农业生产方式和资源利用方式，提高农产品的品质，适应消费结构升级的需要，保障土地安全、产品安全、食物安全。

农业技术创新制度是促使绿色农业技术供给与技术需求有效达成均衡的

组织、规则及其实施机制①。面对农业绿色化技术需求的新特点，目前农业技术创新制度存在技术供给的激励结构不合理、技术供求均衡成本高等问题，不利于农业技术进步。因此在技术创新的动力机制创建中，既要考虑到微观行为主体的利益驱动，又要关顾国家长期发展之需要。

2. 技术创新重点领域

在研发内容上，要以支撑节约型和循环型的农业绿色发展为目标，创新旱作农业、节水农业、生态畜牧业、废弃资源循环利用等方面的研究和示范。尤其要在农业秸秆综合利用、农膜污染防治、化肥农药精准使用、规模化畜禽养殖粪污无害化处理等方面加大力度，通过加大农业投入品减量化和农业废弃物资源化综合利用方面的研发力度，走出一条产出高效、产品安全、资源节约、环境友好的现代农业绿色发展之路②。

重点研究领域包括：一是创新旱地农业水环境调控、农田覆盖保墒、全膜双垄沟播、梯田和旱塬地生物培肥、精准施肥和平衡施肥技术；二是创新河西绿洲和沿黄灌区节水农业高效种植模式、机械化作业的垄作沟灌和固定道种植技术、膜下滴灌和微灌等技术；三是进一步研究农牧区草畜平衡、划区轮牧、舍饲圈养等农牧资源可持续利用技术模式，改善草畜产品供给结构，加快农牧区生态环境恢复；四是提高农业废弃物高效利用水平，开展农业面源污染治理和废旧农膜回收利用关键技术研究，在农作物秸秆、牛羊等家畜粪便的材料化、肥料化、饲料化和能源化技术方面实现突破，建立基于农户或养殖场的农作物秸秆和加工废弃物的资源循环利用技术模式。

在农产品质量安全研发方面，要以提高主要农产品质量和产出高效为目标，开展全省名优特农产品营养品质、产地环境和 DNA 指纹标识，研究生产过程中重金属、农兽药及助剂、生物毒素、病原微生物及环境污染物等危害因子的来源归趋、环境行为、毒性毒理、消长变化、代谢规律和污染控制的检测分析和治理技术；研究制定农产品安全、优质、高效生产及加工储运

① 朱广其：《我国农业技术创新制度的优化》，《乡镇经济》2002 年第 2 期。
② 魏胜文、乔德华、张东伟主编《甘肃农业科技发展研究报告（2011～2015）》，社会科学文献出版社，2016。

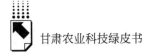

的标准、方法和技术规范，建立基于不同农产品的产地环境安全与适应性评价技术标准体系和营养功能评价技术管理标准体系；研发绿色、高效、低毒、低残留的农业投入品和防腐保鲜剂及相应的安全使用技术。

此外，要重视信息技术的应用。信息技术的应用是加速农业技术升级，促进有限水资源和耕地资源绿色利用的有效方法，是走资源节约型的集约绿色农业道路的必要条件。将互联网＋、大数据应用、物联网等信息化技术作为创新驱动全省农业现代化的先导力量，围绕农业资源高效利用和农产品质量安全管理，在生产、加工、贮运、流通等各个环节，开展数字农业与智慧农业关键技术和产品的集成示范，促进信息化与农业现代化相融合。着重在农业资源和环境管理、农业生产过程管理、农业科技教育与推广服务等领域开展信息化应用研究。重点开展农业信息资源平台建设、精准农业和智能化设施农业关键技术研究、农业地理信息系统应用、农产品质量安全追溯系统研发等，以信息化促进传统农业向现代生态农业的转型升级。

综 合 篇

Surveys

G.2

甘肃市州农业绿色发展综合评价报告

汤瑛芳　张东伟　董　博*

摘　要：　本文运用理论分析法、频度统计分析法从农业生态环境系统、农业资源利用系统、社会经济发展系统三个准则层筛选了14个评价指标，构建了甘肃市州农业绿色发展评价指标体系；采用德尔菲法、层次分析法确定评价指标的权重，运用多目标线性加权函数法测算了甘肃市州农业绿色发展指数，对2016年甘肃14个市州的农业绿色发展水平进行综合评价及对比分析。结果表明，2016年度甘肃各市州农业绿色发展水平存在较大差异，绿色发展评级为良好的有4个市，依次是

* 汤瑛芳，甘肃省农业科学院农业经济与信息研究所副研究员，主要从事农业经济与农村发展及农业工程规划等研究工作；张东伟，博士，研究员，甘肃省农业科学院农业经济与信息研究所副所长，主要研究领域为农业、经济学、生态经济学、GIS 应用；董博，博士，甘肃省农业科学院旱地农业研究所副研究员，主要从事农业资源利用与 GIS 应用研究。

嘉峪关、酒泉、金昌、张掖，且嘉峪关、酒泉发展水平明显高于金昌、张掖；发展评级为较好水平的依次是天水、甘南、武威、定西、兰州5市州，区间内呈现比较明显的差异；发展评级为一般水平的依次是庆阳、平凉、陇南3个市，区间内发展水平差异明显；临夏、白银评级为较差水平。

关键词： 农业绿色发展　指标体系　甘肃省

一　引言

（一）目的及意义

农业绿色发展是国际公认的农业发展最优模式和农民增收的有效途径，它强调合理利用资源，注重环境保护，以绿色生产为途径，通过生产绿色农产品来促进经济发展，以满足人民日益增长的美好需求作为最终目标。农业绿色发展是可持续发展战略的重要组成部分，是我国农业未来发展的目标方向。

甘肃省地貌地形复杂，生态气候条件呈现多样性，地区差异十分明显，区域经济及农业发展极不平衡。而构建甘肃省区域农业绿色发展指标体系，综合评价地区农业绿色发展水平，对比分析影响区域间农业绿色发展的因素，探寻农业绿色发展中存在的问题及对策，对于推进甘肃省农业绿色可持续发展、促进区域经济协调发展、推动乡村振兴战略的实施均有重要的现实意义；并可从理论层面为甘肃省制定区域农业发展政策、解决农业绿色发展问题提供参考。

（二）研究进展

农业绿色发展起源于20世纪50年代。国外对农业绿色发展的研究较早，对农业的生态、经济和社会等方面都给予了高度关注。国际有关农业绿色发展评价指标体系的研究侧重于指标之间的互动分析，对模型的构建和运用关注更多。美国环境保护署选取了作物生产力、土地生产力、灌溉水量和水质、农业化学品使用和土地利用等5个指标对农业环境进行评价；欧洲共同体选择人均占有耕地面积、土地利用变化、农业能源、化肥及农药使用等5个指标进行农业发展状况的监测；英国的农林渔业管理部门从农业耕作管理、农业投入、农业资源使用以及保护农业土地的价值等5个方面分析农业的实际变化情况。

国内关于农业发展状况评价的研究，最早主要集中在生态农业和农业可持续发展等方面。张新营、佟连军（2006）从生态环境、经济发展、社会进步和科技支持四个方面构建了生态农业综合评价模型，并评价了吉林省1999~2003年的生态农业发展水平。李静静（2011）利用理论分析法、频度统计分析法从社会经济发展、生态环境保护、社会进步三个方面筛选评价指标，构建了四川省生态农业绩效综合评价指标体系，运用熵值法、模糊综合评价法对省内在建的9个省级生态县的生态农业建设进行了绩效评价。谢沂希（2013）将德尔菲法和层次分析法相结合，从生态系统、经济系统、社会系统三个准则层，建立了江油市生态农业综合发展水平评估指标体系，并运用变异系数法、多目标线性加权函数法对江油市2001~2010年生态农业的综合发展水平进行了评价。王俊杰等（2014）从资源丰度与利用两个方面构建了资源节约型农业的综合评价指标体系，选取2001~2010年的相关数据分析了各类农业资源利用水平及趋势对资源节约型农业的支撑度。

在农业绿色发展评价研究方面，相关研究人员综合考虑农业绿色发展的系统因素，构建了农业绿色发展的评价指标体系。任运河（2006）在理论层面从农资采购、生产、加工、营销、文化五个农业流程方面构建了山东省绿色农业发展的四级评价指标体系。崔元锋、严立冬等（2009年）从生态效益水平、经济效益水平、社会效益水平三个方面构建了我国绿色农业发展评价指标子系统，通过子系统整合从总体上构建了我国绿色农业发展水平的综合评价体系。2010年，国家统计局提出了"中国绿色发展指数"指标体系。该套体系由1个总指标、3个一级指标、9个二级指标和55个三级指标构成，较为科学地评价了中国各省区的绿色发展状况。郭迷（2011年）从绿色生产、绿色产品、经济效率和生活水平四个方面构建了我国农业绿色发展的评价指标体系，对我国 30 个地区的农业绿色发展水平进行了测算；陆壮丽等（2016 年）以广西壮族自治区为例，利用专家评分法和层次分析法，从投入水平、产出水平、信息化水平、社会发展水平、市场发展水平、可持续发展水平六个方面构建了"农业绿色化"发展水平综合评价指标体系，得出"农业绿色化"发展水平综合评价测算模型组，对 2005～2014 年广西壮族自治区"农业绿色化"发展水平进行定量测算。田甜（2016）以宁夏回族自治区为例，从农业经济增长绿化度、资源环境承载能力、农业绿色发展政策支持度三个方面构建绿色发展水平的综合评价体系，运用客观赋权熵权法计算指标权重，测算宁夏回族自治区农业绿色发展综合水平。

综上所述，国内外对于农业发展状况的评价研究，主要集中在生态农业、农业可持续发展的综合评价方面，在国家层面、区域层面上对农业绿色发展的整体状况进行评价的研究较少，立意于"农业绿色发展"角度构建评价指标体系的研究不多，而且没有文献对甘肃省及其市州的农业绿色发展构建指标体系并进行综合评价。本报告基于农业绿色发展的理论基础，综合考虑影响甘肃省农业绿色发展的关键性因素，构建甘肃市州农业绿色发展评价指标体系，对 2016 年甘肃 14 个市州的绿色农业发展水平进行综合评价及对比分析，判断各市州农业绿色发展程度和水平。

二 甘肃市州农业绿色发展评价体系构建及发展指数测算

（一）市州农业绿色发展评价体系构建

1. 指标选取方法

本文依据农业绿色发展的理论基础、内涵及特征，综合考虑影响甘肃省农业绿色发展的关键性环境质量因素、资源约束因素及经济发展、社会进步的总体状况，综合运用理论分析法、频度统计法、专家咨询法对所选指标逐层筛选，同时，兼顾指标数据的可得性，选择出能够比较客观地反映甘肃市州绿色农业发展特征的指标，构建甘肃省各市州农业绿色发展评价指标体系。

理论分析法是通过对农业绿色发展的内涵、特点、总体发展情况、主要存在问题及制约因素进行综合、比较、分析，从而选择重要、具有典型代表且针对性强的指标；频度统计分析法是通过对现有农业绿色发展评价指标体系的相关文献研究，并进行频度统计，参照国家绿色发展指标体系、国家农业可持续发展试验示范区确定的评估指标体系，参照国家环保总局下达的国家生态文明建设考核目标体系，选取使用频率较高的指标，作为评价指标体系的指标。经过上述分析基本确定指标后，课题组咨询省内相关专家，紧密结合甘肃农业绿色发展的进程，最终确定甘肃市州绿色农业发展的评价指标体系。

甘肃市州农业绿色发展评价指标体系框架分三个层次，第一层次为目标层，即甘肃市州农业绿色发展评价总指数；第二层次分 3 个一级指标，即农业生态环境、农业资源利用、社会经济发展；二级指标层即方案层共 14 个指标，具体见表 1。

表 1　甘肃市州农业绿色发展评价指标体系

目标层（A）	准则层（B）	方案层（C）	单位	性质
农业绿色发展	农业生态环境	单位农业氨氮排放产值	元/千克	+
		单位农业化学需氧量排放产值	元/千克	+
		有效灌溉面积比重	%	+
		中低产田面积比重	%	−
		森林覆盖率	%	+
	农业资源利用	单位农业产值的机械能耗	千瓦时/万元	−
		农业土地生产率	元/亩	+
		化肥（折纯）施用效率	元/千克	+
		农膜使用效率	元/千克	+
		节水灌溉面积比重	%	+
	社会经济发展	农村居民人均可支配收入	元/人	+
		农业劳动生产率	元/人	+
		农村居民恩格尔系数	%	−
		城镇化率	%	+

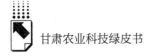

2.指标含义及资料来源

（1）单位农业氨氮排放产值（元/千克）=农业总产值/农业氨氮排放量。表示获取单位农业总产值农业环境所要付出的单价，该指标值越大表明单位农业生产值的环境代价越小。农业氨氮主要来源于人和动物的排泄物、生活污水、雨水径流、农用化肥的流失以及农药残留等。数据来源于各市州《2016年国民经济和社会发展统计公报》。

（2）单位农业化学需氧量排放产值（元/千克）=农业总产值/农业化学需氧量。表示获取单位农业总产值农业环境所付出的单价，该指标值越高，表明单位农业生产值的环境代价越小。农业化学需氧量反映因化肥过量使用、农药残留及大量畜禽养殖粪便的排放等造成的农业面源污染。数据来源于各市州《2016年国民经济和社会发展统计公报》。

（3）有效灌溉面积比重（%）=有效灌溉面积/耕地面积×100%。在一定程度上可反映耕地质量类型、灌溉水源丰歉程度、农业水利工程设施等情况。查阅统计数据发现，该数据各市州年际变化不大，故以2015年数据替代2016年数据，资料来源于《甘肃省农村发展年鉴》。

（4）中低产田面积比重（%）=中低产田面积/耕地面积。该指标反映农业生产耕地质量情况。资料来源于甘肃省耕地地力评价项目研究结果。

（5）森林覆盖率（%）=森林面积/土地面积×100%，反映森林资源丰富程度及区域绿化程度，是衡量保护和改善区域宏观生态环境的重要指标。数据来源于各市州《2016年环境状况公报》。

（6）单位农业产值的机械能耗（千瓦时/万元）=农业机械总动力/农业总产值。反映创造农业单位产值所消耗的农业机械动力，单位产值能耗越小，能源利用效率越高。数据来源于各市州《2016年国民经济和社会发展统计公报》。

（7）农业土地生产率（元/亩）=农林牧渔业总产值（含农林服务业）/农作物播种面积，该指标衡量单位土地的生产效益。数据来源于各市州《2016年国民经济和社会发展统计公报》。

（8）化肥（折纯）施用效率（元/千克）=农林牧渔业总产值/化肥施用量（按折纯量计算），反映化肥施用的经济效益水平。以历年《甘肃省农村统计年鉴》化肥（折纯）施用量为基数，测算得出 2016 年的化肥施用量。

（9）农膜使用效率（元/千克）＝农林牧渔业总产值/农膜使用量，反映农膜使用的经济效益水平。以历年《甘肃省农村统计年鉴》农膜使用量为基数，测算得出 2016 年的农膜使用量。

（10）节水灌溉面积比重（%）＝节水灌溉面积/有效灌溉面积，反映对灌溉水资源的节约程度和广度，该指标越大，说明水资源的利用效率高。资料来源于各市州《2016 年政府工作报告》。

（11）农村居民人均可支配收入（元/人）：是反映农村居民家庭生活水平的重要指标。资料来源于各市州《2016 年国民经济和社会发展统计公报》。

（12）农业劳动生产率（元/人）：人均农业生产总值＝农林牧渔业生产总值/农村劳动力，农业劳动生产率的提高，有利于增强地区农业绿色发展的活力。资料来源于《甘肃省农村发展年鉴》、各市州《2016 年国民经济和社会发展统计公报》。

（13）农村居民恩格尔系数（%）＝农村居民家庭食物支出金额/家庭消费总支出金额×100%。经济越贫穷，该指标值越大。资料来源于各市州《2016 年国民经济和社会发展统计公报》。

（14）城镇化率（%）＝城镇建成区内总人口/地区总人口数。反映一个地区城市化建设的程度。资料来源于《甘肃省统计局关于 2016 年全省人口变动主要数据的通报》。

除以上指标外，还有一些指标比如畜禽粪便无害化处理率、秸秆综合利用率、废旧地膜回收利用率等，是比较重要的资源综合利用指标，但鉴于目前甘肃市州有关资源综合利用的研究整体还比较薄弱，获取系统、可靠的基础数据困难，资源循环利用数据缺乏，这是本文的缺憾，也是甘肃省促进农业绿色发展今后需要重点加强的环节。

（二）甘肃市州农业绿色发展指数测算

1. 数据处理方法

以上指标体系中的多种数据，正逆向性质不同，量纲和单位不同，指标

间不具备可比性，无法进行直接计算，需进行指标数据的同趋化处理和无量纲化处理。

同趋化处理：本文选取的 14 个评价指标中，有 3 个逆向指标。需要对中低产田面积比重、单位农业产值的机械能耗、农村居民恩格尔系数 3 个逆向指标进行同趋化处理。运用"倒扣逆变换法"对逆向指标线性变换以实现正向化，保持了原指标值的分布规律。

$$y_{ij} = \max_{1 \leqslant i \leqslant n} \{x_{ij}\} - x_{ij}$$

无量纲化处理：数据的无量纲化处理方法很多，极差变换法、标准化法和均值化法等直线型无量纲化方法在实践中应用较多。本文的综合评价指标值均为客观统计数值，适宜采用均值化方法对指标进行无量纲化处理。

$$y_{ij} = \frac{x_{ij}}{x_j}$$

原始指标数据经过上述标准化处理后，均转换为无量纲化指标测评值，直接用于综合测评分析。

2. 指标权重确定方法的选择

研究近年来有关生态农业、可持续农业及绿色农业等多目标决策及综合评价方面的文献，发现大多数学者认为层次分析法在农业可持续发展等多指标、多目标综合评价方面作用良好。目前，采用最多的是将 AHP 法与德尔菲法相结合来确定权重，本报告农业绿色发展综合评价属于多目标决策问题，评价指标较多，故选择将 AHP 法与德尔菲法相结合来确定权重。

3. 指标权重的确定

本报告在德尔菲法的基础上，采用层次分析法确定各个指标在指标体系中的相对权重。

（1）构建指标体系的层次结构模型

将指标体系分为三个层次，即目标层（A）、准则层（B）、方案层（C），通过相互比较确定各准则层对目标层的权重，及各方案对每一个准则层的权重，将两组权重进行综合，最终确定各方案对目标层的权重。

（2）标度与构造两两判断矩阵

邀请15位从事现代农业研究的专家、农业绿色发展管理工作的领导，依据评价指标重要程度标度表，基于农业绿色发展的评价指标体系，构建准则层和指标层间对应的两两判断矩阵。

将同一准则下的因素进行两两比较，并按评价指标重要程度标度表（见表2）对重要程度赋值，记作 B_{ij}，B_{ij} 表示第 i 行相对于第 j 列的重要程度，B_{ji} 表示第 j 列相对于第 i 行的重要程度，$B_{ji} = 1/B_{ij}$，由此构造两两判断矩阵。

表2　评价指标重要程度标度

标度	含义
1	表示两因素相比,同等重要
3	表示两因素相比,一因素比另一因素稍微重要
5	表示两因素相比,一因素比另一因素明显重要
7	表示两因素相比,一因素比另一因素强烈重要
9	表示两因素相比,一因素比另一因素极端重要
2,4,6,8	处于上述两相邻标度之中值
上述各值的倒数	因素 i 与 j 比较的值为 B_{ij},则因素 j 与 i 比较的值为 $B_{ji} = 1/B_{ij}$

（3）各因素权重确定的方法

运用规范列平均法计算各指标的权重值。计算两两比较矩阵的每一指标每一列的总和，将两两比较矩阵的每一指标除以相对应列的总和，所得的商构成标准两两比较矩阵，计算标准两两比较矩阵每一行的平均值，即为各指标在相应准则下的权重值。

（4）两两比较矩阵的一致性检验

两两比较矩阵是由因素间两两比较得到，难免加入了判断者的主观影响，因此，必须做进一步的一致性检验，使这种不一致保持在许可范围内。当修正后的一致性指标 CR≤0.1 时，认为两两矩阵的一致性可以接受，否则认为两两矩阵的一致性太差，必须重新进行两两比较判断。

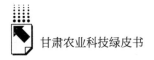

（5）市州农业绿色发展评价指标权重表

通过以上计算步骤，得到甘肃市州农业绿色发展评价指标权重值，见表3。

表3 甘肃市州农业绿色发展评价指标权重

目标层（A）	准则层（B）	一级权重	方案层（C）	二级权重	综合权重
农业绿色发展	农业生态环境	0.4483	单位农业氨氮排放产值	0.1648	0.0739
			单位农业化学需氧量排放产值	0.1648	0.0739
			有效灌溉面积比重	0.2003	0.0898
			中低产田面积比重	0.171	0.0767
			森林覆盖率	0.2992	0.1341
	农业资源利用	0.3516	单位农业产值的机械能耗	0.1526	0.0537
			农业土地生产率	0.1546	0.0544
			化肥（折纯）施用效率	0.1746	0.0614
			农膜使用效率	0.1746	0.0614
			节水灌溉面积比重	0.3435	0.1208
	社会经济发展	0.2001	农村居民人均可支配收入	0.364	0.0728
			农业劳动生产率	0.1912	0.0383
			农村居民恩格尔系数	0.2536	0.0507
			城镇化率	0.1912	0.0383

4. 甘肃市州农业绿色发展综合指数测算

多目标线性加权函数法是常用的综合评价模型。本文采用该模型测算农业绿色发展综合评价体系中三个子系统，即农业生态环境子系统、农业资源利用子系统及社会经济发展子系统的评价指数，模型如下：

$$p = \sum_{i=1}^{n} s_i w_i$$

上式中的 P 为子系统评价指数，S_i 为子系统中第 i 个评价指标无量纲化后的标准化值，W_i 为子系统中第 i 个评价指标在整个指标体系中所对应的权重值，n 为子系统所包含评价指标数。三个子系统的评价指数分别为 P_1、P_2、P_3，则：

农业绿色发展综合评价指数 $L = P_1 + P_2 + P_3$

2016 年甘肃省各市州农业绿色发展综合评价指数及各子系统的评价指数，见表 4。

表 4　甘肃各市州 2016 年农业绿色发展指数

市　州	农业生态环境指数	农业资源利用指数	社会经济发展指数	农业绿色发展指数
兰　州	0.3572	0.3057	0.2326	0.8955
嘉峪关	0.4328	0.8190	0.3782	1.6299
金　昌	0.5946	0.2750	0.2906	1.1603
白　银	0.3336	0.2187	0.1482	0.7005
天　水	0.5382	0.3372	0.1725	1.0478
武　威	0.4516	0.2945	0.2044	0.9504
张　掖	0.5547	0.3556	0.2374	1.1476
平　凉	0.3642	0.2942	0.1628	0.8212
酒　泉	0.6804	0.4282	0.3276	1.4361
庆　阳	0.4719	0.2351	0.1582	0.8652
定　西	0.6046	0.1893	0.1241	0.9181
陇　南	0.3532	0.2458	0.1308	0.7298
临　夏	0.2745	0.2880	0.1392	0.7016
甘　南	0.2654	0.6358	0.0950	0.9962

三　总体评价

（一）市州农业绿色发展总体评价

本文对指标数据进行正向化、无量纲化处理后进行了系列测算，指数值越大，表明农业绿色发展状况越好，反之，如果一个地区的农业绿色发展指数值较低，表明发展相对落后。甘肃省各市州的农业绿色发展状况存在较大差异，为了比较市州间这种差异程度，本文将 14 个市州的农业绿色发展指数按离散的区间划分为良好、较好、一般、较差四个层次。绿色发展指数≥1.1，绿色发展评级为良好的有 4 个市，依次是嘉峪关、酒泉、金昌、张掖，且嘉峪关、酒泉发展水平明显高于金昌、张掖；绿色发展指数在 0.9 ~ 1.1，发展评级为较好水平的依次是天水、甘南、武威、定西、兰州 5 个市州，区间内呈现比较明显的差异；绿色发展指数在 0.7~0.9，发展评级为一般水平的依次是庆阳、平凉、陇南 3 个市，区间内发展水平差异明显；临夏、白银绿色发展指数≤0.7，评级为较差水平（见表 5）。

表5　甘肃市州农业绿色发展水平评级及区间划分

农业绿色发展水平评级	绿色发展指数划分区间	市州
良好	1.1	嘉峪关、酒泉、金昌、张掖
较好	0.9~1.1	天水、甘南、武威、定西、兰州
一般	0.7~0.9(含0.9)	庆阳、平凉、陇南
较差	≤0.7	临夏、白银

运用德尔菲法、层次分析法的结果表明，农业绿色发展复合系统中农业生态环境、农业资源利用、社会经济发展三个子系统的权重分别是 0.4483、0.3516、0.2001，表明农业生态环境指标与农业绿色发展的关联度较高，如果市州相应的农业生态环境的指标值较高，则与之关联度较高的农业绿色发展指数提高的可能性就大；农业资源综合利用对于农业绿色发展指数的影响在其次，它反作用于农业生态环境，也是不容忽视的关键环节；社会经济发展系统是农业绿色发展的保障体系，也是目标子系统。如果农业生产中环境友好、资源节约，则人民生活水平及经济发展水平提高就成为必然。总之，以上三个子系统共同作用，决定市州农业绿色发展水平。

（二）市州农业绿色发展子系统分析评价

1. 农业生态环境子系统评价分析

14 个市州农业生态环境发展指数可分为四个层次。在 0.5 以上的市有 5 个，依次是酒泉、定西、金昌、张掖和天水；介于 0.4~0.5 的依次是庆阳、武威和嘉峪关；介于 0.3~0.4 的市依次是平凉、兰州、陇南和白银；0.3 以下的是临夏、甘南 2 个州（见图 1）。

本文选择单位农业氨氮排放产值、单位农业化学需氧量排放产值以及有

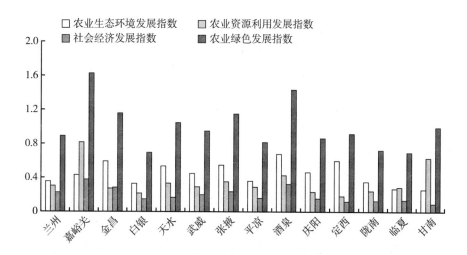

图 1　甘肃省各市州农业绿色发展指数

效灌溉面积比重、中低产田面积比重及森林覆盖率 5 个指标测算农业生态环境指数，其中前两个指标反映当下农业生产化肥使用、农药施用以及畜禽养殖对农业生态环境的影响，后三个指标更多地反映各市州农业生产的生态立地条件。酒泉、定西、张掖、天水、庆阳 5 市单位农业氨氮排放产值较高，说明这 5 市农业氨氮排放所付出的农业环境代价较低；定西、庆阳、天水、白银、张掖、酒泉 6 市单位农业化学需氧量排放产值较高，说明这 6 市农业化学需氧量排放对环境的负面影响较小；甘南、临夏、陇南、定西、庆阳、平凉、天水 7 个市州显示有效灌溉面积比重低、中低产田面积比重高的双重胁迫，农业生态立地条件较差，河西 5 市包括酒泉、嘉峪关、金昌、武威、张掖以上两指标均处于省内较好层次，兰州、白银处于中等层次。森林覆盖率反映生态平衡状况，是衡量保护和改善区域宏观生态环境的重要指标，陇南、天水、平凉、庆阳、甘南、金昌依次排前 6 位。陇南、天水、平凉、庆阳 4 市森林资源丰富，甘南州林草植被度高，金昌属于都市型农业类型，绿化程度较高。

2. 农业资源利用子系统评价分析

各市州农业资源利用指数值分布较为离散，说明 14 市州农业资源利用

水平差异度较大。甘南、嘉峪关 2 个市州在 0.60 以上；酒泉、张掖、天水、兰州 4 个市介于 0.30 ~ 0.42，指标差异较明显；武威、平凉、临夏、金昌、陇南、庆阳、白银 7 市州离散分布在 0.20 ~ 0.30；定西市农业资源利用指数在 0.20 以下（见图 1）。

本文选择单位农业产值的机械能耗、农业土地生产率、化肥（折纯）施用效率、农膜使用效率、节水灌溉面积比重 5 个指标测算农业资源利用指数，前 4 个指标反映能源（农业机械总动力）、土地（农作物播种面积）、化肥、农膜等农业资源的使用效率，表示消耗单位农业资源所创造的农业生产总值，节水灌溉面积比重反映对有限水资源的节约程度。

平凉、天水 2 市单位农业产值的机械能耗最低，处于中等水准的市州有庆阳、酒泉、甘南、张掖、陇南、嘉峪关、兰州、临夏 8 个市州，金昌、白银、武威、定西 4 市该值较低。该值的高低综合衡量农业机械动力消耗的效率水平，该值越低表明单位机械能耗的生产效率越高。

嘉峪关、酒泉、武威、张掖、甘南 5 个市州农业土地生产率较高，土地利用率处于中等水平的有金昌、兰州、临夏、平凉、天水、白银 6 个市州，陇南、定西、庆阳的土地生产率略低。耕地是农业生产最基本的资源，其利用效率的高低关联着耕地资源质量、农业投入品生产效率及科技水平等因素，因此，它是一个资源利用的综合考量指标。

甘南州化肥施用效率远远高于省内其他市州，这与甘南州农业总产值结构有关，甘南州是以畜牧业为主的农牧交错带，畜牧业、农旅服务业等是农业总产值的主要构成部分，与化肥施用有关的农业生产产值对农业总产值的贡献较小。临夏与甘南州有相似之处，畜牧业是农业总产值的主要构成部分，化肥施用效率仅次于甘南州。其次，嘉峪关、酒泉、天水、兰州 4 市该指标较高，说明化肥施用效率较高，白银、陇南、张掖、平凉、金昌、庆阳 6 市化肥施用效率依次略降低，且市州间差距不大，武威、定西 2 市处于省内最低水平。

嘉峪关市农膜使用效率远远高于省内其他市州，虽然嘉峪关农业规模小，但属于旅游型都市农业，农业服务业产值的带动使得农业总产值较高。与化肥施用效率较高的情况类同，甘南州农膜使用效率次高。金昌、张掖、酒泉、陇南、天水、兰州 6 市农膜使用效率依次降低，武威、平凉、白银依次处于省内较低水平，处于省内最低水平的依次是临夏、定西、庆阳。

甘肃省是水资源紧缺省份，农业水资源高效利用一直是农业科研、技术推广的重点工作，绝大多数市州高效节水灌溉面积在逐年提高。嘉峪关、酒泉、甘南、武威、金昌、张掖、兰州、天水 8 个市州节水灌溉面积比重处于省内较高水平，临夏、平凉、白银 3 个市州处于中等水平，陇南、定西、庆阳 3 市由于立地条件等的限制，处于省内较低水平。

3. 社会经济发展子系统评价分析

在农业绿色发展的进程中，社会发展及经济效率的提高至关重要，它是农业绿色发展的保障系统。从测算的社会经济发展指数来看，甘肃省 2016 年市州间社会经济发展极不均衡，区域间的差异也较为明显。处于较高层次的有 6 个市，嘉峪关、酒泉在 0.3 以上，金昌、张掖、兰州和武威 4 个市在 0.2 以上；天水、平凉、庆阳、白银、临夏、陇南、定西 7 个市州密集分布在 0.12 ~ 0.18，市州间差异不明显；甘南州社会经济发展指数低于 0.1（见图 1）。

本文选取农村居民人均可支配收入、农业劳动生产率、农村居民恩格尔系数、城镇化率 4 个反映社会经济发展的指标来测算社会经济发展指数。

嘉峪关、酒泉、金昌、张掖、兰州、武威 6 市农村居民人均可支配收入由高到低依次居省内较高水平，其他 8 个市州居第二层次，从高到低依次是白银、庆阳、平凉、天水、甘南、定西、陇南、临夏，第一个层次中武威最低在 9000 元/人，第二层次中临夏州最低，略高于 5000 元/人。德尔菲法及层次分析法结果表明，农村居民人均可支配收入与社会经济发展指数高度关联。甘南州、白银市的农村居民恩格尔系数较高，大于 40%，金昌市最低为 27%，其他市州介于 0.3 ~ 0.39，差异不明显。农村居民恩格尔系数与社会经济发展指数关联度较高。河西 5 市嘉峪关、酒泉、张掖、金昌、武威，劳动生产率在省内较高，临夏、定西、陇南、甘南、天水劳动生产率在省内

较低；城镇化率较高的市有嘉峪关、兰州、金昌、白银、张掖 5 市，在 40% 以上，其他市州为 30% ~ 38% ，差异不明显。

四 讨论与建议

（1）本文基于"环境友好型、资源节约型、社会经济又好又快发展"的绿色发展理念，综合考虑农业生态环境、农业资源利用及农村居民生活水平等方面选取指标，构建了甘肃市州农业绿色发展的综合评价模型。在实地调研和数据收集、整理分析的过程中发现，甘肃省农业生态环境整体脆弱，各市州农业资源综合利用的程度参差不齐，社会经济发展水平极不平衡。总体来看，河西绿洲灌区 5 市在甘肃属于经济发展较好地区，但荒漠化严重，植被覆盖度低，"石油农业"痕迹明显；而中部沿黄灌区、中东部干旱半干旱区的大多数市州处于中低产田比例高、有效灌溉率低的双重胁迫环境，在省内属于发展地区；而临夏、甘南农牧交错带及天水、陇南的部分山区，生态环境条件好，但地形地貌复杂、农业生产立地条件差，土地生产率、劳动生产率双低，是这些地区农业生产的约束性条件；白银市处于资源枯竭型转型发展期。注重生态环境修复、加强资源的综合利用、转变思路寻求突破瓶颈发展经济，坚定不移地发展绿色农业是各市州长期的目标和任务。

（2）以龙头企业为引领主体，持续推进区域绿色农业产业化进程。各市州结合自身的农业绿色发展实际，以龙头企业为引领主体，谋划重点项目，选典型区域建成农业绿色发展的示范样本，以经营产业的思维，构建绿色农产品的生产、加工、销售的标准化、规范化体系，规范企业考核标准及制度，使之成为引领区域农业绿色发展的中坚力量，持续推进区域绿色农业产业化进程。

（3）加强资源综合利用等基础性研究工作，形成促进农业绿色发展的原动力。重视和加强绿色农业的基础性研究工作，进行持续的科技研发和投入，减少农业生产中化肥、农药、养殖粪污、有机废弃物对环境的污染，提高农作物秸秆、废旧地膜、养殖粪污、生活垃圾的综合利用效率，促进绿色农业科研水平稳步提升，形成促进农业绿色发展的原动力。

参考文献

陆壮丽等：《广西农业绿色化发展水平评价指标体系的构建》，《农业网络信息》2016 年第 11 期。

田甜：《生态脆弱地区农业绿色发展水平评价－宁夏回族自治区为例》，《中国环境科学学会学术年会论文集》，2016。

刘连馥：《从绿色食品到绿色农业，从抓检测到抓生产源头》，《世界农业》2013 年第 4 期。

王俊杰等：《构建资源节约型农业综合评价指标体系研究——以山东省为例》，《中国农业资源与区划》2014 年第 4 期。

谢沂希：《江油市生态农业综合评价及发展模式研究》，四川农业大学硕士学位论文，2013。

郭迷：《中国农业绿色发展指标体系构建及评价研究》，北京林业大学硕士学位论文，2011。

李静静：《四川省生态农业建设的绩效评价研究》，四川农业大学硕士学位论文，2011。

崔元锋、严立冬等：《我国绿色农业发展水平综合评价体系研究》，《农业经济问题》2009 年第 6 期。

党银侠：《我国绿色农业制约因素分析与发展对策研究》，西北农林科技人学硕士学位论文，2008。

任运河：《山东省绿色农业评价、预警体系研究》，山东农业大学博士学位论文，2006。

张新营等：《吉林生态省建设中的生态农业综合评价》，《农业系统科学与综合研究》2006 年第 1 期。

叶宗裕：《多指标综合评价中指标正向化和无量纲化方法的选择》，《统计科学与实践》2003 年第 4 期。

G.3
甘肃省农产品质量与安全研究报告*

白 滨 李瑞琴 于安芬 陈 申 张少明**

摘　要： 农产品质量安全是保障食品安全的基石。扎实推进质量兴农，切实保障农业产业发展和公众"舌尖上的安全"是当前农业农村工作的中心任务之一，本文对农产品质量与安全国内外研究现状、发展动态进行了综述，从监管检测体系建立健全、机制体制创新、标准制修订、风险评估体系建设等方面，分析了甘肃省农产品质量安全绿色发展现状，运用绿色、创新、协调、开放、共享的发展理念，对甘肃省农产品质量安全绿色发展方向从学科建设、农产品营养功能研究及评价、药食同源特色农产品的开发、数据库及应用平台建设等方面进行了探讨。

关键词： 农产品　质量与安全　绿色发展　甘肃省

　　农产品质量与安全是保障食品安全的基石，中国老百姓90%的食物是鲜活的农产品及其加工制品，其质量与安全关系到消费者的身体健康及经济

---

　　* 基金项目：国家农产品质量安全风险评估项目（GJFP2018）；甘肃省农业科学院创新专项（2016GAAS59）。

　** 白滨，副研究员，甘肃省农业科学院农业质量标准与检测技术研究所所长，农业部农产品质量安全风险评估实验室（兰州）主任，主要从事农产品质量安全、农畜产品检测、畜禽健康养殖、农业剩余物资源化高效利用等研究；李瑞琴，甘肃省农业科学院农业质量标准与检测技术研究所副研究员；于安芬，甘肃省农业科学院农业质量标准与检测技术研究所研究员；陈申，甘肃省农业科学院农业质量标准与检测技术研究所见习研究员；张少明，甘肃省农牧厅农产品质量安全监管处。

发展和社会稳定，成为全社会关注的热点和焦点问题。据农业部公布的农产品例行监测检查结果显示，蔬菜、果品、茶叶、水产品、奶产品等的合格率连续 6 年稳定在 96% 以上，表明我国农产品质量安全形势总体向好。

一 国内外农产品质量与安全研究现状

目前大多数的研究主要针对区域农产品质量安全现状，借鉴外国的经验和做法，集中在产地环境、农业投入品、法律法规、体系建立、标准制订、风险研究等方面。我国农产品质量安全研究及监管方面虽然取得了初步进展，但与发达国家相比还有一定的差距。

（一）国内研究现状

"食物保障"（Food Security）概念是 1974 年针对发展中国家严重的食物危机提出的，"食品质量安全"（Food Quality Safety）概念是 FAO 在 1996年提出的，在"食物保障"的基础上又增加了"安全和富有营养"等内容。在这阶段，国内外都出现不同程度的农产品质量安全问题，因此，农产品质量安全管理的重要性被人们逐渐意识到，也把研究的重心集中在怎样有效提升农产品质量安全管理和科学研究上。周应恒等研究指出，农产品从农场到餐桌供给的链条越长、环节越多、范围越广，其质量安全风险发生的概率就越高。赵春明研究表明，影响农产品质量安全的主要环节有以下 8 个：生长发育过程产生的天然有毒有害物质、品种培育（转基因农产品）、环境污染、化学投入品、贮藏期腐烂霉变、运输过程污染、包装、食用加工方法等。

2000 年左右，以中国农科院各研究所为龙头、地方农科院为主体的农产品质量安全风险评估研究团队，从风险隐患排查到摸清风险来源、锁定污染范围到探明消除方法，不断扩大并深化了评估范围，一大批影响食用农产品的风险隐患被发现，在服务监管、处置应急、指导产业、引导消费、科普宣传等方面发挥了重要的作用。2001 年农业系统启动了"无公害食品行动计划"，并开始实施农产品风险监测制度，逐步形成了农产品例行监测、行

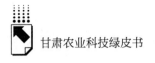

业普查和监督抽查制度。自从开展了无公害食品行动计划后，我国的农产品质量安全得到了极大的改善。

国内许多学者也针对区域农产品质量安全现状进行了研究。首先是重金属、硝酸盐与亚硝酸盐等对农产品造成的污染研究方面。周建华等 2007 年对南京市售大米进行重金属铅检测分析。辛盛鹏等 2007 年调查研究了广州市水产品铬和甲醛污染状况。王玉环等 2009 年研究了上海市浦东新区 26 个蔬菜品种的硝酸盐和亚硝酸盐含量，蔬菜硝酸盐合格率从高到低依次为：茄果类、豆类、瓜类、叶菜类。其次是农药、兽药残留研究方面。蒋业洋 2007 年对北京市蔬菜农药残留进行检测分析研究。杨丽等 2009 年对吉林省市售蔬菜进行检测分析，农药检出率虽然高达 42.61%，但是农药超标率为 0.29% ~6.14%。杨洁彬等 2010 年对宁波市镇海区蔬菜农药残留进行测试分析，农药残留检出率为 7.85% ~11.34%，超标率为 3.78% ~8.24%。再次是主要针对非法添加物方面的研究。如 2008 年的"三鹿"婴幼儿奶粉事件；2009 年的"瘦肉精"事件；2010 年海南"毒豇豆"事件；2011 年的"河南毒韭菜""毒生姜""毒豆芽""爆炸西瓜"事件等；2012 年的立顿"毒茶"、甲醛保鲜白菜等；2013 年的湖南"镉大米"等事件。这些虽然是小范围的农产品质量安全突发事件，但是经过媒体的渲染和发酵，在社会上引起了强烈的反响，也从另一方面促进了全社会关注和重视农产品质量安全工作。

（二）国外研究概况

美国、欧盟等经济发达国家在农产品质量安全研究方面起步比较早，Upton Sinllair 是早期研究食品安全的著名学者之一，他在 1906 年分析了芝加哥地区肉类卫生质量的主要影响因素。英国研究人员在 1915 年经过反复实验，探明有机物质可以让农田产生良好的真菌生长环境。《绿色消费指南》的出版，掀起了绿色消费的热潮。这些国家在农产品食品质量安全管理方面也积累了丰富的经验，以完善的法律法规和严格的标准作为基础和依据，在政府、协会、生产者、科研机构、市场、认证机构、媒体和消费者等多方共同努力下，确保了其农产品食品质量安全水平居世界领先地位。

美国、欧盟针对农产品质量安全出台了很多法律法规和政策措施（见表1、表2）。

表1　美国农产品质量安全大事记（2001～2017年）

时间	事件描述
1908年	《食品和药品法》
20世纪以来	与农产品安全有关的法规35部
2009年	成立食品安全工作组
2011年初	奥巴马签署了具有历史意义的《食品安全现代化法案》

表2　欧盟农产品质量安全大事记（2001～2017年）

时间	事件描述
1997年	《食品法律绿皮书》发布
2010年	《食物安全白皮书》发布
2002年	颁布实施作为欧盟法律组成部分的欧盟《通用食品法》
2006年1月	正式颁布实施新的《欧盟食品及饲料安全管理法》
30年来	制订《通用食品法》《食品卫生法》等20多部食品安全方面的法规

　　虽然美国、欧盟等发达国家的农产品质量安全管理体系及制度趋近完善，但由于农产品独有的特性，其质量安全事件在这些国家仍然时有发生，美国、欧盟的农产品质量安全突发事件也层出不穷，如2006年美国"自然选择"食品公司"毒菠菜事件"，因大肠杆菌污染菠菜，造成204人发病，3人死亡；2008年的"沙门氏菌事件"、2009年的"花生酱事件"，2011年科罗拉多州霍利市延森农场的香瓜引发李斯特菌疫情，爆发了近20年来最为严重的致30人死亡的"香瓜染李斯特菌疫情"；2012年，麦当劳、汉堡王及食品杂货连锁店被爆大量使用经氢氧化铵气体消毒、用牛肉加工的余料做成安全性受到质疑的"粉红肉渣"，被称为"粉红肉渣"事件；2013年，美国Costco超市自土耳其进口的石榴籽混合冷冻果汁引发甲型肝炎，蔓延10个州，162人发病，71人入院就医。同期出现在欧洲的食品安全突发事件有：2010年，因养鸡饲料导致德国的许多超市及农场的鸡蛋二噁英超标的"二噁英"事件；2011年，进口自埃及被用于培育芽菜的一批次葫芦巴种子引发了致德国48人死亡的大肠杆菌疫情、蔓延至欧洲以及北美地区的

"德国毒豆芽"事件；2012 年，火鸡生产链感染沙门氏菌疫情，导致奥地利、比利时、德国、捷克、波兰、匈牙利等欧盟多国爆发了 167 人染病的"欧盟多国沙门氏菌疫情"；2013 年，波及至欧盟 16 个国家的马肉冒充牛肉事件；此外，还有"疯牛病""口蹄疫""李斯特杆菌""沙门氏菌"等。

相对发达国家较为成熟的农产品质量管理体系，目前我国农产品质量安全管理体系的建设正处于全方位、多层次推进的"成长期"，近几年爆发的很多农产品质量安全突发事件，敲响了我国农产品质量安全的警钟，也有力地推动了我国农产品质量安全各项工作。

二　农产品质量与安全发展动态

长期以来，中国农产品质量安全监管坚持"产管并举，两手抓、两手都要硬"的原则，所谓"产出来"就是要加快转变农业的生产方式、发展方式，实现农产品的生产过程基本受控。"管出来"就是要依法严管、全程监管，从农田到餐桌农产品质量安全实现可追溯。

（一）农产品质量安全法律法规体系

严格、完善的法律法规体系是保证农产品质量安全管理顺利开展的重要保障。针对标准、产地环境、生产、销售、质量安全监督等方面，我国农产品质量安全立法经历了从无到有、从综合立法到专门立法的过程。自从2001 年启动"无公害食品行动计划"后，我国针对农产品质量安全出台了很多法律法规和政策措施（见表 3），农产品质量安全也得到了极大的改善。

表 3　我国农产品质量安全法律法规大事记（1988～2017 年）

时间	事件描述
1988 年 12 月	《中华人民共和国标准化法》
1993 年 2 月	《中华人民共和国产品质量法》
1993 年 7 月	《中华人民共和国农业法》
1995 年 10 月	《中华人民共和国食品卫生法》

时间	事件描述
2001 年	"无公害食品行动计划"
2002 年 4 月	《无公害农产品管理办法》
2003 年	成立国家食药局;国家和省级农产品质量安全中心和农业质量标准研究所成立
2004 年 9 月	"关于进一步加强食品安全工作的决定"出台(国务院)
2004 年 11 月	《有机产品认证管理办法》
2006 年	《农产品质量安全法》
2011 年	构建国家农产品质量安全风险评估体系
2013 年 1 月	《关于开展创建国家农产品质量安全监管示范县试点工作的意见》
2013 年 3 月	我国食品安全监管体制做出重大调整(十二届全国人大一次会议)
2013 年 12 月	习总书记提出四个"最严",确保广大人民群众"舌尖上的安全"(中央农村工作会议)
2015 年 5 月	习总书记在主持中共中央政治局第二十三次集体学习时强调:"要切实提高农产品质量安全水平……让人民群众吃得安全放心"

目前，农产品质量安全管理方面的法律法规体系主要包括产地环境、生产过程控制、农业投入品、终端产品管理 4 个方面（见表 4）。

表 4 我国农产品质量安全法律法规分类

类型	法律法规
产地环境方面	《农业法》《环境保护法》《大气污染法》《基本农田保护法》《海洋环境保护法》《清洁生产促进法》《固体废物污染防治法》等
生产过程控制方面	《动物防疫法》《渔业法》《农业技术推广法》《农业转基因生物安全管理条例》等
农业投入品方面	《农药管理条例》《兽药管理条例》《饲料和饲料添加剂管理条例》等
终端产品管理方面	《标准化法》《产品质量法》《食品安全法》《农产品质量安全法》《无公害农产品管理方法》《绿色食品标志管理方法》等

（二）农产品质量安全管控组织体系

目前，我国农产品及食品安全管控组织体系已初步形成，国家在农业部设农产品质量安全监管局，各省市区设农产品质量安全监管处（局），市县均设立了相对独立的农产品质量安全监管或检测机构，90%以上的乡镇通过多种方式也设立了农产品质量安全监管机构。

国家层面上，政府农产品质量安全监管工作组织架构主要由农业、卫生、食品药品监督管理部门共同负责。相比之前的农业部、卫生部、商务

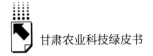

部、国家质检局、环保局和工商局等部门分段管理，职责划分相对清晰，职责交叉和空白的区域大幅减少。

（三）农产品质量安全检验检测体系

我国农产品质量安全检验检测体系在 20 世纪 80 年代末开始建立，至 21 世纪初期，已建成国家级质检中心 13 个，部级质检中心 179 个，省、地（市、县）级检验站（所）分别为 480 个和 1200 多个。我国在两个"五年计划"期间投入了大量资金，建成了部、省、市、县 4 级"金字塔"状的农产品质量安全检验检测体系。其中部级检测机构则偏向于专业化、区域化、科研化，而省、市、县级是综合性的检测机构。

（四）农产品质量安全标准体系

农产品质量与安全标准体系以大宗、优势、特色农产品为重点，涵盖了种植业、畜牧业与渔业 3 大行业，大致可分为安全卫生、农业投入品、动植物防疫检疫、管理规范、农产品品质规格、生产技术规程、分析测试及名词术语等 9 种类别。目前我国的标准层次有 4 级，其中国家标准是基础，行业和地方标准是主体，企业标准是补充。

（五）农产品认证体系

20 世纪 90 年代初，农业部实施了绿色食品认证，标志着我国农产品认证的开始。2003 年，在"无公害食品行动计划"之后，全国统一实施无公害农产品认证。2003 年 4 月，国家认证认可监督管理委员会首次提出"良好农业规范"（GAP）认证，并于 2004 年启动中国 GAP 标准的编写和制定工作。

目前，我国简称"三品一标"农产品监测合格率连续多年保持在 98% 以上，2015 年超过 99%，说明质量安全稳定可靠。现已制定"三品一标"技术标准 255 项，由农业部农产品质量安全中心和中国绿色食品发展中心制定的制度规范超过 10 项，同时各省也制定出台了具体实施细则，消费者对"三品一标"的综合认知度超过 80%，品牌影响力明显提升。

（六）农产品质量安全风险评估

"十二五"初期，国家建立了以农业部农产品质量安全风险评估实验室为主体的农产品质量安全风险评估体系，通过近6年多的运行，在评估能力和服务水平等方面得到了加强，为更好地服务政府宏观决策和市场监管、指导生产、引导消费提供了有力的技术支撑。

三 甘肃省农产品质量与安全发展现状

目前，甘肃省农产品质量安全监测体系基本健全、监管体制机制逐步完善、标准化生产稳步推进、样板示范作用明显、追溯信息平台基本建成、农产品质量安全风险评估体系基本建成。近5年来，甘肃省蔬菜检测平均合格率稳定在98%以上，全省畜禽产品和水产品检测平均合格率均达100%，无重大农产品质量安全事件发生。

（一）监管检测体系基本健全

全省农产品质量安全监管体系基本建立，省农牧厅内设农产品质量安全监管处，在省农产品质量安全检测中心的基础上成立了省农产品质量安全监督管理局。

1. 机构从无到有

现有12个市州、57个县（区）成立了独立的农产品质量安全监管或检测机构，90%的乡镇成立了农产品质量安全监管站，陇南市、酒泉市农产品质量安全监管（检测）机构独立建站，实现了县（区）、乡（镇）全覆盖，庆阳、天水、甘南、临夏等市州除个别县外，基本实现了农产品质量安全监管（检测）机构独立设置。

2. 队伍从弱到强

市级监管检测机构人员平均达到10人以上，其中兰州市、武威市、陇南市人员编制达到20人以上；县级人员平均在5人以上，陇南市所有县区机构人员编制平均达到10人以上。

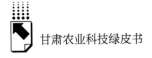

3. 经费从少到多

90% 的市州和 70% 的县区将农产品质量安全监管经费纳入本级财政预算，市级平均达到每年 10 万元以上，兰州、金昌、庆阳、白银 4 市经费达到 40 万元以上；县级平均 5 万元左右，永昌县、靖远县、甘州区、凉州区等县区经费达到 20 万元以上。

4. 手段从弱到强

从"十一五"开始，国家先后安排甘肃省省级综合性农产品质检中心项目 1 个、市级项目 14 个、县级项目 76 个，并加大资金投入力度，累计安排中央投资达到 3.1 亿多元，市级项目实现了全覆盖，县级项目覆盖率超过了 85%。同时，各地也加大了对农产品质量安全工作的投入，通过各级财政的资金支持，全省农产品检验检测的手段明显改善，监管能力明显提升，省、市、县、乡四级农产品质量安全检验检测和监管体系基本形成。

（二）监管制度逐步完善

从 2010 年开始至今，甘肃省人民政府办公厅每年都印发《关于加强农产品质量安全监管工作的通知》，2014 年，甘肃省人民政府出台《甘肃省农产品质量安全追溯管理办法》，甘肃省农牧厅制定印发了《关于稳步推进我省"三品一标"品牌农产品产业发展的意见》和《农产品质量安全突发事件应急预案》，全省农产品质量安全监管制度逐步完善。2015 年，省农牧厅、省食品药品监督管理局联合下发了《关于加强食用农产品质量安全监管工作的意见》，共同签署了全程监管合作协议，厘清职责分工，建立无缝衔接工作机制。按照农业部统一部署，启动了 2 个国家和 16 个省级农产品质量安全县创建工作，积极探索建立有效监管模式，监管工作进入依法监管的新阶段。

（三）标准化生产稳步推进

1. 健全农业标准

以保障农产品质量安全为重点，形成了覆盖全省种植业、林业、畜牧

业、农机、草业等产业的农业标准体系，目前，甘肃省现行有效地方标准共
1705 项，其中农业标准 1491 项；创建了 15 个国家级农业标准化示范县、
60 多个省级农业标准化示范基地。农业标准按"三品一标"可分为五大类
（见图1）；农业标准按行业类别可分为八大类（见表5）。

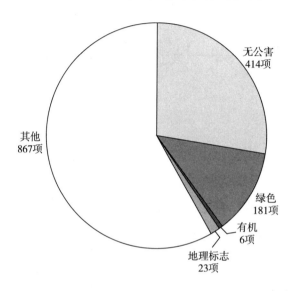

图1　甘肃省现有农业标准"三品一标"分类数量

表5　甘肃省现有农业标准按行业分类及占比

项目	种植业	林业	畜牧业	农机	草业	地理标志	渔业	其他
数量(个)	814	239	197	107	77	23	14	20
占比(%)	54.59	16.03	13.21	7.18	5.16	1.54	0.94	1.34

注："其他"包括蜂业5项，农田水利、农业管理及农产品加工各4项，养蚕3项。

2. 培育品牌

近3年甘肃省"三品一标"认证情况见图2、图3、图4，其中无公害
农产品下降原因为续展期。目前，全省累计认证"三品一标"农产品1500
多个，占全省总生产规模的45%，积极助推了全省农业生产方式的转变和
食用农产品品质的提升。

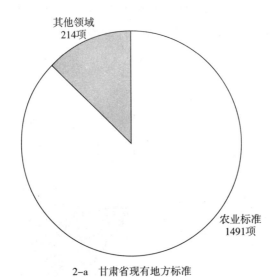

其他领域
214项

农业标准
1491项

2-a　甘肃省现有地方标准

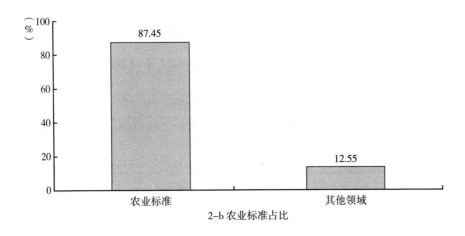

2-b 农业标准占比

图2　甘肃省现有地方标准中农业标准占比

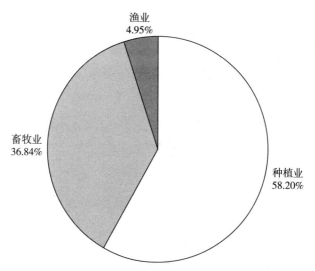

3-a 甘肃省无公害农产品产地认定行业类型及占比

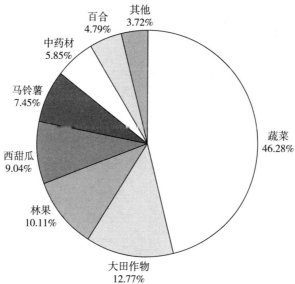

3-b 甘肃省无公害农产品产地认定种植业产品类型及占比

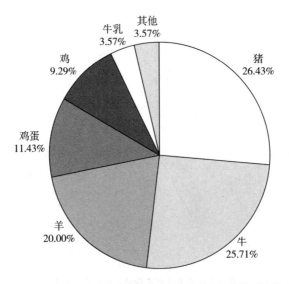

3-c 甘肃省无公害农产品产地认定畜牧业产品类型及占比

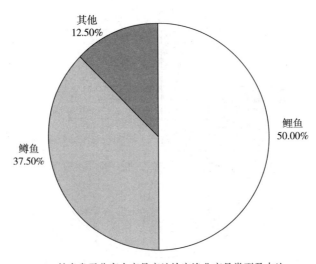

3-d 甘肃省无公害农产品产地认定渔业产品类型及占比

图3 甘肃省无公害农产品产地认定类型及占比

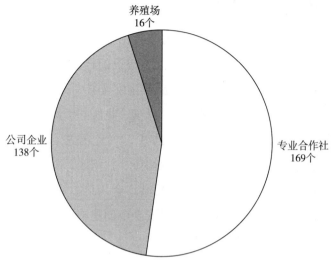

4-a 甘肃省无公害农产品生产单位类型及数量

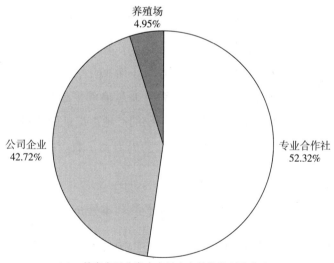

4-b 甘肃省无公害农产品生产单位类型及占比

图4 甘肃省无公害农产品生产单位类型及占比

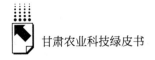
（四）树立样板、典型示范

为整体提升监管能力和水平，充分发挥示范带动作用，树立标准化生产的样板区、全程监管的样板区、监管体系建设的样板区和社会共治的样板区。甘肃分别创建了 6 个国家级农产品质量安全县、22 个省级农产品质量安全县。永昌县、靖远县、凉州区、临泽县、陇西县、西峰区为国家级农产品质量安全县。省级农产品质量安全县共 22 个：榆中县、宁县、平川区、武都区、两当县、合作市、瓜州县、敦煌市、甘州区、陇西县、崆峒区、武山县、临夏市、玉门市、民乐县、民勤县、金川区、康县、临潭县、镇原县、秦州区、临夏县。省级农产品质量安全市创建试点单位 2 个，分别为金昌市、嘉峪关市。

（五）农产品质量安全追溯信息平台

全省基本建成 17 个市级、107 个县级、719 个乡镇监管机构追溯信息平台，建立 331 个农畜产品生产经营主体追溯示范点。截至目前，已有 1200 多家监管机构、3000 多名监管人员、4870 多家生产经营主体、3800 多家农资经营门店、40 多家屠宰场被纳入平台。通过追溯信息平台上传各类检测数据 71 万余条，出具带有条形码和二维码的产地准出证明 2700 余份，打印产品二维码 7323 张。近期，农牧厅和食药局启动了农产品质量安全追溯平台和食品安全追溯平台对接事宜。

（六）农产品质量安全风险评估体系基本建成

农产品质量安全风险评估科学研究始于 2011 年，甘肃省农业科学院依托畜草与绿色农业研究所成立了农业质量标准与检测技术研究所，获农业部首批授牌建设了"农业部农产品质量安全风险评估实验室（兰州）"，除从事农产品质量安全、标准及检测技术等方面的研究工作外，专门承担农业部农产品质量安全风险评估项目任务。地市级层面上，平凉市、定西市、武威市依托市级农产品质量安全监测中心，分别组建了"农业部农产品质量安全风险评估实验站"（平凉、定西、武威）。

农产品质量安全风险评估科研团队主要对甘肃省特色农产品、果品蔬菜等农产品的安全生产关键技术、产品重金属限量标准再评价、产品未登记农药安全性、防腐保鲜剂使用风险水平、大宗特色农产品营养等进行专项研究，提高农产品质量安全风险预警和应急处置能力，提升农产品质量安全风险管控能力，为服务科学监管、指导生产安全优质农产品、引导健康消费、完善农产品标准体系提供技术支撑。

四　甘肃省农产品质量与安全绿色发展理念

针对甘肃省农产品质量与安全绿色发展现状，我们应树立绿色、创新、协调、开放、共享发展理念，进一步提高农产品质量安全水平。

（一）绿色发展，推进农产品质量安全持续健康发展

为了保障农产品的质量安全，将绿色发展贯穿于种养加全产业链，从产地环境入手，加强农业资源保护和环境治理，实行严格的农业投入品生产、使用和监管制度，推进"一控两减三基本"，实现减量替代、减量控害、综合利用等绿色生产模式，开创资源高效利用、生态系统稳定、产地环境良好、产品质量安全优质的农业发展新局面。

（二）创新发展，进一步完善农产品质量安全的体制机制

一是创新农业生产方式，从源头上保障农产品质量安全；二是健全完善甘肃省农产品质量安全责任追究和激励机制，激发全社会参与农产品质量安全工作的积极性和活力；三是突破农产品储藏保鲜和病虫害防控等关键技术，解决目前存在的滥用、乱用和违法使用农业投入品的问题，促进农业科技创新；四是深入推进农产品质量安全县创建，推动构建网络化监管体系，提升县级农产品质量安全监管能力和水平，促进监管模式创新。

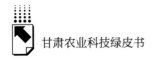

（三）协调发展，推进农产品质量安全工作均衡发展

影响农产品质量安全的因素很多，包括土壤、大气、水等生产要素，种子、化肥、农兽药等农业投入品，也包括收购、储存、运输环节可能存在的非法添加，任何一个环节存在问题，都可能给农产品质量造成安全隐患。因此，要做好农产品质量安全监管工作，就必须保证各环节监管能力建设同步推进，监管工作同步开展，形成农产品质量安全监管工作在产前、产中、产后同步协调发展的格局。

（四）开放发展，统筹推进农产品质量安全监管与科研工作

在充分发挥甘肃省环境资源优势，扩大特色优势农产品出口的同时，要重视学习国外先进技术，充分运用世界现代科技成果，借鉴国际先进管理经验，统筹推进农产品质量安全监管与科研工作。甘肃农业要想走出去，提高合作利用国际农业资源能力，必须做好农产品质量安全监管与科研工作，以质量求生存，以质量求发展，以质量求效益。

（五）共享发展，让人人享受农产品质量安全的发展成果

人人都有享用安全农产品的权利，也有参与农产品质量安全监督管理的义务。鼓励企业、合作社、协会、种养大户、家庭农场经营主体等积极开展"三品一标"农产品认证，扩大甘肃省品牌农产品的规模和数量，提高品牌农产品的市场供应量，目的就是满足农产品安全消费的需要，让每个消费者都能安全消费、放心消费、快乐消费，充分享受农产品质量安全的发展成果，让企业、行业协会、种养大户、家庭农场等经营主体在共建共享发展中有更多获得感，朝着共同富裕的方向不断迈进。

五　甘肃省农产品质量与安全绿色发展方向

未来农产品质量与安全亟待科技的推动，需着力推进农产品质量安全的

科学管理、依法监督。科学管理的重点是破解技术难关，促进生产经营水平和监管能力的提升；依法监督是规范生产经营主体行为，打击违法违规的主要措施。在实施科学管理过程中，有两个重点亟待加强：首先是科学研究，包括农产品中各种危害因子和风险隐患的识别技术方法与农产品营养品质研究。其次是科普宣传，一方面要针对广大的农产品生产者，主要是加强农产品质量安全法规、标准、安全生产技术的培训示范；另一方面是针对广大的消费者，要强化农产品生物属性的特征特性的介绍，包括农产品消费的方式方法和识别技巧的介绍，严防谣言或虚假科技信息。

（一）农产品质量安全与营养学科建设

我国农产品质量安全经历了由治乱、高压到依法监管、依法履职和迈入营养功能、营养品质、质量兴农发展的三个阶段。以农业部农产品质量安全风险评估实验室（兰州）及甘肃省其他科研单位的研究团队为培育和发展甘肃省农产品质量安全与营养学科的重要平台，加快甘肃省农产品质量安全与营养学科体系建设步伐，实行首席和岗位科学家制度，通过集成创新和自主创新，提升学科的国际影响力和竞争力。

（二）农产品营养功能及评价研究

在明确甘肃省主要农产品基本营养物质的基础上，从农产品产地环境控制技术、营养品质提升技术、绿色管控技术等方面，建立健全农产品质量安全与营养功能品质评价体系，研究农产品在采收、储藏、运输等环节中各类营养物质的变化规律及其营养保持技术；开展甘肃省农产品营养功能评价，开展农产品独特品质形成机理、农产品品质营养保持等技术研究；研究甘肃省特色农产品独有风味中各类营养组分发挥作用的机制和效应。

（三）农产品质量安全与品牌创建齐抓

2017 年是农业部确定的农业品牌推进年，针对当前绿色优质、适销对路的高品质农产品生产供给不足的现状。树立以特色农产品品牌为抓手，深入挖掘特色农产品营养功能性成分，着力培育甘肃省的农产品品牌，提升甘肃省农产品的加工增值效益，让甘肃省农产品高端细致化，全面提高产品竞争力，更好地把甘肃省特色产品、优质农产品、品牌农产品、功能农产品等转化为品质优势、功能优势、区位优势。引导消费者正确关注农产品的质量安全、营养品质与健康膳食，实现由"吃饱"向"吃好、吃得健康"转变，以满足公众的多样化、个性化、高档化需求，促进生产、消费、营养、健康协调发展。

（四）食药同源特色农产品的开发

随着人们生活水平的提高和健康意识的提升，一些独具营养和药物功效的特质性农产品备受公众关注和消费者推崇，尤其关注食物营养疗法、中药材药性食物吃法保健。中国是食的天堂，品种丰富，营养而美味；中国又是中药王国，资源丰富，药效独特，食药同源将两者有机结合，在食的过程中能感悟到药的效率，在药的护理中能感悟到食的重要。食药同源在食中体现药，在药中追求食。食药同源类特色农产品的开发与质量安全研究将是消费者和全社会关注的热点和焦点，也是今后农产品质量与安全学科研究的主要方向。

（五）农产品营养功能成分数据库及应用平台构建

针对甘肃省主要农产品，搜集整理果蔬、粮油、畜禽及其他区域特色农产品在产地环境、区域优势及历史渊源方面的背景资料，包括产品品牌、获奖情况、市场拓展规划、产品认证、产品照片（农产品、生产环境、商品包装等）、产地环境和区域优势、历史文化等诸多方面的数据，分析评价蔬菜、马铃薯、畜产品、中药材、优质林果、兰州百合、苦水玫瑰、枸杞、木耳、花椒、黄花菜、小杂粮等特色农产品的基本营养品质指标和功能性营养成分，为满足甘肃省农业产业需求和不同消费层次，构建农产品营养功能成分数据库及应用平台。

参考文献

周应恒、王二朋：《中国食品安全监管：一个总体框架》，《改革》2013 年第 4 期。

赵春明：《农产品质量安全含义探析》，《农产品加工》2005 年第 1 期。

周建华、周正祥：《提高我国农产品质量安全的对策》，《特区经济》2005 年第 3 期。

辛盛鹏：《我国动物产品质量安全体系的研究与 HACCP 在生产中的应用》，中国农业大学博士学位论文，2004。

王玉环、徐恩波：《农产品质量安全内涵辨析及安全保障思路》，《西北农林科技大学学报》（社科版）2004 年第 11 期。

蒋业洋：《农产品质量标准体系建设问题研究》，湖南农业大学硕士学位论文，2003。

杨丽、刘文、刘俊华：《国际农产品贸易技术壁垒现状综述》，《世界标准化与质量管理》2002 年第 4 期。

杨洁彬、王晶、王柏琴等：《食品安全性》，中国轻工业出版社，1999。

中共中央文献研究室：《十八大以来重要文献选编》，中央文献出版社，2014。

李克强：《以改革创新为动力加快推进农业现代化》，《求是》2015 年第 4 期。

陈晓华：《我国质量兴农工作的总体形势及工作重点》，《农产品质量与安全》2017 年第 2 期。

陈晓华：《"十三五"期间我国农产品质量安全监管工作目标任务》，《农产品质量与安全》2016 年第 1 期。

金发忠：《基于我国农产品客观特性的质量安全问题思考》，《农产品质量与安全》2015 年第 5 期。

马爱国：《"十三五"期间我国"三品一标"发展目标任务》，《农产品质量与安全》2016 年第 2 期。

李祥洲：《农产品质量安全十大关系的思考》，《农产品质量与安全》2016 第 4 期。

张星联等：《农产品质量安全风险评估技术研究现状及发展趋势》，《农产品质量与安全》2016 第 5 期。

韩娟等：《农产品质量与营养功能风险评估研究方向探讨》，《农产品质量与安全》2016 年第 2 期。

甘肃省农牧厅：《甘肃省"十三五"农产品质量安全提升规划》，2017。

G.4
甘肃省农业生态服务功能研究报告

刘阳　张松林　赵成章*

摘　要：　生态服务功能价值评估有助于农业生态服务功能的现状把握和发展导向。本文以生态服务功能价值当量因子法估算了 2008～2015 年甘肃省农业生态服务功能的价值构成和不同土地利用类型的服务价值，并分析了其年际变化及影响因素。结果表明，2008～2015 年，甘肃省农业生态服务功能价值逐年增长，但同比增长率以 2012 年最高。历年和 8 年合计的农业生态服务功能价值：土壤形成与保护＞水源涵养＞废物处理＞生物多样性与保护＞气候调节＞气体调节＞原材料生产＞食物生产＞娱乐文化。历年农业土地利用类型的生态服务价值：森林＞水体＞草地＞农田。可见，尽管甘肃省农业生态服务功能的价值在不断增长，但是各项生态服务功能的增速和同比增长率并不均衡。甘肃省娱乐文化等农业生态服务功能和农田、草地等土地利用类型贡献率较低，亟须开展甘肃省农业生态服务功能建设，大力发展农业经济、积极建设生态农业，以保持农业生态平衡、推动农业生态系统可持续发展和提高农业生态系统服务功能价值。

---

* 刘阳，西北师范大学地环学院硕士研究生，研究方向为环境化学；张松林，西北师范大学地环学院教授，博士，研究方向为土壤化学；赵成章，西北师范大学地环学院教授，博士，研究方向为恢复生态学。

关键词： 农业生态系统　生态服务功能　价值评估　价值贡献率
甘肃省

由于对农业生态系统自然生产力与经济生产力之间平衡关系的认识不够深入，人类在追求农业经济效益的过程中破坏了农业生态系统结构和功能的完整性。农业资源分配和利用不均，可能导致农业生态系统能量流动不畅、物质循环受阻和信息传递滞后，最终导致农业生态系统瘫痪，使原有的社会性、高产性和波动性变差。因此，深入研究农业生态服务功能及其价值，可以为农业生态系统可持续发展和生态服务功能完备、均衡性保持提供科学依据。

近年来，国外学者通过农业生态服务功能价值评估和预测有效保护了农业生态系统；国内学者侧重于生态系统服务功能的土地利用类型和区域性影响研究，尤其是草地和森林生态服务功能价值。但是，农业生态服务功能价值评估的数据欠缺，不具有完整性、连续性和可变性，导致国内外农业生态服务功能研究多局限于单一年份，对不同区域的时间变化还极为少见，甘肃省等西北干旱、半干旱地区亦然。

甘肃省位于我国西北地区，处于北纬32°31′~42°57′和东经92°13′~108°46′；年平均气温为2℃~10℃，年平均降水量为250~420mm。甘肃省农业以传统的二元种植结构为主。过度追求农业生态系统的经济性，忽视农业生态服务功能的完备性和均衡性，影响了甘肃省农业生态系统的可持续发展。因此，对甘肃省农业生态服务功能及其价值进行研究可以为甘肃省农业生态服务功能评估和生态农业可持续发展提供科学依据。

一　数据来源和研究方法

（一）数据来源

2008~2015年，甘肃省不同农业土地利用类型面积数据来自相应年份的《中国统计年鉴》。甘肃省三种主要农作物小麦、玉米和马铃薯及其播种面积数据来自相应年份的《甘肃省统计年鉴》和《中国统计年鉴》。

根据甘肃省各市/县物价局监测数据、《中国物价年鉴》和居民分类消费价格指数，计算小麦和玉米平均价格。根据《中国物价年鉴》和居民分类消费价格指数计算马铃薯平均价格。

（二）研究方法

参照 Costanza 的生态系统服务估算价值模型，谢高地等将我国的生态系统服务价值分为9类，并在对我国200多位生态学者问卷调查基础上制定了我国的"生态系统服务价值当量因子表"（见表1）。

表1　中国生态系统单位面积生态服务价值的当量因子

项　目	森林	草地	农田	湿地	水体	荒漠
气体调节	3.50	0.80	0.50	1.80	0.00	0.00
气候调节	2.70	0.90	0.89	17.10	0.46	0.00
水源涵养	3.20	0.80	0.60	15.50	20.38	0.03
土壤形成与保护	3.90	1.95	1.46	1.71	0.01	0.02
废物处理	1.31	1.31	1.64	18.18	18.18	0.01
生物多样性与保护	3.26	1.09	0.71	2.50	2.49	0.34
食物生产	0.10	0.30	1.00	0.30	0.10	0.01
原材料生产	2.60	0.05	0.10	0.07	0.01	0.00
娱乐文化	1.28	0.04	0.01	5.55	4.34	0.01

表1中生态系统服务价值当量因子是指1公顷达到全国平均产量的农田每年自然粮食产量的经济价值，主要表现为生态系统产生的生态服务相对贡献大小的潜力；其他生态服务价值的当量因子是指生态系统产生的该生态服务相对于农田食物生产服务的贡献大小。

（三）分析方法

1. 甘肃省单位面积农田粮食作物生产服务功能价值的计算

由谢高地等对生态服务功能价值当量因子的定义可推知，1个生态服务功能价值当量因子的经济价值量等于当年全国平均粮食单产价值的1/7。由统计年鉴可知，甘肃省农田主要种植的粮食作物为马铃薯、玉米和小麦，故本文采用三者计算单位农田粮食作物生产服务功能的价值。参照谈存峰等的研究结果，本研究选用的计算公式为：

$$Va = \frac{1}{7} \sum_{i=1}^{n} \frac{S_i P_i A_i}{M}(i = 1,2,3,\cdots,n) \tag{1}$$

V_a：单位面积农田经济作物生产服务功能的价值（元/公顷）；

S_i：第 i 种粮食作物的面积（公顷）；

P_i：第 i 种粮食作物的均价（元/吨）；

A_i：第 i 种粮食作物的单产（吨/公顷）；

M：n 种粮食作物的总面积（公顷）。

2008～2015年，甘肃省单位面积农田食物生产的经济价值见表2。

表2　2008～2015年甘肃省单位面积农田主要粮食作物生产服务功能的价值

单位：元/公顷

项目	2008 年	2009 年	2010 年	2011 年	2012 年	2013 年	2014 年	2015 年
价值	947.09	940.07	1015.00	1128.62	1313.86	1342.28	1377.00	1428.40

除2009年略有下降外，甘肃省单位面积农田主要粮食作物生产服务功能价值随着时间延续逐年增加，两者之间呈现线性正相关（R^2 为 0.9668，P < 0.01）。

2. 甘肃省农业生态服务功能单价的计算

甘肃省农业生态服务功能的单价计算公式参照谈存峰等的研究结果，为：

$$V_{ij} = e_{ij} V_a(i = 1,2,3,\cdots,9,j = 1,2,3,\cdots,6) \tag{2}$$

V_{ij}：第 j 种土地中第 i 种生态服务功能价值的单价（元/公顷）；

e_{ij}：第 j 种土地中第 i 种生态服务功能价值的当量因子。

2008～2015年，甘肃省农业生态系统服务功能的单价见表3～表6。

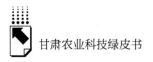
表3 2008～2015 年甘肃省农业生态系统森林生态服务功能的单价

单位：元/公顷

项目	2008 年	2009 年	2010 年	2011 年	2012 年	2013 年	2014 年	2015 年
气体调节	3314.8	3290.2	3552.5	3950.3	4598.5	4697.9	4819.5	4999.4
气候调节	2557.1	2538.1	2740.5	3047.4	3547.4	3624.1	3717.9	3856.6
水源涵养	3030.6	3008.2	3248.0	3611.7	4204.3	4295.2	4406.4	4570.8
土壤形成与保护	3693.6	3666.2	3958.5	4401.8	5124.0	5234.8	5370.3	5570.7
废物处理	1240.6	1231.4	1329.6	1478.5	1721.1	1758.3	1803.8	1871.2
生物多样性与保护	3087.5	3064.6	3308.9	3679.4	4283.1	4375.8	4489.0	4656.5
食物生产	94.7	94.0	101.5	112.8	131.3	134.2	137.7	142.8
原材料生产	2462.4	2444.1	2639.0	2934.5	3416.0	3489.9	3580.2	3713.8
娱乐文化	1212.3	1203.2	1299.2	1444.6	1681.7	1718.1	1762.5	1828.3

表4 2008～2015 年甘肃省农业生态系统草地生态服务功能的单价

单位：元/公顷

项目	2008 年	2009 年	2010 年	2011 年	2012 年	2013 年	2014 年	2015 年
气体调节	757.6	752.0	812.0	902.9	1051.0	1073.8	1101.6	1142.7
气候调节	852.3	846.0	913.5	1015.8	1182.4	1208.0	1239.3	1285.5
水源涵养	757.6	752.0	812.0	902.9	1051.0	1073.8	1101.6	1142.7
土壤形成与保护	1846.8	1833.1	1979.2	2200.9	2562.0	2617.4	2685.1	2785.3
废物处理	1240.6	1231.4	1329.6	1478.5	1721.1	1758.3	1803.8	1871.2
生物多样性与保护	1032.3	1024.6	1106.3	1230.2	1432.1	1463.0	1500.9	1556.9
食物生产	284.1	282.0	304.5	338.6	394.1	402.6	413.1	428.5
原材料生产	47.3	47.0	50.7	56.4	65.6	67.1	68.8	71.4
娱乐文化	37.8	37.6	40.6	45.1	52.5	53.6	55.0	57.1

表5 2008～2015 甘肃省农业生态系统农田生态服务功能的单价

单位：元/公顷

项目	2008 年	2009 年	2010 年	2011 年	2012 年	2013 年	2014 年	2015 年
气体调节	473.5	470.0	507.5	564.3	656.9	671.1	688.5	714.2
气候调节	842.9	836.6	903.3	1004.5	1169.3	1194.6	1225.5	1271.2
水源涵养	568.2	564.0	609.0	677.2	788.3	805.3	826.2	857.0
土壤形成与保护	1382.7	1372.5	1481.9	1647.8	1918.2	1959.7	2010.4	2085.4
废物处理	1553.2	1541.7	1664.6	1851.0	2154.7	2201.3	2258.2	2342.5

续表

项目	2008 年	2009 年	2010 年	2011 年	2012 年	2013 年	2014 年	2015 年
生物多样性与保护	672.4	667.4	720.6	801.3	932.8	953.0	977.6	1014.1
食物生产	947.0	940.0	1015.0	1128.6	1313.8	1342.2	1377.0	1428.4
原材料生产	94.7	94.0	101.5	112.8	131.3	134.2	137.7	142.8
娱乐文化	9.4	9.4	10.1	11.2	13.1	13.4	13.7	14.2

表6 2008~2015 甘肃省农业生态系统水体生态服务功能的单价

单位：元/公顷

项目	2008 年	2009 年	2010 年	2011 年	2012 年	2013 年	2014 年	2015 年
气体调节	0.0	0.0	0.0	0.0	0.0	0.0	0.0	0.0
气候调节	435.6	432.4	466.9	519.1	604.3	617.4	633.4	657.0
水源涵养	19301.6	19158.6	20685.7	23002.2	26776.4	27355.6	28063.2	29110.7
土壤形成与保护	9.4	9.4	10.1	11.2	13.1	13.4	13.7	14.2
废物处理	17218.0	17090.4	18452.7	20519.2	23885.9	24402.2	25033.8	25968.3
生物多样性与保护	2358.2	2340.7	2527.3	2810.3	3271.5	3342.2	3428.7	3556.7
食物生产	94.7	94.0	101.5	112.8	131.3	134.2	137.7	142.8
原材料生产	9.4	9.4	10.1	11.2	13.1	13.4	13.7	14.2
娱乐文化	4110.3	4079.9	4405.1	4898.4	5702.1	5825.4	5976.1	6199.2

3. 甘肃省农业生态服务功能价值的计算

甘肃省农业生态服务功能价值的计算公式参照谈存峰等的研究结果，为：

$$V = \sum_{i=1}^{9} \sum_{i=1}^{6} s_i v_{ij} (i = 1,2,3,\cdots,9, j = 1,2,3,\cdots,6) \tag{3}$$

V：甘肃省农业生态服务功能的总价值（元）；

S_j：第 j 类土地的面积（公顷）；

V_{ij}：第 j 种土地中第 i 种生态服务功能的单价（元/公顷）。

采用 SPSS 24.0 统计软件处理、分析实验数据，采用 Origin Pro 9.0 绘图。

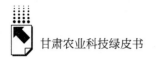
二 结果与讨论

（一）2008～2015年甘肃省农业生态服务功能的价值构成

由表7可知，2008～2012年甘肃省农业生态服务功能总价值合计为1054.07×10⁹元。2008、2009、2010、2011、2012、2013、2014、2015年甘肃省农业生态服务功能总价值分别为111.37×10⁹、109.31×10⁹、117.81×10⁹、128.51×10⁹、142.76×10⁹、146.50×10⁹、148.26×10⁹、149.55×10⁹元，呈逐年增加态势。如图1所示，2008～2012年甘肃省农业生态服务价值增长的幅度较大，2012年达到峰值（11.09%），2013年增幅急剧下降（2.62%），之后增幅趋稳。

表7 2008～2015年甘肃省农业生态服务功能的价值构成

单位：×10⁹元/年

类型	年份	气体调节	气候调节	水源涵养	土壤形成与保护	废物处理	生物多样性与保护	食物生产	原材料生产	娱乐文化
森林	2008	7.85	6.06	7.18	8.75	2.94	7.31	0.22	5.83	2.87
	2009	7.91	6.10	7.23	8.82	2.96	7.37	0.22	5.88	2.89
	2010	8.71	6.72	7.96	9.70	3.26	8.11	0.24	6.47	3.18
	2011	9.80	7.56	8.96	10.9	3.67	9.13	0.28	7.28	3.56
	2012	11.5	8.85	10.50	12.80	4.29	10.70	0.32	8.52	4.20
	2013	11.7	9.06	10.70	13.10	4.40	10.90	0.33	8.73	4.30
	2014	12.2	9.41	11.12	13.60	4.56	11.30	0.35	9.05	4.46
	2015	12.7	9.78	11.60	14.10	4.74	11.80	0.36	9.41	4.63
草地	2008	1.98	2.23	1.98	4.83	3.25	2.70	0.70	0.12	0.09
	2009	1.89	2.12	1.89	4.60	3.09	2.57	0.71	0.10	0.09
	2010	1.99	2.24	1.99	4.86	3.27	2.72	0.70	0.12	0.09
	2011	2.18	2.46	2.18	5.32	3.58	2.97	0.81	0.14	0.11
	2012	2.51	2.82	2.51	6.12	4.11	3.42	0.94	0.15	0.13
	2013	2.53	2.85	2.53	6.17	4.14	3.45	0.94	0.15	0.13
	2014	2.45	2.76	2.43	5.97	4.06	3.34	0.91	0.15	0.12
	2015	2.51	2.82	2.51	6.11	4.11	3.42	0.94	0.16	0.13

续表

类型	年份	气体调节	气候调节	水源涵养	土壤形成与保护	废物处理	生物多样性与保护	食物生产	原材料生产	娱乐文化
农田	2008	0.64	1.14	0.77	1.87	2.10	0.99	1.28	0.12	0.01
	2009	0.63	1.13	0.70	1.86	2.09	0.90	1.27	0.13	0.01
	2010	0.68	1.22	0.82	2.01	2.25	0.91	1.37	0.13	0.01
	2011	0.76	1.36	0.92	2.23	2.50	1.08	1.53	0.15	0.02
	2012	0.8	1.58	1.07	2.59	2.91	1.26	1.78	0.17	0.02
	2013	0.90	1.61	1.09	2.65	2.98	1.29	1.81	0.81	0.02
	2014	0.90	1.66	1.12	2.72	3.05	1.32	1.86	0.86	0.02
	2015	0.96	1.72	1.16	2.82	3.16	1.37	1.93	0.93	0.02
水体	2008	0	2.10	9.32	4.57	8.31	1.14	4.57	3.57	1.98
	2009	0	2.12	8.87	4.35	7.91	1.08	4.35	3.58	1.89
	2010	0	2.22	8.87	4.73	8.60	1.18	4.73	3.58	2.17
	2011	0	2.01	9.64	4.76	8.65	1.25	4.85	3.66	2.25
	2012	0	2.74	8.54	4.21	8.34	1.37	4.90	3.42	2.67
	2013	0	2.52	8.67	4.24	8.34	1.38	5.12	3.51	2.44
	2014	0	2.12	8.12	4.02	8.35	1.98	5.02	3.14	2.76
	2015	0	2.32	8.37	4.06	8.19	1.34	4.45	3.76	2.16
总计		106.68	113.41	171.32	187.44	148.16	121.05	59.79	96.79	49.43

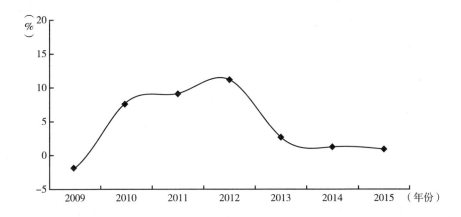

图1 2008～2015年甘肃省农业生态服务功能总价值同比变化情况

8 年来，不同农业生态服务功能价值对甘肃省农业生态服务功能总价值的贡献不同，依次为：土壤形成与保护（17.78%）＞水源涵养（16.25%）＞废物处理（14.06%）＞生物多样性与保护（11.48%）＞气候调节（10.76%）＞气体调节（10.12%）＞原材料生产（9.18%）＞食物生产（5.67%）＞娱乐文化（4.69%），这与谈存峰等对 2008 年甘肃省兰州市农业生态服务功能价值的研究结果类似。

土壤形成与保护功能的价值占比最高，与森林、草原和水体的土壤形成与保护价值高和水土保持措施的广泛采用有关。同农业生态服务功能总价值的同比增长率相似，甘肃省土壤形成与保护价值 2012 年达到高峰值，2012～2015 年急剧下降，主要是近年来城镇化进程加快导致农业用地面积减少、部分土壤被污染、部分农田撂荒以及产量下降等。水源涵养功能的价值占比次之，其同比增长率（见图 2）在 2011 年达到高峰值，2011～2014 年逐年降低，2014 年后缓慢增长。这可能与甘肃省森林、水体和草地等的水源涵养价值较大有关，也可能与近年来甘肃省对本省水资源现状的认识比较到位，采取了积极的抗旱节水措施，对水资源进行了有效的利用与保护有关。

娱乐文化功能的价值占比最低，同比增长率波动较大，整体呈下降趋势（见图 2）。甘肃省农田的废物处理功能单价最高，其次是土壤形成与保护功能，再次才是食物生产功能，而娱乐文化功能最低（见表 5）。可见，甘肃

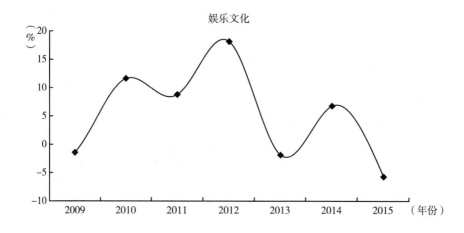

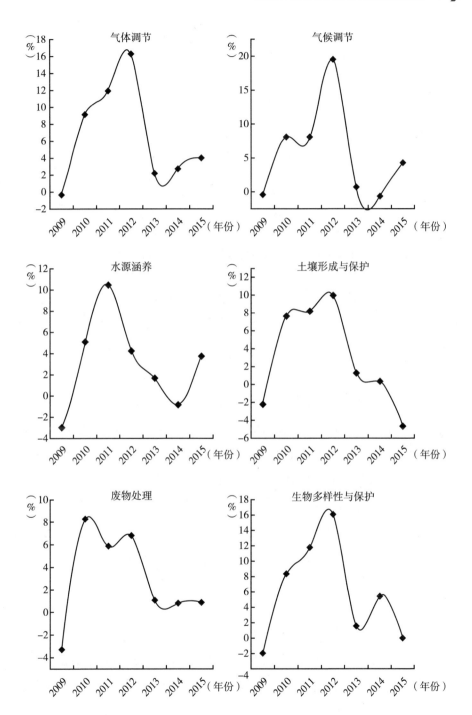

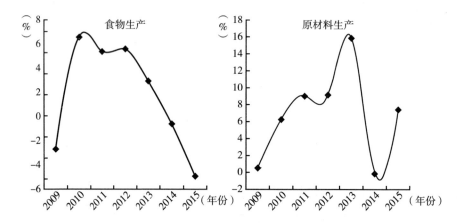

图2 甘肃省不同类型农业生态服务功能总价值的同比变化

省农业生态系统的娱乐文化功能不足，培育、开发不够。现阶段规模化观光农业的价值大增，如青海门源的百里油菜花田。因此，应该大力发展甘肃省的休闲观光旅游农业，增加农业生态旅游的含金量。

　　废物处理的价值占比仅次于土壤形成与保护和水源涵养，2008～2015年甘肃省不同农用地中废物处理功能的价值占比均呈整体平缓增长趋势（见表7），但是从2010年起同比增长率出现下降、2013年后保持平稳（见图2）。这可能是甘肃省农业生态系统对本系统产生的和其他生态系统进入本系统的废物进行资源化和无害化利用的结果。随着社会发展、经济结构不断优化调整与科学技术持续进步，甘肃省农业生态系统废物处理的效率越来越高，废物处理对农业生态服务功能价值的占比也越大。废物处理同比增长率的下降可能与相应农业用地的废物处理功能的可持续性有关。

　　2008～2015年，甘肃省农业生态系统气体调节、气候调节和生物多样性与保护对农业生态服务价值的占比相当，气体调节、气候调节和原材料生产的同比增长率变化相似（见图2）。气体调节和气候调节对生命保障系统分别具有辅助和支撑作用，对生物种群的生存与发展有较大影响。生物体想要在农业生态系统中生存，必须适应农业生态系统气体与气候的变化。

表 7 表明，8 年来生物多样性与保护对甘肃省农业生态服务功能总价值的贡献为 121.05×10^9 元，与谢高地、鲁春霞等对青藏高原每年陆地生态系统中生物多样性与保护对生态系统服务功能价值的贡献（149.45×10^9 元）相比少 19.00%，这说明甘肃省农业生态系统中的生物多样性少、食物链简单、生物对农业生态系统服务功能的价值贡献较低，提醒我们要保持农业生态系统中的生物平衡，促进甘肃地区农业生物多样性的发展。

（二）2008～2015 年甘肃省不同农业土地类型的生态服务功能价值

8 年来，甘肃省不同农业土地利用类型的生态服务功能总价值占比：森林（48.37%）＞水体（27.28%）＞草地（15.60%）＞农田（8.75%）（见图 3）。2008～2015 年，甘肃省森林的农业生态服务功能价值逐年增长，分别为 41.16×10^9 元、49.38×10^9 元、54.35×10^9 元、61.14×10^9 元、71.68×10^9 元、73.22×10^9 元、76.05×10^9 元、79.12×10^9 元。这表明，森林面积越大、森林植被和经济作物的价值利用率越高，对农业生态服务功能价值的贡献越大；森林生物多样性越高对农业生态系统的保护越强，对甘肃干旱地区防止水土流失、保持水土平衡和防风固沙有重要作用。

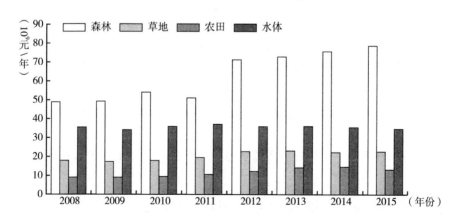

图 3　2008～2015 年甘肃省不同农业土地类型农业生态服务功能价值

图 4 显示，2011～2012 年，甘肃省森林的农业生态服务功能价值增幅较大，增率为 17.24%；2012～2013 年同比增长率大幅度下降，2013 年之后同比增长率相对稳定。这可能与甘肃省推行生态文明建设，大力营造风沙防护林、农田防护林和退耕还林等有关。

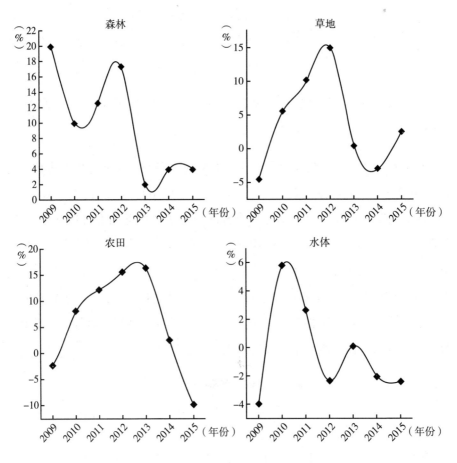

图 4　甘肃省不同农业土地利用类型生态服务功能总价值同比变化

2008～2015 年，水体在甘肃省农业生态服务价值中的占比仅次于森林，分别为 35.56×10⁹元、34.15×10⁹元、36.08×10⁹元、37.07×10⁹元、36.19×10⁹元、36.22×10⁹元、35.51×10⁹元和 34.65×10⁹元，年度变化不大；同比增长率 2008～2010 年逐年升高，然后开始下降，2012 年后保持稳定（见图

图 4 显示，2011～2012 年，甘肃省森林的农业生态服务功能价值增幅较大，增率为 17.24%；2012～2013 年同比增长率大幅度下降，2013 年之后同比增长率相对稳定。这可能与甘肃省推行生态文明建设，大力营造风沙防护林、农田防护林和退耕还林等有关。

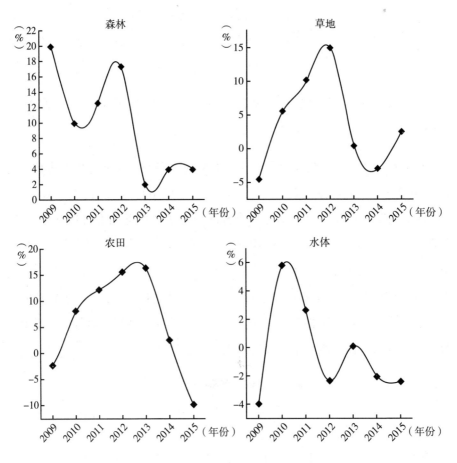

图 4　甘肃省不同农业土地利用类型生态服务功能总价值同比变化

2008～2015 年，水体在甘肃省农业生态服务价值中的占比仅次于森林，分别为 35.56×10^9 元、34.15×10^9 元、36.08×10^9 元、37.07×10^9 元、36.19×10^9 元、36.22×10^9 元、35.51×10^9 元和 34.65×10^9 元，年度变化不大；同比增长率 2008～2010 年逐年升高，然后开始下降，2012 年后保持稳定（见图

4）。这表明，2008～2011 年甘肃省的水体生态服务功能持续向好，对农业生态服务价值的贡献稳中有增；但 2011 年之后逐年下降，可能与近年来甘肃省局部地区生态环境恶化趋势没有得到有效缓解、气候变化程度较大、气温逐年上升、水土流失以及地下水和地表水量的急剧减少等有关。

作为农业生态系统中最重要的两种陆地用地类型，甘肃省草地和农田的生态服务价值 2008～2015 年均呈现整体逐年增长趋势。2008～2012 年，甘肃省草地生态服务价值持续增长，增幅高达 27.01%；但 2012～2015 年，甘肃省草地的生态服务价值趋于平稳，分别为 22.71 × 10⁹ 元、22.90 × 10⁹ 元、22.19 × 10⁹ 元和 22.71 × 10⁹ 元。图 4 表明，甘肃省草地的生态服务价值同比增长率 2012 年最大，之后下降，2015 年回稳。

甘肃省农田的生态服务价值逐年增加，2014 年达到高峰值（14.51 × 10⁹ 元），可能是因为甘肃省对可利用农田资源的规划较合理、粮食作物的单产较高。而甘肃省农田的生态服务价值同比增长率有升有降，2013 年达到高峰值（16.27%），之后逐年下降，可能是因为甘肃省多地处干旱、半干旱地区，土质以黄土和沙土为主；土壤常干旱，盐碱化严重，可能是因为可供种植粮食作物的土壤面积少，能够适应恶劣土壤环境的粮食作物品种少，导致农田对农业生态服务价值的贡献最低。

（三）2008～2015 年甘肃省不同农用土地生态服务功能价值的作用

表 8 显示，2008～2015 年，甘肃省不同土地利用类型生态服务功能的价值在农业生态服务功能总价值中的占比变化不尽相同。生态服务功能价值历年合计占比：森林＞水体＞草地＞农田。然而，甘肃省不同农业土地利用类型的面积占比为草地＞农田＞森林＞水体。虽然草地和农田面积的占比比较大，但其生态服务价值占比却较森林和水体小，说明甘肃省草地和农田对农业生态服务功能的贡献潜力很大。因此，应该加大对草地和农田资源的优化、利用，强化草地的产业化、生态化管理与保护，优化农田的利用结构，提高农田的生态服务价值。

8年来，森林对甘肃省农业生态服务价值的占比逐年增长，2015年最高；草地和农田对甘肃省农业生态服务价值的占比年际变化不明显，但水体对甘肃省生态服务价值的占比却逐年递减，这提醒我们对农业生态系统中的水体要适当保护和节约，不能过度利用（见表8）。

表8　2008～2015年甘肃省不同农业土地类型生态服务功能的价值与面积占比

单位：%

年份	森林		草地		农田		水体	
	V	S	V	S	V	S	V	S
2008	44.4	19.9	16.2	51.3	8.2	22.2	32.2	6.6
2009	45.1	22.8	15.6	44.6	8.3	25.0	31.2	7.5
2010	46.1	10.7	15.2	18.5	8.1	11.7	30.6	3.5
2011	43.2	25.4	16.6	38.8	8.8	27.5	31.2	8.3
2012	50.2	26.4	15.9	36.2	8.5	28.6	25.3	8.7
2013	50.1	13.0	15.6	16.2	9.1	14.0	24.7	4.3
2014	51.2	28.2	14.9	32.9	9.0	29.9	23.9	9.1
2015	52.9	28.2	15.1	32.9	8.7	29.8	23.1	9.1
总计	48.3	25.0	15.6	39.7	8.8	27.1	27.3	8.2

注：V表示为价值占比，S表示为面积占比。

对不同土地利用类型生态服务功能价值与面积的 Pearson 相关性分析结果表明，甘肃省四种农业土地利用类型的生态服务功能价值与面积之间均存在显著相关性（$p < 0.05$）。其中，水体的相关性最高，森林的相关性最低（见表9）。故可用价值贡献率来表明不同农业土地类型之间农业生态服务功能价值的贡献。

表9　2008～2015年甘肃省不同农业土地利用类型生态服务功能的价值与面积相关性

项　目	森林	草地	农田	水体
相关性	0.597*	0.857*	0.837*	0.894*

注：＊表示具有显著相关性（$p < 0.05$）。

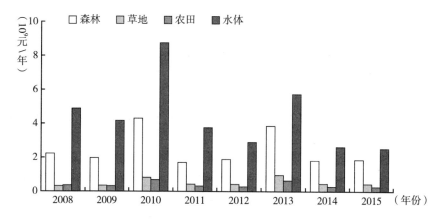

图 5　2008~2015 年甘肃省不同农业土地类型生态服务功能价值贡献率

图 5 表明，2008~2015 年，甘肃省农业生态系统中面积占比最小的水体对其农业生态服务价值的贡献率最高，农田的价值贡献率最低，8 年平均值为 0.325，比水体的价值贡献率平均值低 90.7%。虽然甘肃省大部分地区干旱少雨，但是外流河和内陆河等众多水系流经甘肃省，使得水体对甘肃省农业生态服务功能的价值贡献率最高。同时，也可能正因为甘肃省大部分地区干旱、半干旱，对水的需求更迫切、反映更敏感，导致其对水体的开发和利用比较合理有效，使得水体的价值贡献率最高。农田的价值贡献率低，说明虽然甘肃省农田生态服务价值一直处于增长趋势，但是增长缓慢且农田利用率不高。甘肃省森林的价值贡献率次之，草地的价值贡献率为第三位。

综上所述，水体和森林对甘肃省农业生态服务功能总价值的贡献率均值分别为 3.329 和 1.932，均大于 1，说明水体和森林的价值贡献较高；草地和农田的价值贡献率分别为 0.393、0.325 其均值均小于 1，表明草地和农田的生态服务价值贡献较低，也意味着甘肃省农业生态系统中草地和农田还有更大的潜在的生态服务价值。

农业生态系统受多种因素的影响，其复杂性和多变性会干扰农业生态系统服务功能的研究与评价。由于对不同粮食作物的价格存在一定的争议，本文对生态服务功能单价的计算存在一定的误差。本研究仅仅从时间上对不同生态服务功能的价值构成与不同地域类型生态服务价值的大小、相关性以及贡献率进行了研究与探讨，对空间上甘肃省农业生态服务功能价值的理论探讨和实际评估均有待于进一步研究。但本文对近年来甘肃省农业生态服务功能价值时间变化趋势的研究，为进一步研究甘肃省农业生态服务功能价值的空间变化趋势研究和甘肃省农业生态系统的可持续发展和生态文明建设提供了科学依据。

三 结论

(1) 2008 ~ 2015 年，甘肃省农业生态服务功能的总价值为 1054.07 × 10^9 元，呈逐年增长趋势，依次为 111.37 × 10^9 元、109.31 × 10^9 元、117.81 × 10^9 元、128.51 × 10^9 元、142.76 × 10^9 元、146.50 × 10^9 元、148.26 × 10^9 元和 149.55 × 10^9 元。2011 ~ 2012 年，甘肃省农业生态服务功总能价值的同比增长率最高，为 11.09%。

(2) 2008 ~ 2015 年，甘肃省农业生态服务功能中土壤形成与保护的总价值最高，为 187.44 × 10^9 元；其他依次为水源涵养 171.32 × 10^9 元、废物处理 148.16 × 10^9 元、生物多样性与保护 121.05 × 10^9 元、气候调节 113.41 × 10^9 元、气体调节 106.68 × 10^9 元、原材料生产 96.79 × 10^9 元、食物生产 59.79 × 10^9 元和娱乐文化 49.43 × 10^9 元。

(3) 2008 ~ 2015 年，甘肃省不同土地利用类型的生态服务功能价值均依次为森林 > 水体 > 草地 > 农田，历年合计的总价值占比为 48.76%、27.08%、15.48% 和 8.68%。而甘肃省农业生态服务功能的价值贡献率为水体 > 森林 > 草地 > 农田，总价值贡献率依次为 3.329、1.932、0.393 和 0.325。

(4) 从农业生态服务价值构成、时间变化和土地利用类型等方面对甘肃省农业生态服务功能进行研究发现：社会生态平衡和农业生态平衡至关重要。一方面，在大力发展农业经济的过程中要重视农业生态平衡的作用以及农业生态服务功能的重要性；另一方面，要推进生态农业建设。转结构、提效能，大力推行生态文明建设；不断保持农业生态系统平衡，持续提高农业生态系统服务功能价值。

参考文献

朱玉林、李明杰：《湖南省农业生态系统能值演变与趋势》，《应用生态学报》2012年第2期。

FAJ DeClerck, SK Jones, S Attwood, et al, Agricultural Ecosystems and Their Services: the Vanguard of Sustainability? *Current Opinion in Environmental Sustainability*, 2016, 23: 92 – 99.

Alex Baumber, Enhancing Ecosystem Services through Targeted Bioenergy Support Policies. *Ecosystem Services*, 2017, 26: 98 – 110.

Maes J, Egoh B, Willemen L, et al, Mapping Ecosystem Services for Policy Support and Decision Making in the European Union, *Ecosystem Services*, 2012, 1 (1): 31 – 39.

张玲玲、巩杰、张影：《基于文献计量分析的生态系统服务研究现状及热点》，《生态学报》2016年第18期。

Constanza R, Arge R, Groot R, et al, The Value of the World's Ecosystem Services and Natural, *Nature*, 1997, 386: 253 – 260.

谢高地、鲁春霞、冷允法等：《青藏高原生态资产的价值评估》，《自然资源学报》2003年第2期。

谈存峰、王生林：《兰州农业生态系统服务功能价值实证分析》，《西南农业大学学报》（社会科学版）2012年第4期。

杨振华、臧广鹏：《甘肃省农业水资源现状及抗旱节水措施》，《甘肃农业科技》2005年第1期。

花婷、王训明、郎丽丽等：《甘肃省气温与降水变化趋势及其对主要流域径流量的影响》，《中国沙漠》2015年第3期。

G.5
甘肃省农业标准化研究报告

乔德华*

摘　要： 在回顾总结国内外农业标准化发展历史、经验的基础上，分析了甘肃省农业标准化发展现状，指出了认识不到位、监管不到位、实施动力不足等主要问题；从技术标准视角对甘肃省农业标准化实施路径进行了探索，从强化认识、体系建设、动力培育、品牌带动、加强监管等方面提出了加快农业标准化进程的对策措施。

关键词： 农业标准化　技术标准　管理标准　甘肃省

一　引言

（一）农业标准化的概念、内涵

国外多从工业标准化角度研究农业标准化问题。2002 年，我国学者张洪程将农业标准化定义为：运用"统一、简化、选优、协调"原则，实现农业生产规范化、科学化，提高农产品产量和质量，以取得最好经济社会效益的过程。李春田认为，标准是由科研成果和实践经验转化的规范性文件，标准化既包括规范化过程，更包括标准实施及改进、提高的无限循环过程。

---

* 乔德华，甘肃省农业科学院农业经济与信息研究所所长，副研究员，国家注册咨询工程师，主要从事农业产业化和区域农业经济研究。

张灵光认为，农业标准化是把科技成果和成熟经验转化成标准，使农产品"从田间到餐桌"全过程得到规范有序管理。孙晓康指出，标准化是现代农业科技创新应用的载体，是建立现代农业产业技术体系的基础，是农业市场化运行的保障。李鑫认为，农业标准化是研究农业最佳运行和最大产出效益的科学，是支撑现代农业的骨架和推动新时期农业发展的神经系统。简言之，农业标准就是农业领域内统一的技术和管理要求。农业标准化既是基础性技术措施，也是重要经济管理手段；其实质是通过对农业产业链各环节技术标准、管理标准的制定及实施，将科技成果转化为现实生产力，有效提升农产品质量安全水平，实现经济、社会和生态最佳效益的过程。

（二）实施农业标准化的意义、作用

科学、技术和标准已成为世界经济发展的三大支柱。2016 年，习近平总书记在世界标准化大会贺词中指出：标准是人类文明进步的成果；标准助推创新发展、引领时代进步。2007 年，时任中共中央总书记胡锦涛指出：实施农业标准化，保障食品安全是关系人民群众切身利益，关系我国社会主义现代化建设全局的重大任务；没有农业标准化，就没有农业现代化，就没有食品安全保障。2013 年，习近平总书记又特别强调，食品安全是"产"出来的，也是"管"出来的；标准决定质量，只有高标准才有高质量。众多专家学者的研究成果也支持上述论断。叶志华认为，农业标准化是现代农业的重要特征和发展方向，加快推进农业标准化是保证农产品质量安全、增强农产品国际竞争力、发展农业产业化的需要。孙晓康认为，农业标准化是促进科技成果转化为农业生产力的有效途径，是实现农业现代化的基本前提。周宏对全国 74 个示范县农业标准实施前后对比分析，测算出农业标准化实施对农业经济增长贡献率为 30% 左右。郑金英提出，农业标准化是突破农产品技术性贸易壁垒的必然选择。姚於康认为，农业标准化是农业结构战略性调整的必然要求，是实现农业增效、农民增收的有效途径。目前我国农产品消费需求正从"吃饱"向"吃得营养健康"快速转变。实施农业标准化是优化产品结构、提高有效供给的有力措施，是提升农产品质量安全水

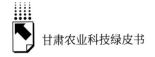

平和市场竞争力的强劲引擎，是实现农业生产由"生产导向"向"消费导向"转变，促进农业供给侧结构性改革的重要抓手。

二　国内外农业标准化研究概况

（一）国内外农业标准化发展历史及其基本经验

1901 年英国工程标准委员会成立，揭开了标准化发展序幕。1951 年美国质量管理大师 Joseph M. Juran 提出适应性质量概念，开辟了西方国家农产品质量标准新篇章。1962 年 FAO 和 WHO 联合实施食品标准规划，目前食品法典已成为全球食品生产、加工、消费和国际贸易的基本遵循。1990 年后，美国、加拿大、日本及欧盟纷纷实施技术标准发展战略，并把农业标准化置于首位，其主要经验是制定市场适应性强的农产品技术标准，将科研与标准制定有机统一。美国实施《联邦法规法典》，并全面实现种业标准化；法国实施农产品质量识别标志制度；日本更注重农产品加工过程标准化。发达国家现代农业发展的共同经验是把推行标准化和发展产业相结合，通过标准化丰富产业内涵，促进产业成长。

我国曾对世界标准化贡献卓著。秦朝的"书同文，车同轨"是标准化的萌芽，北宋的活字印刷术被称为"标准化的里程碑"。1962 年我国发布了第一个标准化管理法规《工农业产品技术标准管理办法》；1978 年颁布了《标准化管理条例》，1988 年上升为《标准化法》，目前又进行再次修订；2002 年中国标准化研究院提出了"中国技术标准发展战略"构想。2011 年开始，国家制定实施了《标准化事业发展"十二五"规划》。

我国高度重视食品安全工作，1995 年就颁布了《中华人民共和国食品卫生法》；2006 年《中华人民共和国农产品质量安全法》颁布实施；2008年出台了《农产品地理标志管理办法》；2009 年《中华人民共和国食品安全法》颁布实施，2013 年又启动修订程序，2015 年 10 月新版《食品安全法》正式施行；2012 年我国先后制定实施了《绿色食品标志管理办法》《农产品质量安全监测管理办法》，同年农业部发布《全国农产品质量安全监测体系建设规划（2011～2015）》；2016 年农业部下发《关于加快推进农产品质量安全追溯体系建设的意见》；2017 年 3 月，农业部又制定了《"十三五"全国农产品质量安全提升规划》；2017 年 9 月，中共中央办公厅、国务院办公厅印发了《关于创新体制机制推进农业绿色发展的意见》。近 20 年我国农业标准化成效显著，标准体系初步形成、管理体制逐步加强、法规体系逐步健全、示范规模不断扩大；特别是"十二五"期间，全面强化农产品质量安全工作，标准化生产全面启动，示范基地建设扎实推进，监管队伍基本构建，管理制度机制逐步理顺。随着我国农业供给侧结构性改革的深入推进和培育农业农村发展新动能的步伐加快，农业标准化迎来新的发展机遇。

（二）中国农业标准化的实施模式或途径

2013 年，习近平总书记指出，要把农产品质量安全作为转变农业发展方式，加快现代农业建设的关键环节；2016 年，习近平总书记向全世界宣布：中国将积极实施标准化战略。周洁红认为，实施农业标准化，就是要从技术和管理两个层面提高现代农业发展水平，实现农业全产业链的标准化控制。李鑫指出，农业标准化的核心是制定和应用农业标准。张灵光、刘晓利、席兴库认为，产业化龙头企业是农业标准化实施的生力军，目前农业标准化推进模式应以龙头企业带动型为主；农业企业推行标准化可有效提高企业技术水平、产品质量和降低成本，并通过示范引领，提高生产效率而增加社会经济效益。梁红卫提出，农民专业合作社是推行农业标准化的重要依托。崔征库按动力机制将农业标准化实施模式归为科技带动、政府推动和市场拉动三类；按参与主体归为龙头企业带动、经济合作组织合伙、示范基地带动、种养大户吸纳等模式。2016 年李鑫进一步将我国农业标准化主要模式归为四种：科技示范型、政府主导型、企业引领型和多元联合型。

（三）中国农业标准化存在的主要问题

钱永忠认为，我国农业标准化存在以下问题：标准体系尚不健全；标准结构不尽合理、总体数量不足、技术水平较低，市场适应性和可操作性较差；缺乏贯标"原动力"和实施载体，推广措施手段少，实施效果不理想；农业标准化研究滞后，国际化程度低。胡定寰指出，我国农产品质量安全管理的最薄弱环节在生产阶段；刘晓利认为，我国农业标准化工作普遍存在重制定、轻实施的情况；叶志华指出，农业标准化的突出问题是实施不到位，当前我国农业技术标准推广实施率约30%，严格按照标准化要求生产的农产品仅占全国农产品总量的20%。李鑫认为，我国农业标准化理论不健全，发展后劲不足；应用农业标准的主动性很差，传统经验仍占上风；亟待出炉符合国情的农业标准化模式和方法。目前，农产品电商已成为电子商务领域最具创新、最具挑战、最具潜力的市场，但标准缺失是农产品电商的一个痛点，如蔬菜、水果和肉奶蛋等鲜活农产品均以非标准化的状态存在，这类农产品上网销售普遍缺乏与之相适应的技术标准和管理标准。

三　甘肃省农业标准化发展现状

（一）甘肃省农业标准化发展简史

甘肃省农业标准化工作起步较晚，1988年以前，解决温饱问题是农业生产的主要任务，农业标准化还没有被列入重要议事日程。1989年国家《标准化法》和《标准化实施条例》的贯彻实施，甘肃农业标准化工作才真正进入起步阶段，特别是2000年《甘肃省标准化条例》实施以来步入快速发展阶段。

2014年，甘肃省政府先后出台《甘肃省农产品质量安全追溯管理办法（试行）》《甘肃省标准化发展纲要（2014～2020）》《甘肃省特色优势农产品标准体系建设规划（2014～2020）》；2015年，又制定了《甘肃省标准化发展纲要实施方案（2015～2020）》，并相继成立了甘肃省实施标准化发展战略领导小组、甘肃省农业标准化领导小组；近两年连续出台《甘肃省标准化发展纲要行动计划》（2016、2017～2018）。明确了今后五年全省农业标准化的主要目标，即建立现代农业标准体系、提升农业标准化覆盖率和提高农业生产、加工、流通各环节标准化管理水平。在重点任务中，明确提出，在标准体系上，以草食畜、设施蔬菜、特色林果、中药材、马铃薯、现代制种和酿酒原料等特色优势产业为中心，以旱作农业技术为重点，基本建成结构合理、层次分明、重点突出、特色明显，能够满足农产品生产、加工和流通等各环节需要的现代农业标准体系，实现特色优势农产品的标准全覆盖。在标准数量上，新制订、修订 400 多项标准；在标准覆盖率上，2017年达到 70% 以上，2020 年达到 80% 以上；在标准化各环节上，涉及农产品产地环境、生产、加工、储存、包装、运输和流通，还涉及农业生产节能标准、农村面源污染标准等。

（二）甘肃省农业标准化工作成效

进入新世纪以来，甘肃各地区、相关部门、企业单位严格贯彻执行国家标准、农业行业标准，积极制定实施地方标准，建立健全企业标准，为促进农业生产和农产品质量提升，加快农业经济发展起到了重要作用。近几年，甘肃省农业标准化工作能力和水平有了很大提高，全省基本形成了特色鲜明、覆盖面广的农业标准体系，主要农产品生产基本实现有标可依，农业实用技术得到有效转化和推广，农产品质量安全水平明显提升，为农业增效、农民增收提供了有力的技术支撑。

1. 标准制订、修订

到 2004 年底，甘肃省已颁布实施了 1499 项地方标准。2005 年上半年，省质监局组织进行了第一次地方标准的全面清理，废止了 508 项，继续实施的地方标准有 991 项，其中包括农业标准 557 项（含农业生产技术标准 114项、农作物品种标准 171 项、无公害农产品生产技术标准 214 项、绿色食品生产技术标准 25 项、农产品产地环境质量标准 33 项），林业标准 96 项，畜牧业标准 155 项，渔业标准 31 项，农业机械标准 43 项，食品标准 38 项，其他标准 71 项。

在 2013 年甘肃省进行第二次地方标准清理的基础上，2016 年又对地方标准进行了精简整合与集中复审工作，当年底将 2229 项甘肃省地方标准中的 524 项予以废止，确认现行有效标准 1705 项，其中农业标准 1491 项。按照农产品质量安全管理要求分类：无公害农业标准 414 项，绿色农业标准 191 项，有机农业标准 6 项，其他标准 880 项；按照行业分类：种植业标准 814 项，林业标准 239 项，畜牧业标准 197 项，渔业标准 14 项，草业标准 77 项，农业机械标准 107 项，地理标志产品标准 23 项，农田水利、农业管理、农产品加工标准各 4 项，蜂业标准 5 项，养蚕标准 3 项。

2. 标准实施、管理

近五年，甘肃省累计组织实施国家级农业标准化示范项目 114 项；创建省级农业标准化示范基地 80 多个、苹果标准化示范园 265 个，建成高原夏菜标准园和设施蔬菜标准化小区 1350 个、地道中药材种苗繁育和标准化生产示范基地 70 多个、马铃薯新品种及脱毒种薯示范点 547 个、畜禽标准化养殖场（区）9314 个；全省 840 个一村一品专业村镇中，409 个与龙头企业建立了有效对接，并逐步向多村一品、一县一业方向拓展。2015 年以来，甘肃省已启动实施了两批省级农产品质量安全县（市）建设试点活动，现已建成凉州区、临泽县、陇西县、西峰区等 16 个县区为"省级农产品质量安全县"以及金昌、嘉峪关两个"省级农产品质量安全市"。通过加强农产品品牌建设，大力实施标准化生产和绿色认证，截至 2016 年 8 月，全省已认证无公害、绿色、有机和地理标志农产品 1500 多个，"三品一标"农产品生产面积达到 180 多万公顷。其中一村一品专业村镇共取得注册商标 257 个，分别认证无公害、绿色、有机和地理标志农产品 366 个、187 个、44 个和 106 个，拥有省级以上名牌农产品 83 个，静宁苹果、兰州百合、陇西黄芪、定西马铃薯等驰名省内外，全省 80% 以上的苹果、50% 以上的马铃薯、35% 以上的蔬菜、70% 以上的中药材销往省外市场，有效增强了农产品市场竞争力。

例如，陇南市目前无公害、绿色、有机和地理标志等"三品一标"农产品认证已累计达到 261 个，其中无公害产地 81 个，无公害、绿色、有机和地理标志农产品分别为 83 个、61 个、17 个和 19 个，"三品一标"农产品认证总面积达到食用农产品总面积的 51.5%，现有中国驰名商标 2 件，甘肃省著名商标 70 件。武威市分别颁布实施无公害农产品、绿色食品、有机食品地方标准 60 项、20 项和 2 项；创建国家级绿色食品示范区、绿色食品原料标准化生产示范区、畜禽养殖标准化示范场各 1 个，省级高原蔬菜绿色食品示范区、无公害蔬菜标准化生产示范区各 1 个；"三品一标"农产品认证数量达到 176 个，其中无公害、绿色、有机和地理标志农产品分别为 24 个、121 个、20 个和 11 个，认证总面积占种植面积的 57%、养殖数量的 49.7%。定西市 2016 年底"三品一标"农产品认证数量 136 个、认证面积 19 万公顷，其中无公害、绿色、有机和地理标志农产品认证数量分别为 57 个、69 个、5 个和 5 个，认证面积分别为 4.8 万公顷、0.9 万公顷、3.5 万公顷、9.8 万公顷。

（三）甘肃省农业标准化存在的主要问题

从甘肃省农业标准化工作现状来看，总体上还存在"不适应"和"跟不上"的问题，包括标准协调机制不完善、标准化意识还不强、标准化管理效能亟待提升、标准化工作经费保障机制不健全、标准化人才严重缺乏等问题。

1. 对农业标准化的认识还不到位

一些地方政府和行业部门领导不同程度地存在着对标准的"重制订、轻实施"情况，也存在着对"三品一标"农产品的"重认证、轻管理"情况，贯标措施缺乏，监管措施不力。一些龙头企业或专业合作社申报"三品一标"是为了"装门面"，制订企业标准是为了"摆样子"，有的企业舍不得投入，认为没有必要掏钱认证；多数企业尚未建立内部标准管理体系，特别是缺乏管理标准和工作标准，使国家质量标准和行业技术标准难以真正落到实处。而在农村由于村干部和群众科技文化素质较低，对农业标准化的认识，大多停留在一般性的简单了解层面，对优质绿色农产品生产所需的产地环境选择、技术操作规程和产品质量标准，以及生产资料投入品的合理使用、产品包装、品牌标识、市场准入等方面的技术规范和法律法规知之甚

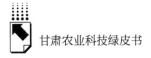

少，甚至在一些偏远乡村有的农户对农业标准化一无所知。

2. 实施农业标准化的动力不足

一是政府推动力不足。大部分地方政府虽然出台了一些支持新型农业经营主体建设标准化示范园区、申报"三品一标"等方面的鼓励政策，但从总体上讲这些鼓励政策的支持力度还很不够，也缺乏相应的配套措施，使政府对农业标准化实施的推动还比较乏力。二是市场拉动作用不够。目前甘肃省大多数绿色（有机）农产品均为原料或初级加工产品，无法真正体现优质优价，使一些绿色产品生产企业的高投入得不到有效补偿、企业得不到更高利润，影响了企业的积极性；同时由于一些企业在"三品一标"认证方面存在着片面追求数量的倾向，对核心品牌倾力打造不够，品牌知名度和影响力不高，使多数通过认证的产品只是提高了身份、取得了进入高端市场的入场券，却仍然主要销往低端市场，品牌效应发挥很不理想。三是科技驱动效果还没有充分显现。甘肃省农业标准化研究工作起步晚，研究机构少，技术力量弱，科研工作还不能适应农业标准化快速发展的需要；一些地方标准或企业标准技术含量较低，未能充分体现国内外最新科研成果，没有与国际标准完全接轨，国际市场开拓严重受限。

3. 农业标准化实施监管不到位

在标准化示范县乡、示范园区、"三品一标"生产基地，标准的贯彻实施相对较好，而在其他区域农业标准化生产还没有完全普及，甚至有些地方处于标准化的空白地带；一些企业或合作社不是主动通过实施农业标准化提升品牌价值，而是为保护"三品一标"声誉被动实施技术标准，在企业认证的生产规模不能满足产品销售需求时，企业往往降低标准，收购认证基地外农户种植（或养殖）的产品，使产品质量得不到有效保证。目前省、市（州）两级农产品质量检测、执法体系比较健全，但县、乡两级监督检测体系不健全，相当一部分县（区）农产品质量检测执法机构普遍是"一套人马，几块牌子"，专业检测技术力量不足，检测仪器设备简陋，检测技术手段落后，专项检测经费得不到保障，检测方式多以速测、抽查为主，普遍存在着检测范围小、水平低的情况，甚至存在着"检不了、检不出、检不准"

的问题；乡镇是农产品生产源头和质量控制的前沿阵地，而甘肃省乡镇农产品质量监管机构长期处于"缺机构、缺人员、缺经费、缺手段"的状况。

四　基于技术标准视角的农业标准实施路径探索

国内外对农业标准化的作用意义、体系建设、存在问题等研究较多；对标准化实施措施、路径探索、动力机制等研究相对较少，且多集中于现有模式的归纳总结和实证分析；而从技术标准视角探索农业标准化实施路径的专题研究未见报道。目前，我国农业标准化工作中最突出、最核心的是标准实施问题，因此研究探索农业标准化实施的新途径，对促进农业标准化进程，提高农产品质量安全水平具有重要的现实意义。

（一）总体分析框架

即在文献分析和农业标准化体系分析的基础上，以技术标准为切入点，探讨农业标准化动力机制及其转换、组织主体选择和培育措施，探索企业技术标准体系和综合管理标准体系的建立及实施等问题。

（二）实施农业标准化的动力机制

目前我国农业标准化发展以政府推动和市场拉动为主；科技驱动力量逐步显现，但尚未充分发挥第一生产力的巨大作用。政府推动、科技驱动和市场拉动"三驾马车"并驾齐驱仍是现阶段农业标准化实施的主要动力，但以科技驱动和市场拉动为主导的"双轮驱动"格局即将到来。我国综合改革的逐步深化和全球经济一体化的进程加快，农业标准化的政府推动力将逐步弱化，在动力机制及其转换方面，应将农业标准化实施的组织主体逐步从政府转为以龙头企业为引领的产业经济组织，让市场拉动成为标准化实施的内生动力，使科技驱动成为强大引擎，使政府推动成为辅助催化剂。因此，如何充分发挥市场拉动作用、挖掘科技驱动的潜在威力，是摆在我们面前的重要研究课题。

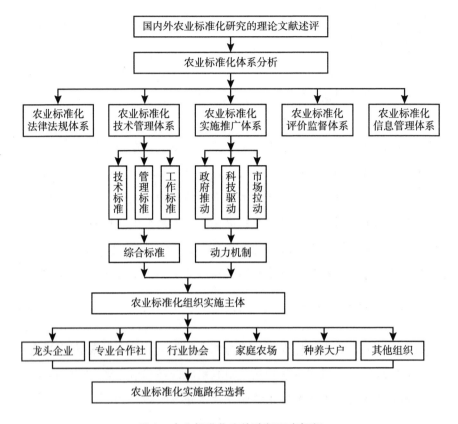

图1　农业标准化实施路径研究框架

现阶段我国农产品的生产经营仍以单家独户的形式为主，这种小生产与大市场的矛盾，无法满足农业标准化发展的要求。如何组织广大农户全面参与农业标准化实施，其主要依托力量是龙头企业等产业经济组织；如何使农户与这些经济组织通过订单生产、股份合作、土地流转或托管经营等方式，形成利益共享、风险共担的利益共同体，从农业标准化实施中真正获利，并成为广大农户的自觉行动，是强化农业标准化内生动能、提高农业标准化覆盖面的重要途径。

（三）实施农业标准化的组织主体

新型农业经营主体外联市场、内联农户，是农业标准化实施的组织主体；而技术标准是将科技成果转化为生产力的桥梁，是科技创新驱动农业标准化的中枢。龙头企业、专业合作社、家庭农场、种养大户，应将技术标准作为科技成果转化的载体和农业标准化实施的纽带，针对新型农业经营主体的主导产业和拳头产品，将国际标准、国家标准、行业标准、地方标准融为一体，借鉴农业科技创新成果和先进技术经验，制订符合自身特点和产业发展需求的"企业"或"集团"技术标准，并与其管理标准、工作标准深度融合，形成产品质量手册、程序文件和作业指导书相结合的综合标准，成为农户一听就懂、一看就会的一张张"明白纸"，使标准化措施真正落实到农业产业链的每一环节，这是提高农业标准化实施效果的强有力措施。

通过"企业"或"集团"综合标准的实施，既可将农业标准化实施的管理层级如设计层、决策层、管理层、实施层和操作层等进行纵向一体化整合；也可对标准的类型管理如技术管理标准、经济管理标准和生产经营管理标准等进行整合优化，并实现标准时序管理如产前、产中、产后标准化的纵向一体化管理；还可将标准的空间管理如产地认证、过程监督、质量安全和农产品溯源等环节集中于新型农业经营主体这一平台，实现产品质量管理、市场管理在综合标准层面上的横向一体化整合优化。

（四）甘肃省种业标准化实施路径探析

农业标准化的实施既要全面展开，也要突出重点。在产业和产品方面，首先应从大宗农产品和优势特色产业上实现重点突破；在标准化实施组织方面，应促使龙头企业率先将标准化纳入企业发展战略，同时支持专业合作社、家庭农场、种养大户全面实施农业标准化。

农以种为先，甘肃又是全国种业第一大省，可将种业标准化作为农业标准化的切入点和突破口。甘肃种业标准化应以种子质量的全面提升和过程控制为主线，以种子企业技术标准（含产地环境标准、优良品种标准、生产技术标准、种子质量标准、检测技术标准、加工技术标准等）的制定实施为核心，让管理标准和工作标准成为实现技术标准的重要手段，采用"企

业 + 基地 + 农户 + 标准"的种业标准实施模式和"品牌 + 标准 + 规模"的农业产业链模式实现规模效益。

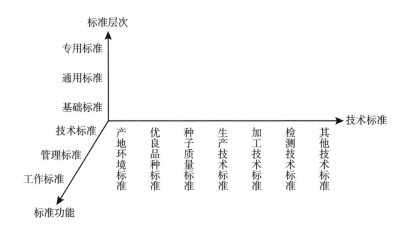

图 2 种业技术标准体系三位结构

五 推进甘肃省农业标准化进程的对策措施

（一）进一步提高农业标准化重要性的认识

采用传统媒体与现代传媒技术相结合的手段，进一步加大宣传力度，让全社会充分认识到标准是经济和社会发展的重要技术基础，是转变经济发展方式、推进农业绿色发展的重要手段。随着我国社会主义市场经济的逐步发展，标准化在农业生产经营、农产品出口贸易等方面的基础性和重要性逐步显现。质量是强国之本、兴业之基，标准是质量的基础，是构成国家竞争力的核心，是规范农业生产经营的主要技术制度，是农产品国际贸易的技术语言和技术依据，因此谁掌握了标准，谁就掌握了产业，就掌握了市场竞争的主动权，这也是一流企业做标准的道理。2017 年 9 月，中共中央、国务院《关于开展质量提升行动的指导意见》明确指出，提高供给质量是供给侧结构性改革的主攻方向，要求坚持质量第一的价值导向，进一步健全农产品质量标准体系，大力实施农业标准化生产和良好农业规范。2017 年 9 月，中办、国办《关于创新体制机制推进农业绿色发展的意见》进一步强调：推行农业绿色生产方式，建立绿色农业标准体系。目前全国农产品结构不合理，质量不适应市场需求变化的矛盾比较突出，从表面上看是产量增加、销路不畅的结果，而实际上是受农业标准化水平制约的结果。为适应我国民众对农产品消费多元化和个性化的发展趋势，必须从农产品供给侧的结构优化升级着力，从全面实施农业标准化做起，才能提高特色产品的有效供给水平。

（二）用先进的标准体系倒逼农业供给侧结构性改革

农产品质量安全关系人民群众切身需求和经济社会协调发展。"三鹿奶粉"事件严重损害了消费者身体健康、影响了行业经济发展，教训深刻。目前我国农产品供给领域总体表现为中低端产品相对过剩、中高端和个性化产品严重不足，深化农业供给侧结构性改革的关键在于运用"五大"发展理念建立一套先进的农业标准化体系，引领农产品生产朝着绿色、有机、无公害方向快速发展。甘肃省应以苹果、百合、马铃薯、中药材、草食畜牧业和种业等特色优势产业为切入点和突破口，将标准化作为重要手段和强大引擎，紧扣当今世界食品安全标准发展趋势，构建产品有标准、生产有规程、质量可追溯、市场有监管、企业有诚信的标准化管理体系，鼓励支持新型农业经营主体制定实施严于国家标准、行业标准和地方标准的"企业"或"集团"标准，用先进的标准体系促进农业结构优化升级，提高农产品有效供给水平。

（三）用品牌化战略带动农业标准化水平提升

品牌既是企业信誉，也是市场信用，更是消费者的质量信任。品牌是无形资产，是企业产品质量和综合竞争力的重要体现，也是农产品质量安全水平的象征。品牌是供给侧和需求侧的结合点，是生产者和消费者的共同追求目标。消费者对农产品品牌的认知度、满意度决定了其对该品牌的忠诚度，忠诚度的不断提高就会使消费者放心购买和持续消费，就能建立稳定的消费群体、形成稳定的市场份额，并且通过品牌溢价使产品附加值提升，让企业获利、农民增收。而没有品牌的农产品更容易发生滞销情况，甚至产生"卖难"问题。甘肃省大多数"三品一标"农产品的品牌影响力还处在局部地区，跨省区的品牌较少，国际知名品牌更少，打造名、优、特农产品品牌任重道远。品牌化的基础是标准化，品牌建设必须坚持标准先行，实施农业标准化是促进农产品品牌化的必然要求和重要措施。

（四）"五动"齐聚形成农业标准化实施的强大合力

加快农业标准化进程，应建立起"政府推动、市场拉动、科技驱动、企业带动、农户主动"的农业标准化生产运行机制，形成政府、市场、科技、企业、农户五个方面共同发力的强大动力，以农业标准化体系建设为基础，以新型农业经营主体培育为抓手，以标准化示范基地扩建为目标，以农产品质量安全监管为保障，坚持标准制定与标准实施并重原则，形成相互配套的农业标准体系、质量监测体系、产品评价体系和质量追溯体系，通过体制机制创新增强农业标准化实施的内生动能，通过完善的农业标准化体系建设和有效运行，充分发挥标准对促进产业转型升级、强化科技创新驱动的支撑引领作用，从而促进农产品质量安全水平和市场竞争能力的有效提高。

（五）实施"五四"监管措施提高农产品质量安全水平

抓好农产品质量安全监管是保障农业标准化实施效果的有力措施。在监管体系建设和运行过程中，最关键的是强化农产品质量安全属地管理责任和部门监管责任。目前甘肃省农产品质量安全监管体系基本形成，在事后监管方面比较到位，但事前、事中监管特别是源头监管还比较薄弱。因此，应建立完善的省、市（州）、县（区）、乡（镇）、基地五级质量检测体系，建立健全省、市、县、乡四级执法监管体系，使农产品质量安全监管环节前移，促进农产品生产流通各环节技术标准和管理标准的贯彻实施，从源头上有效提升农产品质量安全水平。同时通过强化质量追溯体系建设，逐步形成农产品二维码标识销售，不仅给产品贴上出产证或身份证，而且要让农产品生产者、流通者对其产品质量安全做出郑重承诺。

参考文献

李春田：《标准化概论》（第 6 版），中国人民大学出版社，2014。

张洪程：《农业标准化原理与方法》，中国农业出版社，2002。

国家标准委：《农业标准化》，中国计量出版社，2004。

周洁红：《农业标准化推广实施体系研究》，浙江大学出版社，2009。

农业部农村发展中心：《农业标准化理论与实践》，中国农业出版社，2011。

国家标准委：《现代农业标准化》，中国质检出版社，2014。

李鑫：《农业标准化导论》，科学出版社，2016。

钱永忠：《中国农业技术标准发展战略研究》，中国标准出版社，2005。

钱永忠：《我国农业标准化与增强农业竞争力研究》，中国农业出版社，2014。

席兴军：《农业企业标准化理论与实践》，中国标准出版社，2014。

叶志华：《推进农业标准化的现实需求与技术对策》，《农业科技培训》2014 年第 10 期。

郑金英：《农业标准化：突破农产品技术性贸易壁垒的必然选择》，《中国农学通报》2008 年第 4 期。

宋顺民：《农业标准化作用的新视角》，《农业经济问题》2014 年第 1 期。

周宏：《我国农业标准化实施经济效果分析》，《农业技术经济》2011 年第 11 期。

刘晓利：《农业标准化推广模式分析与选择》，《社会科学战线》2012 年第 8 期。

李鑫：《中国农业标准化实施途径研究》，《西北农大学报》（社科版）2008 年第 4 期。

梁红卫：《农民专业合作社是推行农业标准化的重要依托》，《科技管理研究》2009 年第 6 期。

乔德华：《种子企业实施标准化的途径》，《中国标准化》2009 年第 10 期。

孙海峰：《发展一村一品 助力群众增收》，《甘肃日报》2017 年 9 月 14 日。

杨丽君：《陇南着力发展现代农业增强农产品供给保障能力》，《陇南日报》2017 年 9 月 7 日。

马顺龙：《打造优势品牌培育富民产业》，《甘肃日报》2017 年 3 月 15 日。

曹裕：《用先进的标准体系倒逼食品行业供给侧结构性改革》，《光明日报》2016 年 6 月 11 日。

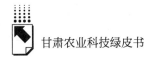

张合成：《品牌化是农业调结构转方式的重要抓手》，《农民日报》2015 年 1 月 10 日。

《农民日报》编辑部：《品牌引领　做大做强优势特色产业》，《农民日报》2017 年 1 月 7 日。

《农民日报》编辑部：《高扬农业品牌化战略的时代风帆》，《农民日报》2017 年 4 月 15 日。

范恒山：《开创中国品牌建设新时代》，《光明日报》2017 年 6 月 27 日。

杨丹丹：《谱写农业产业化精彩华章》，《农民日报》2012 年 9 月 17 日。

何红卫等：《产出来　可追溯　保安全》，《农民日报》2017 年 5 月 8 日。

郑可欣：《完善制度设计　让追溯落地生根》，《农民日报》2017 年 9 月 2 日。

王续程等：《关于对全省绿色（有机）食品发展总体情况的调研报告》，《甘肃农业》2014 年第 8 期。

钱新宇：《关于甘肃省农产品质量安全体系建设的思考》，《甘肃农业科技》2017 年第 1 期。

马有涛：《山丹县农业标准化建设面临的问题与对策》，《甘肃农业》2015 年第 14 期。

杨国霞：《大力推进农业标准化　切实提高农产品质量》，《甘肃农业》2012 年第 1 期。

沈丽莉：《引领产业转型升级新路径——甘肃省大力实施农业标准化战略纪实》，《甘肃日报》2017 年 10 月 13 日。

G.6
甘肃省中低产田现状及
改良利用研究报告

张东伟　郭天文　董博　曾骏　王建连*

摘　要： 耕地是最重要的农业资源，其质量关乎国家粮食安全和生态安全。耕地中的中低产田是影响农业走向绿色可持续发展的短板。本文以甘肃省耕地地力评价汇总的成果数据为依据，简要回顾了甘肃省中低产田改造的经验和教训，集成应用 GIS、AHP 等方法，通过建立适宜的评价体系，全面分析了全省中低产田的类型、分布区域和存在的主要问题。在此基础上，提出了全省中低产田改造和耕地质量提升的目标、举措和政策建议。研究成果对进一步加强全省耕地保育，推动地力提升，促进农业绿色发展具有一定的参考意义。

关键词： 中低产田　土地资源　土壤改良　甘肃省

---

* 张东伟，甘肃省农业科学院农业经济与信息研究所副所长，博士，研究员，主要研究领域为农业经济学、生态经济学、GIS 应用；郭天文，甘肃省农业科学院科研管理处处长，研究员，主要从事植物营养与土壤肥料、旱地农业研究与科研管理工作；董博，甘肃省农业科学院旱地农业研究所副研究员，博士，主要从事农业资源利用与 GIS 应用研究；曾骏，甘肃省农业科学院旱地农业研究所副研究员，主要从事土壤养分管理研究；王建连，甘肃省农业科学院农业经济与信息研究所经济师，主要从事农业经济研究。

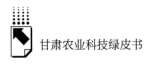
一 研究背景

（一）意义

"民以食为天，土乃食之源"。土地是人类赖以生存、文明得以延续的基础性资源。随着我国现代化步伐的加快，我国的土壤问题日趋突出，不仅威胁国民的食物安全，还影响国家生态安全和社会稳定。要保持农业生产稳定发展，确保粮食安全，就要严格执行耕地保护制度，长期坚持"十分珍惜和合理利用每一寸土地，切实保护耕地"这项基本国策，在稳定耕地数量的同时，努力提高耕地质量。构建人地和谐、可持续利用的土壤安全保护体系，保护土地资源，改善土壤质量对于保障粮食安全、食品安全和国民健康，促进全面建成小康社会具有重大的现实意义。

由于存在对粮食等农产品的刚性需求，要求保有一定的耕地数量，同时也要保证耕地的质量。实现耕地生产力的动态平衡要稳数量，更要提质量，其途径不外乎三条，即开源、节流和挖潜。长远看，中低产田改造是实现国家提出的"耕地总量动态平衡"这一战略性目标的重要路径。可以说，持续开展中低产田改造是实现"藏粮于地"，确保在耕地数量持续减少情况下实现我国粮食供求平衡的必然选择。

（二）对中低产田的界定

学术界对于"中低产田"并没有提出统一的划分标准。目前对中低产田的划分方法主要有三种。一是按农作物的单位面积产量来划分，这是一种为广大农民广泛接受的通俗划分方法。但是这种方法的缺点在于没有考虑不同地区、田块的农作物产量不只受水、土、光、热、气等自然条件的制约，还受物质投入水平和技术水平的影响，因而这种方法是不科学、不全面的。二是按其成因及障碍因素划分。此方法为专业机构和涉农管理部门广泛接受。在早年开展的第二次全国土壤普查中，许多县市区的中低产田类型就是按这一方法划分的。根据成因和对应的改造措施不同，把中低产田的类型划分为瘠薄培肥型、干旱灌溉型、坡地梯改型、障碍层次型、盐碱耕地型、渍潜稻田型、沙化耕地型、渍涝排水型等。三是按照成土过程划分"土类"，主要用以体现土壤科学的发展，这是一种纯学术的划分方法，它便于研究人员追溯障碍成因，但这种划分方法在实践中并不常用。

综合来说，一般认为中低产田是指土壤中存在一种或几种制约农作物生长的障碍因素，以致农业单产低而不稳的耕地。

（三）中低产田改造与农业绿色发展

中低产田改造是通过物理、化学和生物等措施消减中低产田土壤的障碍因素，提高基础地力的过程。具体措施包括：通过养分管理改善土壤质量；通过建设排灌等农业设施提高耕地质量；通过修建农田水利等设施将旱地改为水田；也可以通过提高生产水平，使低产田逐步成为中产田，中产田逐步成为高产田。

我国耕地中有70%以上是中低产田，总体产量较低，具有较大的增产潜力。按照联合国的划分方法，我国耕地有障碍的接近90%，无障碍耕地仅占一成。据多年来的试验和实践数据，有专家估算出我国中低产田初步改造的增产潜力可达亿吨。

因此，提升中低产田生产力，挖掘现有耕地的增产潜力，是解决农业发展后劲不足问题的重要途径。改造中低产田对于改善农业生产基本条件、增加主要农产品的有效供给、维护农业生产系统的生态功能，以及增加农民收入均具有重要的基础性作用。可以说，改造中低产田不仅是缓解我国人地矛盾的关键措施，更是促进农业绿色发展的有效途径。

二　甘肃省土地资源概况与中低产田改造的历程

（一）甘肃省的国土及自然资源概况

甘肃位于中国西北内陆，跨西北干旱区、东部季风区和青藏高原区三大

自然区，地处青藏高原、内蒙古高原、黄土高原三大高原交汇地带，区内高原、山地、河谷、平川、戈壁和沙漠交错分布，地貌类型复杂多样，山地和丘陵面积大，约占78%；平地面积小，约占22%。农业土地条件迥异。由于地理条件所限，甘肃全省降水量普遍较少，大部分地区气候干燥。地表水资源总量较少且分布不均。

全省土地总面积45.4万平方公里，分属黄河、长江、内陆河三大流域。除部分难利用地外，有约2700万公顷土地可用于农牧业生产和各类建设，占土地总面积的60%。农业土地资源潜力较大。

全省基本可分为各具特色的五大地形区域：陇南山地、陇东陇中黄土高原、中部沿黄河灌区、甘南高原、河西走廊地带。各区的农业资源禀赋差异较大，农业特色鲜明。

甘肃省同全国一样，人地矛盾始终是其现代化发展进程中的全局性、战略性问题。甘肃省的很大一部分耕地分布在水源缺乏或者水土流失、沙化、盐碱化严重的地区，存在农作障碍，农业的自然生产力不高，中低产田的分布相对集中。从区域可持续发展的角度和维护中华民族生存发展的基本要求出发，我们必须遵循可持续发展理念，立足当代，着眼长远，可行的出路就是保护和利用好包括中低产田在内的每一寸土地。

（二）甘肃省中低产田改造的历程

甘肃省农业生产整体条件较差，土壤障碍因素多，中低产田面积占比大。据第二次全国土壤普查资料，全省有中低产田260万公顷，占耕地面积的75%，是制约甘肃省农业生产发展的重要因素。多年来，甘肃省各级政府十分重视对中低产田的改造，采取了一系列措施，先后组织实施了二次土壤普查、基本农田保护试点、河西地区绿肥丰收计划、中低产田改造、瘠薄梯田改造、沃土工程、土壤有机质提升等项目，取得了一定的成效。回顾这个历程，甘肃省中低产田改造也大体经历了三个发展阶段。

第一阶段，改革开放前30年。从新中国成立初期的农业合作化运动到"农业学大寨"热潮，这期间尽管走过了一些弯路（诸如毁林开荒、盲目扩大耕地面积等），做了一些违背客观规律的事情（如在"大跃进"期间"放卫星"等），但是在局部地区、局部阶段还是投入了大量的人力，取得了明显的成效，例如平田整地、兴修水利等，使全省很多地区的农业基础设施条件得到改观；积造农肥，引进化肥，增加对土壤的养分投入等都取得了一定的成绩。

第二阶段，改革开放初期到 20 世纪末的 20 年。这一时期主要以区域开发为重点，对中低产田进行规模化改造，同时，以提高作物产量为着力点，对宜农荒地进行适当开垦。在具体实践中，根据全省中低产田的实际情况，依据"用养结合，综合治理"的行政方略，利用生物与工程技术措施，在改良与利用相结合的基础上，将肥力建设和良种良法配合使用，突出用养结合，有针对性地进行改良利用。一是增加有机肥。改造农村禽畜养殖圈舍及公厕，增加有机肥数量，提高有机肥质量；推广绿肥及增加豆科作物种植面积，改进种植方式，因地制宜进行秸秆还田，改善土壤的理化性状，提高有机质含量。二是科学增施磷肥。增施磷肥是这一时期甘肃省中低产田改造的有效措施。尤其是在中东部旱作农区，增施磷肥对作物促根、保水起到了积极作用。全省各地还普遍推广了化肥深施技术，有效提高了肥料利用率。三是耕作措施的优化。提倡伏秋深耕深施，结合耙耱镇压等措施加速土壤有机质的腐殖化过程，提升土壤有机质含量，同时降低土壤容重，改善土壤结构，增强了土壤"水库"蓄水能力。四是应用工程措施进行改良。因地制宜地实行坡地改修梯田、修建排碱沟渠、清理盐斑、客土改良、挖沙换土等措施消除障碍因素。如庄浪县连续 37 年坡改梯，于 1997 年全面实现梯田化，建成全国第一个梯田化模范县。五是推广实用农业技术。集成多项综合栽培措施，优化作物种植结构，推广良种良法和地膜覆盖技术，强化田间管理等。以上措施的实施，有效推进了全省中低产田改造工作进程。

第三阶段，21 世纪以来的 17 年。进入 21 世纪以来，随着我国国力的增强，农业综合开发工作扎实推进，全省各级各地区在中低产田的改造上倾注了大量心血，投入了巨大的财力和物力，取得了长足的发展。这一时期，农业和农村工作的指导思想和工作思路发生转变，由过去的中低产田改造和

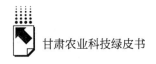

宜农荒地开发并进，转到以中低产田改造为主，综合生产力提高与生态环境保护并重；由以往片面追求农产品总产出这一核心目标为主，转入依靠科技进步，发展特色高效农业的总思路。具体内容包括以下方面：技术层面上以水利措施为主，建设沟、渠、井、站等设施，推广现代节水技术；扩大地膜等覆盖栽培面积。推行改革耕作和栽培制度等治水改土措施。特别是在实施农业综合开发项目中，将投资重点集中到粮食主产区、特色农业聚集区、现代生态农业示范区，尤其是通过高标准农田建设项目的实施，建设优质粮果菜等生产基地，中低产田改造取得明显成效。这些措施有效改善了全省的农业生产条件，提高了区域农业综合生产能力，粮食产量实现连续丰收，甘肃农业发展也迈上了新台阶。

特别是近年来，围绕农业提质、增效的总基调，出台了《甘肃省耕地质量管理办法》，将甘肃省耕地质量管理和中低产田改造工作纳入法制化轨道；实施了耕地保护与质量提升行动，使得200万公顷耕地的质量得到提升；作为国家6个补充耕地质量验收评定试点省份之一，与国土部门联合出台了《甘肃省补充耕地质量验收评定实施细则》；在国家级耕地质量监测基础上，建立了500个省级监测点，耕地质量监测体系日臻完善；完成了全省耕地地力评价工作，搭建了省级耕地质量信息大数据平台；划定了基本农田保护地块；探索总结了以秸秆、畜禽粪便等农业废弃资源高效利用为基础提升中低产田耕地质量的技术模式。

中低产田改造工作为提高甘肃省农产品产量，保证农产品有效供给做出了重大贡献。多年的中低产田改造实践表明，只要坚持不懈地抓中低产田进行科学、合理的改造，农地生产力持续增强的目标就可达到。

三　甘肃省中低产田分布与评价

（一）甘肃省耕地地力分等定级

本研究中的中低产田是按照障碍因素权重综合评价结果，并将其与实际产量相对照来界定的。

1. 数据来源

本研究所用的数据主要来源于甘肃省省级耕地地力汇总评价项目，是农业部在全国范围内组织的测土配方施肥项目的基础上，利用该项工作所积累的大量有关甘肃省县域耕地的空间和属性数据，集成开发完成。

地理信息数据通过甘肃省土地利用现状图、地形图、土壤图、地貌类型图以及年降雨量分布图、积温等值线图等各类图件的矢量化和空间运算而形成；属性数据资料及其他相关资料是在收集和甄别县域耕地资源数据的基础上完成的。

2. 确定分区单元

分区单元是中低产田改良利用分区工作的基本单位。本研究采用土壤图、土地利用类型现状图和行政区划图的叠置（Overlay）的划分方法。利用 ArcGIS 地理信息系统，结合项目开发的省级耕地资源管理信息系统集成，通过土地利用现状图获得耕地类型图，并与省域行政区划图、土壤图进行空间叠加，处理生成耕地改良利用分区单元图。本项研究构建了甘肃省耕地资源管理数据库，在其中生成了 86354 个管理单元。

3. 耕地地力分区因子的确定

耕地地力分区因子是指用于评价省域耕地类型的各项属性指标。本研究在综合考量耕地自然地力、土壤养分状况及其他要素变异情况的基础上，遵循主因素、差异性、稳定性和敏感性等原则来选取地力分区因子。对影响耕地土壤养分状况的因素，利用 SPSS 软件进行聚类分析，将类似度较高的指标归并，辅之以相对独立的主导因子，通过特尔斐（Delphi）专家打分法，最终选取了 11 个指标作为评价因子，分别是：速效钾、有机质、有效磷、质地构型、有效土层厚度、≥10℃积温、年降雨量、灌溉保证率、坡度、海拔及地貌类型。

4. 地力类型的区划与分布

依据耕地改良利用主导因子分区标准，在分区单元图属性库中生成耕地改良利用分区图。在此基础上，进一步检索计算各改良利用分区图的属性库，获取不同耕地地力类型的面积及其比例，在所开发的空间信息系统中将其与行政区划图进行叠置分析，得到甘肃省14个市州不同类型耕地类型图和耕地地力等级区域分布表（见表1）。

表1 甘肃省耕地地力等级构成分布

单位：%

等级	一等地	二等地	三等地	四等地	五等地
甘肃省	15.04	22.44	28.62	18.22	15.68
白银市	5.13	22.49	35.34	26.32	10.72
定西市	0.81	5.76	44.12	35.09	14.21
甘南州	0.00	2.55	19.92	21.04	56.48
嘉峪关市	75.07	20.02	4.27	0.65	0.00
金昌市	73.40	20.81	5.52	0.26	0.00
酒泉市	85.96	13.00	1.00	0.01	0.03
兰州市	11.20	51.93	16.55	11.21	9.11
临夏州	0.49	9.00	54.41	27.19	8.91
陇南市	0.24	7.85	21.17	18.55	52.18
平凉市	0.69	36.33	46.96	7.69	8.34
庆阳市	0.57	30.18	16.12	33.27	19.86
天水市	1.24	19.48	59.10	12.53	7.64
武威市	44.96	34.95	18.22	0.23	1.74
张掖市	76.18	21.66	1.92	0.13	0.12

（二）甘肃省中低产田分布及特征

1.甘肃省中低产田分布

依据《全国中低产田类型划分与改良技术规范》（NY/T310－1996），在总结甘肃省以往中低产田调查成果的基础上，结合目前甘肃省耕地质量的实际情况和特点，将前述评级结果属较低等级（二至五等）的耕地划定为中低产田。同时，为了进一步明确甘肃省耕地地力水平与中低产田的关系，研究中将甘肃省耕地地力为二、三等地对应的耕地界定为中产田，将四、五等地对应的耕地界定为低产田。据此得出甘肃省中低产田分布图（见图1）。

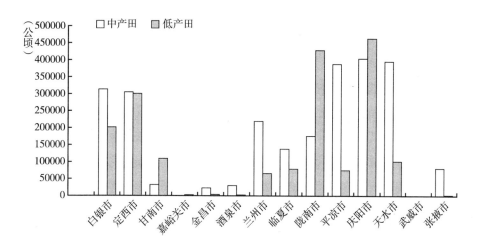

图1 甘肃省中低产田分布

通过图1可以看出，甘肃省中低产田面积大、分布广。按照前述标准，全省中产田面积占全省耕地总面积的一半以上，低产田面积占全省耕地总面积的1/3强。中低产田面积合计约占全省耕地总面积的85%。而高产稳产田仅占到总面积的15%。

需要说明的是，此次评价中耕地等级划分的标准是参照农业部耕地地力评价项目中"概念性产量"的指标确定的，不同于以往各个地区划分中低产田所采用的地方性指标。因此，在进行中低产田面积的历史数据比较时，需要考虑这一因素。

2. 中低产田区域分布特征

甘肃的中产田主要分布在临夏州、陇南市、兰州市、武威市、定西市、白银市、平凉市、天水市、庆阳市等地区，占全省中产田总面积的94%。大部分位于甘肃省中东部和南部的雨养农业区。而在河西内陆河绿洲农业区，如嘉峪关市、金昌市、酒泉市、张掖市分布较少。

甘肃的低产田主要分布在庆阳市、陇南市、定西市、白银市、甘南州、天水市、临夏州、平凉市以及兰州市局部地区，占低产田面积的99.4%。与中产田的分布类似，大部分低产田位于中东部和南部地区。河西农业区分布很少。

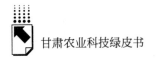

总的来说，除了河西地区以及中东部沿黄河主流及支流的灌溉区、长江流域的河谷地区等少数高产区域外，中低产田广泛分布于甘肃全省境内。

（三）中低产田的成因分析

甘肃省中低产田形成原因比较复杂，多是环境因素综合作用的结果，在不同的地域中成因也不尽相同，河西地区和河东地区的成因就有明显的差别。甘肃存在着旱区水土流失型、瘠薄型和灌溉区盐渍型、沙化型等4种中低产田类型，而且分布区域广泛。全省80%以上为中低产田，这些区域既是干旱等灾害频发的地区，又是耕地质量退化最为严重的地区。

甘肃省中低产田的成因主要归纳如下。

第一，自然因素及土壤自身质地造成的土地生产力低下。由自然及环境因素所致，甘肃省的耕地由于土壤耕作层浅薄，有机质含量普遍少；同时还受到水土流失和山地地形因素制约，绝大多数耕地肥力属于中下等。以土壤有机质为例。作为土壤固相部分的重要组分，土壤有机质对土壤肥力和土地生产力有着极其重要的意义。根据甘肃省土壤养分含量分级标准，甘肃省耕层土壤有机质检测含量平均值为14.9克/千克，处于7.2~47.0克/千克，大部分处在4、5级水平，占全省耕地总面积的75%。尽管与第二次土壤普查时有机质含量14.4克/千克相比，含量略有提高，但是整体水平仍然不高，局部地区如陇南、甘南的部分区域土壤有机质含量还略有下降。

第二，低投入，轻管理，用地与养地脱节，产量潜力没有发挥。甘肃大部分农区依然延续着传统耕作习惯，粗放经营，加上农业劳动力向外转移，很多农民不愿对地块科学投肥投工，不注重培肥地力。农业生产中大量使用化肥且化肥品种单一，施肥方法也不尽科学合理，以致土壤结构退化，由此产生土壤板结、容重增加、可耕性变差。加上种植结构和布局不尽合理，加剧了地力的消耗。同时，由于农业生产比较效益低，农民对农业经营的兴趣不高，经营素质也参差不齐，对土地投入"欠账"较多。

第三，甘肃水资源总体缺乏，且时空分布不均。大宗粮食作物产量的提高通常要依靠增大灌溉面积、提高用水效率来实现。而甘肃省的现实是水资源匮乏，水资源人均占有量很低，是中国这个水资源相对贫乏国家中缺水严重的省份。与此同时，全省水资源分布不均：河西地区降水非常稀少，农业主要靠内陆河有限的地表水和地下水来支撑，但是，地下水由于多年过度开采而迅速萎缩，不得不采取"关井压田"的措施而避免进一步恶化的趋势。中东部大部分地区依靠自然降水维持农业生产，由于降水时空分布不均，70%以上降水主要集中在7、8、9三个月，而其他时间则非常稀少，每年的干旱面积较大，特别是频繁发生的春旱，严重影响了粮食产量。近年来，随着全球气候的变化，甘肃省的干旱频次和范围随之增加和扩大，程度不断加重。同时，由于全省农村水利基础设施尚不完善，特别是中部和东部地区大部分耕地还没有灌排设施，现有的许多工程已超过规定的使用年限，普遍老化失修，功能衰减。

第四，农田生态环境保护不力，耕地质量破坏严重。由于不合理开发和使用土地，甘肃省中东部及南部局部土壤遭受水蚀影响，局部地区耕地质量大幅下降，主要分布于黄土高原旱作农业区；而在河西地区，由于不合理耕作，加上灌溉造成的土壤盐渍化、风蚀沙化也时有发生，局部土地生产力退化。

四 对策和建议

中低产田改造工作牵涉面广，任务量大，是一项难度较大的工作。面对甘肃省中低产田生产中的实际问题，要以新发展理念为引领，通过实施好西北生态严重退化区耕地休耕试点、耕地保护与质量提升、中东部百万亩土地整治、高标准农田建设、土壤污染防治等项目，提升全省耕地质量。为此，提出以下宏观对策及建议。

（一）协调生态与农业发展的关系，走绿色发展之路

甘肃省土地资源质量总体较差，中低产田面积大，土地资源与环境及发展的矛盾比较突出。在全省通过中低产田改造来提高土地资源的经济供给能

力，正是通过消除制约粮食生产的主要因素的来实现"藏粮于地"的目标。因此，在通过现代科技提升土地产出能力、改造中低产田过程中，必须充分考虑生态环境容量、自然资源承载力等问题，合理使用现有耕地，并有序、稳妥、审慎地开发和使用未利用地，从而实现经济效益、社会效益和生态效益协同推提升。

（二）科学划分功能区，制定地力建设的总体规划

按照不同区域的自然资源禀赋和社会经济条件，明确功能定位，科学划分功能区。采取差别扶持政策，共同确保国家粮食及其他农产品的安全。在开展全省中低产田治理工作时，要更加系统充分地应用土壤普查、土地详查和农业区划成果资料，在充分利用测土配方施肥项目和全省耕地地力项目汇总评价成果的基础上，进一步细化中低产田利用目标和障碍因素的调研。在客观借鉴前人经验的基础上，因地制宜制定利用规划。制定规划要本着瞻前顾后、远近结合的原则，选准突破口，抓住主要矛盾，有计划地分期分类组织实施。要建立省地县分级责任制，制定科学详尽的中低产田改造进度表，以科学规划为前提，加大落实力度，建设并维护良性高效的农业生态环境，保持土地的持续产出能力，为农业持续发展、绿色发展、稳定发展奠定基础。

（三）健全机制和体制，确保中低产田投入

中低产田改造工作任务量大面广，宏观协调工作必不可少。在划分各级行政管理部门事权的过程中，应当把涉及农产品安全的问题列入重要日程来抓。首先，同一区域要统一制定中低产田改造规划，改造工作要授权组织实施，对改造资金统筹管理，组织协调各部门和各利益相关者的利益关系，也可探索利用市场机制提升中低产田改造的质量，以加快中低产田改造的专业化、规范化进程。有条件的可以成立具有法人性质的土地整治公司，专事中低产田改造工作。其次，鉴于甘肃省中低产田点多面广，要强调规划先行、措施具体、限期达标。要采取行政鼓励的办法，把改造中低产田纳入地方政

府年度绩效考核指标。在中低产田改造资金投入方面，由于甘肃省的中低产田又大多分布在经济比较落后的县区，地方财力有限，农户对中低产田改造这样的中长期投资的热情也不高，所以，能否增加财政对农业的投资就显得尤为重要。在目前情况下，可以以财政投资的农业综合开发中低产田项目为平台，整合与此相关的国土资源、农业、林业及生态建设等涉农项目资金，统筹使用。

（四）采取有效措施，激发对农地投入的热情

调查分析农民缺乏农地改造投资动力的原因，归纳起来主要有：一是农民收入积累较少，进行农地改造的能力有限；二是现有的市场经济条件下，种粮比较效益低下，导致农民对农业投工投劳意愿降低；三是农地权能缺失，影响了农民对农地的经营积极性。因此，要真正提高农业从业者对土地投入的热情，需要从完善土地法律和政策入手，强化和稳定农户的土地承包关系，抓紧落实中央文件中明确提出的延长土地承包期30年的具体措施，更加明确界定农地产权；逐步建立和完善农地使用权流转市场，以促进农地的规模经营，同时使农民获得较强的土地拥有感，增强其投资土地的信心。此外，也可通过典型示范引导农户感受中低产田改造带来的切实利益，逐步改变其仅索取而不维护的用地模式，走向依靠发展现代农业、实现致富梦想的良性循环模式上来。

（五）完善水利等基础设施的投入机制

水利是农业的命脉。甘肃省是一个干旱缺水的省份，水是影响全省农业生产水平的最重要自然因素，农田水利是甘肃省开展中低产田改造过程中重要的基础性、控制性环节。因而，要完善以公共财政投入为主、多元化投入为辅的投入机制，广泛吸引社会力量投入农田水利等基础设施建设。可以从三个方面入手：一是持续加大财政投入力度，继续争取国家资金对甘肃水利建设的投入（如引洮工程后续项目等），建立不同级次政府部门的事权和财权匹配关系，充分提振各类农业经营主体的投资信心。二是调整公共支出构

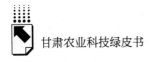

成，逐步引入市场融资渠道和机制，形成农户投劳、政府投资、社会参与的多元化投入格局。

（六）用现代农业科学技术提升全省中低产田改造效率

提高中低产田生产力是一个系统工程，工作内容涵盖改良土壤、培肥地力、优化耕地微环境、良种良法应用等诸多方面，综合集成农业技术、工程措施、管理制度才能使中低产田改造获得理想效果。为此，要十分重视农业技术的投入，促进农业教育、科研和推广服务的协同，通过强化农业科技创新联盟机制，聚合不同层级、不同区域的科技研发和推广力量，形成合力，发挥科学技术在中低产田改造和农业绿色发展、现代农业产业体系建设中的"加速器"作用，充分发挥现有的农技推广体系的作用，将中低产田改造建立在强有力的现代科学技术支撑之上。

参考文献

赵其国、骆永明：《论我国土壤保护宏观战略》，《中国科学院院刊》2015 年第 4 期。

石全红、王宏、陈阜等：《中国中低产田时空分布特征及增产潜力分析》，《中国农学通报》2010 年第 19 期。

徐明岗、卢昌艾、张文菊等：《我国耕地质量状况与提升对策》，《中国农业资源与区划》2010 年第 7 期。

孙大鹏、吴自勤、徐永武：《甘肃省中低产田改造工作的回顾与展望》，《甘肃农业》1996 年第 7 期。

吴海峰：《进一步加大中低产田改造力度》，《经济日报》2010 年 10 月 18 日。

岳云：《关于甘肃现代农业发展的思考》，《甘肃农业科技》2017 年第 8 期。

李明秋、韩桐魁：《论中低产田改造与土地资源可持续利用》，《中国人口·资源与环境》2001 年第 S1 期。

环　境　篇

Environment Topics

G.7

甘肃省农业水资源利用研究报告

吕晓东　马忠明[*]

摘　要：　遵循绿色发展理念，建立以高效节水的现代灌溉农业和旱作
　　　　　农业为核心的节水型社会经济系统是实现甘肃省农业水资源
　　　　　高效综合利用的根本途径。本文利用 2002 ~ 2015 年甘肃省水
　　　　　资源统计资料，分析了甘肃省水资源和农业用水利用现状和
　　　　　问题。采用 AHP 赋权，应用二层赋权加和评价和加权平均评
　　　　　价两种方法综合评价了甘肃省不同行政单元的农业水资源利
　　　　　用能力，利用主成分分析法确定了影响农业水资源利用区域
　　　　　差异的主导因素。在此基础上，将甘肃省划分为内陆河流域

* 吕晓东，甘肃省农业科学院土壤肥料与节水农业研究所副研究员，生态学在读博士，主要从
事干旱灌区土壤生态、节水农业和水肥高效利用理论与技术研究工作；马忠明，甘肃省农业
科学院副院长，研究员，博士生导师，长期从事干旱灌区节水农业和水肥高效利用理论与技
术研究工作。

灌溉农业、黄土高原雨养农业、南部高原山地和都市工农经济四大农业水资源可持续利用对策分区，并提出相应措施和建议。

关键词： 农业 水资源 利用现状 甘肃省

前 言

2011年中央一号文件《中共中央国务院关于加快水利改革发展的决定》指出，水是生命之源、生产之要、生态之基。水资源是人类生存发展不可或缺的基础性自然资源和战略性经济资源，实现其可持续发展，是贯彻落实绿色发展理念，加快建设资源节约型、环境友好型社会，推进生态文明建设，形成人与自然和谐发展现代化建设新格局的必然要求。

一 甘肃省水资源概况及其开发利用

（一）水资源总体概况

甘肃省位于我国西北部，地处青藏高原、内蒙古高原和黄土高原交会地带，跨我国东部季风区、西北干旱区、青藏高寒区三大自然区，属大陆性温带季风气候。全省多年平均年降水量1258.3亿立方米，多年平均年自产地表水资源量282.1亿立方米，多年平均地下水资源124.6亿立方米，与地表水不重复的地下水资源量多年平均值为7.3亿立方米，自产水资源总量289.4亿立方米，人均水资源量1113立方米，仅为全国人均的1/2，耕地每公顷水资源量8295立方米，约为全国平均水平的1/3（见表1）。根据国际标准，内陆河流域属用水紧张地区，黄河流域属缺水地区，甘肃省属用水紧张地区。

表 1　流域分区水资源概况

流域分区	计算面积（平方公里）	降水总量（×10^8立方米）	地表水资源量（×10^8立方米）	地下水资源量（×10^8立方米）	重复计算量（×10^8立方米）
内陆河	270024	352.2	56.6	40.6	35.9
黄　河	145895	675.5	125.2	45.2	42.5
长　江	38484	230.7	100.4	38.8	38.8
全　省	454403	1258.3	282.1	124.6	117.3

流域分区	水资源总量（×10^8立方米）	产水模数（×10^4立方米/平方公里）	人均水资源（立方米）	每公顷水资源（立方米）
内陆河	61.3	2.27	1282	8250
黄　河	127.8	8.76	704	5280
长　江	100.4	26.08	3284	31005
全　省	289.4	6.37	1113	8295

资料来源：甘肃省水利厅编《2015 年甘肃省水资源公报》，2016。

甘肃省河流主要包括黄河、长江、内陆河三大流域 9 个水系，其中内陆河流域包括石羊河、黑河、疏勒河（含党河）3 个水系 15 条河流；黄河流域包括黄河干流、洮河、湟水、渭河、泾河 5 个水系 36 条河流；长江流域包括白龙江、西汉水等 27 条河流。

（二）水资源开发利用现状

1. 供水及供水组成变化分析

从甘肃省供水量组成及其变化分析来看（见图 1），地表水供水是甘肃省供水的主要来源，内陆河和黄河流域地表水供水量远高于长江流域。2015年供水总量比 2003 年减少 2.8×10^8 立方米，黄河和长江流域分别减少 5.14 $\times 10^8$ 立方米和 0.98 $\times 10^8$ 立方米，而内陆河流域增加了 3.32×10^8 立方米。与 2003 年相比，2015 年黄河和长江流域地表水和地下水供水量明显下降，内陆河流域地表水和地下水供水量均有所增加。

从地表水源供水来源组成及其变化（见图 2）来看，与 2003 年相比，2015 年甘肃省蓄水增加 6.7×10^8 立方米，而引水和提水工程供水量均有所下降，跨流域调水量主要在内陆河流域，增加了 2.4×10^8 立方米。内陆河

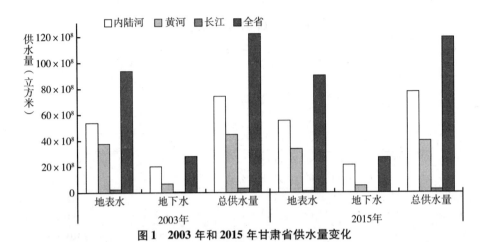

图1　2003年和2015年甘肃省供水量变化

资料来源：甘肃省水利厅编《2015年甘肃省水资源公报》，2016。

流域地表供水以蓄、引水为主，蓄水供水量增加了18.7%，引水供水减少14.2%。黄河流域地表供水以引水和提水为主，引水和提水供水量分别减少4.3%和24.8%。长江流域地表供水主要以引水为主，但蓄、引、提供水量均呈减少趋势，约平均减少48%。上述结果说明，尽管甘肃省总体蓄水供水量有所增加，水库调节能力进一步增强，但引水和提水供水量仍然偏少，水利工程建设任务繁重。

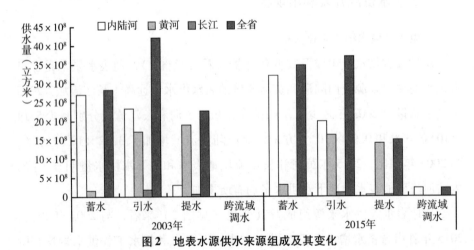

图2　地表水源供水来源组成及其变化

资料来源：甘肃省水利厅编《2015年甘肃省水资源公报》，2016。

2. 用水及用水结构变化分析

从全省各行业用水量及其用水结构（见图3）来看，农田灌溉用水占全省用水量第一，约占73.4%。与2003年相比，2015年林牧渔畜、城镇公共和生态环境用水量略有增加，而工业和居民生活用水有所下降。按照农业、工业和生活三类分析，2003年全省为79.9∶13.7∶6.3，2015年全省为80.7∶9.7∶9.6。可以看出，甘肃省总体上农业和生活用水比例持续上升，工业用水比例持续下降。

从不同流域各行业用水量及其用水结构（见图3）来看，2003年内陆河流域用水结构为农业∶工业∶生活为93.1∶4.9∶2.0，2015年为89.1∶6.1∶4.9。2013年黄河流域用水结构为农业∶工业∶生活为59.2∶28.6∶12.2，2015年为65.9∶16.7∶17.5。2013年长江流域用水结构为农业∶工业∶生活为67.9∶9.5∶22.6，2015年为57.2∶12.1∶30.7。可以看出，内陆河流域农业用水比例下降明显，但结构性用水矛盾依然突出。黄河和长江流域农业、工业和生活用水结构变化较大，逐步向着更为合理的用水结构调整。

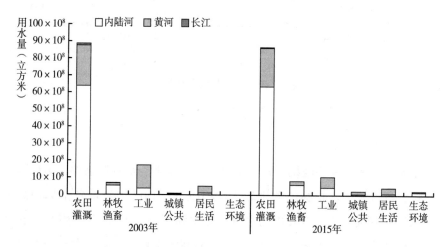

图3　用水量及其用水结构变化

资料来源：甘肃省水利厅编《2015年甘肃省水资源公报》，2016。

3. 耗水及耗水率变化分析

从耗水组成及耗水率变化（见图4）来看，农业耗水量在全省各行业耗水中最多，约占87%，其他行业耗水量占比均小于6%。2015年，不同流域农业耗水量大小依次为内陆河＞黄河＞长江流域。与2003年相比，2015年农业和工业耗水量呈下降趋势，其他行业有所增加。2003年全省各用户综合耗水率大小依次为农业＞居民生活＞城镇公共＞生态环境＞工业，2015年依次为农业＞生态环境＞居民生活＞城镇公共＞工业。上述结果说明，农业不仅是全省各行业最大的用水户，也是最大的耗水户，在调整其他行业用水结构的情况下，生态环境需水得到了重视。

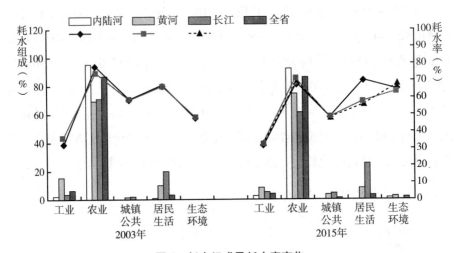

图4 耗水组成及耗水率变化

资料来源：甘肃省水利厅编《2015年甘肃省水资源公报》，2016。

4.综合用水分析

受人口密度、经济结构、作物组成、节水水平、水资源条件等多种因素的影响，各流域用水指标值差别较大。2015年，内陆河流域各指标均高于黄河和长江流域，特别是人均用水量、开发利用率、万元GDP用水量和万元工业增加值用水量等指标（见表2），与2003年相比，除开发利用率呈增加趋势外，尤其内陆河流域处于高强度开发状态，其他指标均呈下降趋势。这反映了资源型缺水现象严重，水资源高效利用对发展绿洲农业、旱作农业和维持脆弱生态环境的重要性。同时，革新生产方式、提高生产力水平、发展高效节水现代农业也是持续提高水资源综合利用率的根本途径。

表2　流域水资源开发利用变化

年份	流域分区	人均用水量（立方米）	开发利用率（%）	万元GDP用水量（立方米）	万元工业增加值用水量（立方米）	每公顷农田灌溉用水量（立方米）	人均生活用水量(L/日)	
							城镇	农村
2003	内陆河	1580	109.83	2048.0	5968.3	10033.5	180	43
	黄河	247	35.32	482.3	1435.3	1023	199	43
	长江	105	3.92	511.8	2387.3	445.5	179	43
	全省	469	43.63	900.4	2711.6	2608.5	193	43
2015	内陆河	1613	115.3	449.7	1525.0	8502	84	47
	黄河	218	57.6	84.6	314.7	960	75	36
	长江	78	3.8	65.4	444.5	324	69	43
	全省	458	59.9	175.5	670.2	2506.5	77	39

资料来源：甘肃省水利厅编《2003年甘肃省水资源公报》《2015年甘肃省水资源公报》。

5. 水资源供需平衡变化分析

据甘肃省水资源公报，与2003年相比，2015年全省缺水量减少2.96亿立方米，缺水程度降低1.8%。从不同流域水资源供需平衡来看，内陆河流域缺水呈大幅增加趋势，增加了2.82亿立方米，缺水程度上升2.9%，而黄河和长江流域缺水均呈减少趋势，分别减少了4.85亿立方米和0.93亿立方米，缺水程度分别下降7.6%和16.4%（见表3）。内陆河流域缺水主要表现为工业、农业和生态需水不断增加，黄河和长江流域缺水主要是供水和需水同时减少相互平衡的结果。这反映了甘肃省水资源更加趋于稀缺，各行业用水竞争更加剧烈的一种水资源利用现状。

表3　水资源供需平衡变化

		2003年				2015年			
		内陆河	黄河	长江	全省	内陆河	黄河	长江	全省
供水量（亿立方米）	地表水	53.43	37.49	2.47	93.39	55.0	33.8	1.3	90.1
	地下水	20.35	7.01	0.84	28.2	21.3	5.1	0.5	26.9
	其他水源供水	0.03	0.29	0.04	0.36	0.9	0.7	0.6	2.2
	合计	73.81	44.79	3.35	121.95	77.1	39.7	2.4	119.2

续表

		2003 年				2015 年			
		内陆河	黄 河	长 江	全 省	内陆河	黄 河	长 江	全 省
需水量 （亿立方米）	工业	3.62	12.82	0.32	16.76	5.2	7.3	0.5	12.9
	农业	72.75	34.37	3.31	110.43	74.9	28.5	1.4	104.7
	生活	1.62	5.95	0.85	8.42	2.0	6.0	0.8	8.8
	生态	—	—	—	—	2.1	1.4	0.0	3.5
	合计	77.99	53.14	4.48	135.61	84.1	43.2	2.6	129.9
缺 水	缺水量 （亿立方米）	4.18	8.35	1.13	13.66	7.0	3.5	0.2	10.7
	缺水程度（%）	5.4	15.7	25.2	10.1	8.3	8.1	8.8	8.3

资料来源：甘肃省水利厅编《2003 年甘肃省水资源公报》《2015 年甘肃省水资源公报》。

二 甘肃省农业水资源利用现状

（一）甘肃省农业用水结构分析

农业用水量包括农田灌溉用水、林果灌溉用水、草场灌溉用水和鱼塘牲畜用水。甘肃省农田灌溉用水量占农业用水比例最大，近十几年来有小幅下降趋势，而林果、草场和鱼塘牲畜用水均呈先降低后增加的趋势（见图5）。这表明农林牧渔业比例趋向协调，农业用水结构逐渐向合理方向转化。

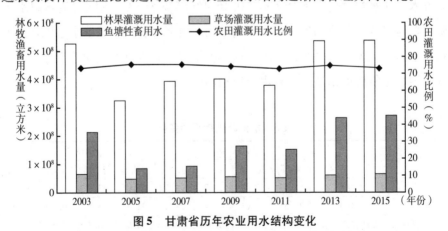

图 5　甘肃省历年农业用水结构变化

资料来源：甘肃省水利厅编《甘肃省水资源公报》（2003～2015 年）。

（二）甘肃省农业水资源利用效率时空分异

农业水资源利用效率是在农业多要素资本、劳动、技术等生产框架下，达到技术效率最优所需的最少农业用水投入量，即各决策单元农业用水最优使用量与实际投入量的比值，是评价水资源利用效率的重要指标。本研究采用数据包络分析方法（Data Envelopment Analysis，简写为 DEA），以甘肃省所辖 14 个市州的面板数据为基本决策单元（DMU），选择农业从业人口、有效灌溉面积、农业用水量、化肥施用量、农业机械总动力为投入变量，农林牧渔业总产值为产出变量。运用 DEA-solver 软件，使用基于投入导向的BCC-I 模型对甘肃省各地区农业水资源利用效率进行测算（见表4）。

表4　2003～2015 年甘肃省各市州农业水资源利用效率

决策单元	2003 年	2005 年	2007 年	2009 年	2011 年	2013 年	2015 年	平均
金 昌 市	0.829	0.783	0.774	0.711	0.685	0.624	0.664	0.724
白 银 市	0.735	0.963	0.922	0.866	0.833	0.840	0.782	0.849
定 西 市	1.000	1.000	1.000	0.848	0.810	0.798	0.711	0.881
临 夏 州	0.962	1.000	1.000	0.756	0.841	0.836	0.805	0.886
陇 南 市	0.886	0.865	0.867	0.877	0.819	0.928	1.000	0.892
武 威 市	0.819	1.000	1.000	0.823	0.850	0.908	0.952	0.907
兰 州 市	1.000	0.988	1.000	0.957	0.914	0.871	0.919	0.950
天 水 市	0.910	1.000	1.000	1.000	1.000	1.000	1.000	0.987
张 掖 市	1.000	1.000	1.000	1.000	1.000	1.000	0.959	0.994
甘 南 州	1.000	1.000	1.000	1.000	1.000	1.000	1.000	1.000
嘉 峪 关 市	1.000	1.000	1.000	1.000	1.000	1.000	1.000	1.000
酒 泉 市	1.000	1.000	1.000	1.000	1.000	1.000	1.000	1.000
平 凉 市	1.000	1.000	1.000	1.000	1.000	1.000	1.000	1.000
庆 阳 市	1.000	1.000	1.000	1.000	1.000	1.000	1.000	1.000

资料来源：基于 2003～2015 年《甘肃省水资源公报》和《甘肃发展年鉴》原始数据整理、统计、计算而得。

从 2003～2015 年甘肃省各地区农业水资源利用效率总体平均水平看，甘南州、嘉峪关市、酒泉市、平凉市和庆阳市 DEA 达到有效，即农业水资源利用效率最高。武威市、兰州市、天水市和张掖市农业水资源利用效率接近于1，白银市、定西市、临夏州和陇南市农业水资源利用效率次之，金昌市农业水资源利用效率最低。针对农业水资源利用效率不高的地区，可以通过调整投入要素、控制农业生产规模、寻求更加合理的资源配置等途径来达到提高农业水资源利用效率的目的。

2003~2015年甘肃省各市州农业水资源利用效率变化可分为四类，甘南州、嘉峪关市、酒泉市、平凉市和庆阳市没有变化，农业水资源利用效率最高。天水市、陇南市、武威市总体呈上升趋势。白银市、临夏州呈先增后降趋势。金昌市、定西市、兰州市、张掖市总体呈下降趋势。说明这些地区的农业水资源配置距离最优配置存在一定程度的偏离，即可能存在水资源的投入冗余或产出不足的情况。

以2015年数据为基准，针对上述DEA有效的七个决策单元使用基于投入导向的DEA超效率模型（Super-BCC-I）进一步测算农业水资源利用效率，进而分析七个决策单元的超效率。从表5可以看出，嘉峪关市、甘南州、天水市和酒泉市的超效率值较高，尤其是嘉峪关市，陇南市、平凉市和庆阳市超效率值也大于1，这说明在现有农业生产条件下仍然存在一定改进空间。从资源配置角度看，对五大投入变量和农林牧渔业总产值变量均可以做出不同程度的调整，使各种农业资源更加合理配置，特别是农业水资源。

表5　2003~2015年甘肃省各市州农业水资源利用效率

排序	决策单元	超效率值	农业从业人员（万人）	有效灌溉面积（千公顷）	农业用水量（亿立方米）	农用化肥施用量（万吨）	农业机械总动力（万千瓦）	农林牧渔业总产值（万元）
2	甘南州	4.81	88.75	20.63	0.00	0.00	2045483.58	0.00
1	嘉峪关市	26.99	0.00	72.80	0.00	29169.68	1714318.46	1076319.78
4	酒泉市	2.13	0.00	479.64	38.69	31952.32	1258555.39	0.00
6	陇南市	1.12	30.75	0.00	0.02	5199.77	703902.87	0.00
5	平凉市	1.36	0.00	12.09	0.00	42852.34	193419.09	0.00
7	庆阳市	1.05	12.28	2.77	0.00	9412.50	437403.23	0.00
3	天水市	2.86	223.92	31.32	0.00	106735.40	2283246.53	0.00

资料来源：基于2003~2015年《甘肃省水资源公报》和《甘肃发展年鉴》原始数据整理、统计、计算而得。

（三）甘肃省农业水资源利用中存在的问题

1. 农业水资源总量短缺，用水结构不合理

如前所述，甘肃省水资源总量不足且呈逐年减少趋势，人均占有量和单位耕地面积占有量均较全国平均水平低。此外，区域间、行业间或行业内用水竞争不断加剧，未来的工业化、城镇化将导致工业、生活和生态环境需水进一步挤占农业用水。甘肃省是中国经济较落后的省份，属我国的欠发达地区，第二、第三产业相对不发达，导致其经济发展对农业的依赖较大。因此，维持满足农业持续发展需要的水资源量、保证甘肃经济的健康发展显得极为重要。

2. 农业供需水与区域经济发展不匹配

从农业供水来源看，农业需水主要来自降水和灌溉水。灌溉水是内陆河流域农业供水的主要来源。降雨是黄河和长江流域农业供水的主要来源。近年来，甘肃省农业生产规模与水平、农业基础设施建设、产品区域布局及其产业化都得到了极大提升，传统农业正向现代农业转变，但农业水资源短缺和紧张的现状一定程度上已与快速发展的农业经济不相适应。

甘肃旱作农业占耕地面积的70%，农业生产"十年九旱"，农民"靠天吃饭"。从降水年际年内变化来看，近50年来甘肃省年际降水量逐渐减少，年际降水呈波动下降趋势。夏季成为降水量最多的季节，冬季则雨雪稀少，易发生春旱。春旱频率和范围全省均呈增加趋势，内陆河、黄河和长江流域发生春旱的频率分别为40%～50%、40%和30%，春旱缺水危及粮食安全生产，直接干扰农业经济的发展。从降水空间分布来看，全省多年平均降雨从东南向西北逐渐降低，中部存在一个相对少雨带。农业水资源时空分异的不均匀性和不稳定性与目前生产、生活、生态需水的时空分布格局不协调，制约了区域农业的生产发展。

灌溉水作为人工控制的水资源促进着内陆河流域农业的发展。2015年内陆河流域有效灌溉面积占耕地面积的112.9%，远超全国平均水平，但从用水结构看，工业、生活、生态需水得不到有效满足。为满足各行业经济发

展对水资源的要求，内陆河流域水资源开发利用程度远超国际警戒线
（40%）的标准，达到了115%，导致更为严重的水资源短缺和生态环境问
题，制约区域经济的可持续发展。

3. 高效节水技术应用率低，农业用水效益和效率不高

从农业高效节水技术的应用看（见表6），2015年与2003年比，内陆
河、黄河和长江流域节灌率均呈上升趋势，说明农业节水高效技术得到了应
用，但是除内陆河流域节灌水平较高外，黄河和长江流域高效节水技术应用
率仍然很低。

从农业用水效益和效率来看，2015年各流域单方降水粮食产量、单方
灌水粮食产量均比2003年有不同程度的提高，万元农林牧渔业灌溉用水效
益和每公顷农田灌溉水量均下降，表明农田用水效益和效率均得到提高。但
总的来看，由于内陆河流域农业用水占90%以上，万元农林牧渔业灌溉用
水效益仍然较低，每公顷农田灌水量仍然偏高。

表6　甘肃省农业水资源利用状况

流域	年份	单方降水粮食产量（kg）	单方灌水粮食产量（kg）	万元农林牧渔业灌溉用水效益（立方米）	每公顷农田灌溉水量（立方米）	生态环境用水率（%）	节灌率（%）
内陆河	2003	0.06	0.32	7866.76	10033.5	0.06	64.7
	2015	0.08	0.50	2365.62	8502	2.45	71.8
黄河	2003	0.06	2.05	2026.56	1023	0.33	14.5
	2015	0.14	3.35	499.73	960	3.12	14.7
长江	2003	0.04	4.60	1094.48	445.5	0.55	6.6
	2015	0.06	12.07	165.33	324	0.34	10.2

资料来源：基于2003~2015年《甘肃省水资源公报》和《甘肃发展年鉴》原始数据整理、统
计、计算而得。

4. 生态环境供需水不足，农业水源涵养能力脆弱

从表6可以看出，内陆河和黄河流域生态环境用水率2015年比2003年
分别增加了2.39个百分点和2.79个百分点，而长江流域则降低了0.21个
百分点。总体上看，可分配的生态环境用水量仍然较少，不足以维持农业生

态环境系统的稳定。据甘肃省第五次荒漠化和沙化监测情况公报，2014 年全省荒漠化和沙化涉及 11 个市（州）38 个县（市、区），其中荒漠化土地 1950. 20 万公顷、沙化土地 1217. 02 万公顷，另外还有 177. 55 万公顷有明显沙化趋势的土地介于沙化与非沙化之间，极易变成新的沙化土地。从类型上看，风蚀、水蚀呈减少趋势，盐渍化呈相对增加趋势，冻融呈减少趋势。从程度上看，轻度、中度和重度荒漠化土地呈增加趋势。农业生态环境因缺水而恶化，水源涵养能力严重下降，最终导致耕地退化和减少。

三 甘肃省农业水资源利用综合评价

（一）指标体系构建与指标选取

从农业水资源综合利用系统论观点和区域经济可持续发展理论出发，综合大量文献调研资料，采用专家咨询法和理论分析法，参考甘肃省农业用水现状分析结果，建立由目标层、运行层、框架层和指标层组成的 4 层结构综合评价指标体系，既充分反映农业水资源系统的动态平衡与变化趋势，也兼顾农业水资源系统内涵组成与用水环节的共同反映。考虑指标在农业用水系统各环节中的吻合性，选择较为重要、具有代表性、具有综合反映能力、重叠信息少、数据易获取的 18 个指标构成指标层（见表 7）。

表 7　农业水资源利用综合评价指标体系

			代号	指标	公式	单位
A1 目标层	B1 供水度	C1 水资源量	I_1	耕地均降水量	评价年降水量/农作播种面积	立方米/hm²
			I_2	耕地均农田灌溉水量	农田灌溉用水量/农作播种面积	立方米/hm²
			I_3	生长季降水相对变率	评价年与多年平均的生长季降水量之差/多年平均生长季降水量	%

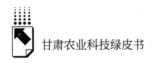
续表

		代号	指标	公式	单位
A1 目标层	B1 供水度		I₄ 植被覆盖率	林草地面积/土地面积	%
		C2 水源涵养	I₅ 评价年径流系数	评价年平均河川径流深/评价年年降水深	
		C3 技术保障	I₆ 水利经费投入率	水利经费投入总额/GDP	%
			I₇ 节灌率	高效节灌面积/耕地面积	%
	B2 满足度	C4 农业需水	I₈ 灌溉指数	有效灌溉面积/耕地面积	%
			I₉ 人均粮食占有量	粮食总产量/总人口	kg/人
		C5 非农业需水	I₁₀ 粮食作物播种比例	粮食作物播种面积/主要农作物播种面积	%
			I₁₁ 城镇人均生活用水量	城镇生活供水量/城市人口	立方米/(年·人)
			I₁₂ 万元工业增加值用水量	工业用水量/工业增加值	立方米/万元
	B3 协调度		I₁₃ 生态环境需水率	生态环境用水量/总用水量	%
		C6 用水效益	I₁₄ 单位降水深粮量	粮食总产量/各类粮食作物播种面积与评价年生长季降水量之积	kg/(hm²·mm)
			I₁₅ 单方灌溉水粮食产量	粮食产量/农田灌溉用水量	kg/立方米
			I₁₆ 农田供需水平衡率	农田灌溉用水量/总供水量	%
		C7 需水公平	I₁₇ 农业人口人均农业用水量	农业用水量/农业人口	立方米/(年·人)
			I₁₈ 单方灌溉水小农业增加值	评价年与上一年的小农业总产值之差/农田灌溉耗水量	元/立方米

　　本研究以甘肃 14 个市州为研究对象，各指标原始数据来自 2015 年《甘肃发展年鉴》和《甘肃省水资源公报》，指标实际值按照表 7 的方法统计和计算。标准化级别取值按 0.2 跨度均分为 5 级，分级时综合考虑指标数据系列断点、界限值的对称性、评价单元平均值和极值以及各级评价单元数的大

致相同等因素（见表8）。指标实际值采用线性特征函数隶属法进行标准化处理，根据指标内涵将指标分为越小越优型和越大越优型两类分别进行量纲归一化，在0~1取标准值（见表9）。

采用 AHP 法来确定各层次各组成部分和各层内部各指标之间的相对重要性次序，从而得到其权重系数（见表9）。权重值越大，可持续利用贡献度越高。

表8　标准化级别取值范围

I_i	1~0.8	0.8~0.6	0.6~0.4	0.4~0.2	0.2~0
I_1	250842>x≥40000	40000>x≥30000	30000>x≥20000	20000>x≥14500	14500>x≥12316
I_2	13882.7>x≥7500	7500>x≥2500	2500>x≥500	500>x≥280	280>x≥177.54
I_3	0.32≤x<5	5≤x<10	10≤x<20	20≤x<25	25≤x<31.3
I_4	92.08>x≥80	80>x≥60	60>x≥40	40>x≥20	20>x≥7.19
I_5	34.99>x≥30	30>x≥20	20>x≥10	10>x≥5	5>x≥1.00
I_6	5.85>x≥4.0	4.0>x≥3.0	3.0>x≥1.5	1.5>x≥1	1>x≥0.48
I_7	67.6>x≥25	25>x≥10	10>x≥3	3>x≥1	1>x≥0.71
I_8	100>x≥85	85>x≥55	55>x≥20	20>x≥10	10>x≥7.75
I_9	1110.84>x≥900	900>x≥600	600>x≥400	400>x≥200	200>x≥51.66
I_{10}	79.42>x≥75	75>x≥70	70>x≥60	60>x≥30	30>x≥24.35
I_{11}	21.5≤x<25	25≤x<27	27≤x<30	30≤x<32	32≤x<33.57
I_{12}	13.42≤x<30	30≤x<60	60≤x<80	80≤x<95	95≤x<99.37
I_{13}	0.2≤x<1	1≤x<2	2≤x<3	3≤x<20	20≤x<62.18
I_{14}	109.86>x≥80	80>x≥40	40>x≥20	20>x≥10	10>x≥5.37
I_{15}	14.6>x≥10	10>x≥8	8>x≥3	3>x≥1	1>x≥0.15
I_{16}	85.53>x≥80	80>x≥70	70>x≥50	50>x≥40	40>x≥20.73
I_{17}	35.67≤x<100	100≤x<500	500≤x<1000	1000≤x<3000	3000≤x<5042.14
I_{18}	9.67>x≥6.5	6.5>x≥2.5	2.5>x≥1	1>x≥0.5	0.5>x≥0.16

注：x 为各评价单元的指标实际值。

表9 农业水资源利用综合评价指标标准值及其权重分配

框架	B1							B2					B3				
权重	0.4							0.2					0.4				
框架	C1			C2			C3	C4			C5			C6		C7		
权重	0.24			0.08			0.08	0.1333			0.0667			0.1333		0.2667		
指标	I_1	I_2	I_3	I_4	I_5	I_6	I_7	I_8	I_9	I_{10}	I_{11}	I_{12}	I_{13}	I_{14}	I_{15}	I_{16}	I_{17}	I_{18}
权重	0.096	0.096	0.048	0.04	0.04	0.0114	0.0686	0.0667	0.0333	0.0333	0.0222	0.0222	0.0222	0.0667	0.0667	0.0889	0.0889	0.0889
U_1	0.14	0.58	0.31	0.56	0.06	0.56	0.46	0.51	0.50	1.00	0.58	0.62	0.55	0.33	0.22	0.71	0.49	0.15
U_2	0.11	0.37	0.43	0.46	0.42	0.57	0.21	0.21	0.58	0.73	0.60	0.25	0.85	0.19	0.52	0.59	0.78	0.51
U_3	1.00	0.12	0.46	1.00	1.00	1.00	0.49	0.08	0.10	0.33	0.72	0.85	0.96	0.00	0.49	0.00	1.00	0.55
U_4	0.52	0.94	0.74	0.00	0.00	0.00	1.00	1.00	0.00	0.16	0.00	0.26	0.23	1.00	0.02	0.05	0.17	0.34
U_5	0.39	0.79	0.48	0.34	0.08	0.30	0.61	1.00	0.76	0.54	0.29	0.27	0.54	0.57	0.13	0.75	0.13	0.00
U_6	0.87	1.00	0.50	0.27	0.44	0.49	0.77	1.00	0.32	0.00	0.29	0.26	0.49	0.79	0.00	1.00	0.00	0.08
U_7	0.13	0.58	0.19	0.66	0.15	0.27	0.47	0.54	0.10	0.35	0.30	0.47	0.00	0.31	0.17	0.26	0.50	0.38
U_8	0.30	0.54	0.00	0.45	0.44	0.76	0.00	0.50	0.40	0.93	0.73	0.15	0.84	0.34	0.35	0.71	0.73	0.16
U_9	0.68	0.01	0.50	0.70	0.65	0.50	0.35	0.04	0.44	0.72	0.80	0.61	1.00	0.07	1.00	0.22	0.98	0.78
U_{10}	0.00	0.19	0.87	0.47	0.39	0.37	0.09	0.19	0.54	0.80	0.81	0.49	0.37	0.04	0.68	0.38	0.81	1.00
U_{11}	0.29	0.00	0.55	0.66	0.13	0.23	0.26	0.00	0.69	0.62	1.00	1.00	0.54	0.14	0.97	0.36	0.87	0.68
U_{12}	0.19	0.39	0.48	0.47	0.39	0.24	0.26	0.24	0.38	0.56	0.70	0.80	0.70	0.15	0.50	0.51	0.80	0.72
U_{13}	0.57	0.71	1.00	0.42	0.45	0.50	0.75	0.77	0.59	0.36	0.57	0.00	0.68	0.56	0.16	0.88	0.39	0.33
U_{14}	0.76	0.78	0.88	0.65	0.79	0.80	0.65	1.00	1.00	0.54	0.23	0.36	0.68	0.48	0.13	0.91	0.22	0.15

注：U_i为评价单元 U_1～U_{14}，分别代表白银、定西、甘南、嘉峪关、金昌、酒泉、兰州、临夏、陇南、平凉、庆阳、天水、武威和张掖市。I_i 为评价指标 I_1～I_{18}。

（二）甘肃省农业水资源利用综合评价

本文采用二层赋权加和评价与加权平均评价两种方法来对甘肃省农业水资源利用进行综合评定，通过评价模型计算，得到两种评价方法的排序结果（见表10）。

从二层赋权加和评价法评价结果看，各评价单元的农业水资源综合利用差异与其社会经济水平、农业水资源和农业用水水平的地域差异比较相符。内陆河流域的武威市和张掖市尽管生态环境问题严重，但水资源人均占有量、社会经济发展水平、蓄水和节灌等水利投入及灌溉指数、农业水资源利用效益和效率均较高，因此农业水资源综合利用程度最高。水资源相对不足、土地退化和农业用水效益等因素影响了酒泉市、陇南市和平凉市农业水资源综合利用能力。而甘南州尽管水资源丰富、农业水源涵养能力高，但是社会经济发展水平较低，所以农业水资源综合利用程度也受到限制。定西市、天水市和庆阳市农田供水基本满足耕地需水要求，但生态环境保育基础差，用水效益和效率不高，农业水资源综合利用能力评价为一般。嘉峪关市、金昌市、白银市和临夏州社会经济发展方面以工业或畜牧业为主，在供水水平相似的情况下，非农业需水和农田供需水平衡削弱了农业水资源的综合利用能力。兰州市是甘肃省的政治、文化、经济和科教中心，社会经济发展水平较高，但农业产值仅占2.8%，因此农业供需水的协调度较差，非农业需水满足度较高，这使评价结果中兰州市农业水资源综合利用程度最低。

表10　二层赋权加和评价法与加权平均评价法排序结果比较

评价单元		二层赋权加和评价法	加权平均评价法
U_1	白 银 市	0.4015	0.0276
U_2	定 西 市	0.4428	0.0306
U_3	甘 南 州	0.5024	0.0342
U_4	嘉峪关市	0.395	0.0301
U_5	金 昌 市	0.4077	0.0291

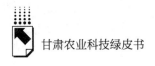

评价单元		二层赋权加和评价法	加权平均评价法
U_6	酒 泉 市	0.4978	0.0378
U_7	兰 州 市	0.3184	0.0236
U_8	临 夏 州	0.4123	0.0294
U_9	陇 南 市	0.5169	0.0357
U_{10}	平 凉 市	0.4793	0.0326
U_{11}	庆 阳 市	0.452	0.0307
U_{12}	天 水 市	0.4572	0.0328
U_{13}	武 威 市	0.5581	0.0396
U_{14}	张 掖 市	0.5783	0.0396

加权平均评价法分级结果与二层赋权加和评价法差异不大。平凉市农业水资源综合利用程度由较高下降为一般，定西市和庆阳市从一般水平降低到较低水平。加权平均评价法考虑了指标层的权重，从而更有利于揭示各评价单元农业水资源综合利用能力差异。

（三）甘肃省农业水资源综合利用影响因素

采用主成分分析法对影响甘肃水资源综合利用的 18 个指标进行因子分析，结果表明：特征值≥1 的主成分有 4 个，累计贡献率为 84.5%，能够解释各因子带来的变异性（见表 11）。

表 11　主成分特征值及主成分贡献率

旋转前因子载荷的平方和				旋转后因子载荷的平方和		
主成分	特征值	各成分所解释的方差占总方差的百分比（%）	方差占总方差百分比的累积	特征值	各成分所解释的方差占总方差的百分比（%）	方差占总方差百分比的累积
1	7.68	42.66	42.7	7.40	41.09	41.1
2	2.90	16.10	58.8	3.11	17.27	58.4
3	2.73	15.19	74.0	2.80	15.54	73.9
4	1.90	10.57	84.5	1.91	10.63	84.5

主成分载荷矩阵可以反映出主成分与相关指标之间的相关程度。由表12可见，第1主成分包括耕地均农田灌溉水量、单位降水深粮食量、灌溉指数、农业人均用水量、城镇人均生活用水量、植被覆盖率、单方灌溉水粮食产量、节灌率、粮食作物播种比例、万元工业增加值用水量和单方灌溉水小农业增加值，其方差贡献率为42.7%。第2主成分包含耕地均降水量、径流系数和水利经费投入率3个指标，其方差贡献率为17.3%。第3主成分包含人均粮食占有量和农田供需水平衡率2个指标，其方差贡献率为15.5%。第4主成分包含相对降水变率和生态环境用水率2个指标，其方差贡献率为10.6%。

总体来看，造成区域农业水资源综合利用程度分异的主导因素依次为水资源丰度、农业用水效益、农业需水满足度、供需平衡能力、非农业需水、水源涵养能力和社会经济技术保障。

表12　主成分载荷矩阵

	第1主成分	第2主成分	第3主成分	第4主成分
耕地均降水量	−0.073	0.946	0.022	0.099
耕地均农田灌溉水量	0.954	0.116	0.071	0.162
生长季降水相对变率	−0.235	0.044	−0.074	−0.840
植被覆盖率	−0.776	0.439	0.145	−0.138
评价年径流系数	−0.323	0.735	0.397	0.242
水利经费投入率	−0.302	0.730	0.528	−0.129
节灌率	0.757	0.111	−0.424	0.273
灌溉指数	0.923	0.020	0.291	0.056
人均粮食占有量	−0.108	−0.403	0.764	0.293
粮食作物播种比例	−0.717	−0.486	0.362	−0.127
城镇人均生活用水量	0.885	0.131	0.033	−0.172
万元工业增加值用水量	0.673	−0.213	0.305	−0.162
生态环境需水率	0.206	−0.025	−0.542	−0.564
单位降水深粮食量	0.926	0.086	−0.222	0.205
单方灌溉水粮食产量	−0.765	−0.149	−0.252	0.414
农田供需水平衡率	0.276	−0.393	0.794	−0.142
农业人口人均农业用水量	0.891	0.081	0.192	0.138
单方灌溉水小农业增加值	−0.608	−0.242	−0.346	0.510

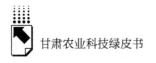

四 甘肃省农业水资源利用对策与建议

根据上述甘肃省农业水资源利用现状的分析、综合评价结果和主导区域间水资源综合利用能力的分异因素，遵循绿色发展理念，坚持"生态保护与高效节水优先、产业发展与粮食安全并重、区域资源与经济互补"的原则，提出农业水资源可持续利用对策分区（见表13）。针对每个对策分区的特征，提出相应发展建议。

表13 甘肃省农业水资源综合利用对策分区

对策分区	所属评价单元	特征
内陆河流域灌溉农业区	酒泉、武威、张掖	人均和亩均水资源量较高，水资源开发利用能力强，土地荒漠化、沙化和盐碱化问题突出，耕地灌溉指数高，节水水平较高，灌水经济产出较高，人口密度较小，水利投入较高，经济发展水平较高
黄土高原雨养农业区	定西、天水、平凉、庆阳、临夏	人均水资源占有量低，水土流失问题突出，水源涵养能力弱，节灌率较低，降水和灌水经济产出均较低，农田供需水平衡能力较差，人口密度大，经济发展水平较高，水利投入不足
南部高原山地区	陇南、甘南	水资源较丰富且开发利用程度低，林草地退化问题突出，植被覆盖率高，节灌率较低，降水经济产出较低，农田供需水平衡能力低，人口密度小，经济发展水平较低，水利投入不足
都市工农经济区	嘉峪关、金昌、白银、兰州	水资源短缺且开发利用程度高，工业用水比例较高，农业用水效益低，农田供需水平衡能力较差，人口密度大，水源涵养能力弱

（一）内陆河流域灌溉农业区

1. 强化水资源宏观经济配置，实现水资源绿色发展

从宏观生态经济水资源系统过程看待流域水转化与农业水资源持续高效利用二者之间的关系，综合考虑区域水土资源匹配、种植结构调整和生态用水等问题，加强农业与生态用水的科学配置及节水高效和对环境友好的农业用水模式以及干旱区水循环、水资源利用和生态环境研究相互联系方面的理论与应用研究，促进全社会节约用水，缓解资源性和结构性缺水矛盾，实现

水资源的绿色发展。

2. 大力发展高效节水农业，提高农业用水效益和效率

大力推广微喷灌、滴灌和低压管道输水灌溉等先进节灌技术，实现以"渠系改造"为基本特征的传统节水农业向"工程、农艺、生物和管理节水"相结合的现代节水农业的转变，全面提高农业用水效率和效益，实现河西内陆河流域农业水资源的可持续利用。

3. 加强流域管理体系建设，强化农业用水制度

从创新投入机制、推进土地流转、优化产业布局、加大高效节水灌溉工程建设投入与管理力度、革新节水体制机制、调节水权水价、促进水利信息化建设和制定用水法律法规等方面逐步完善流域管理体系和农业用水制度，助推农业高效用水机制的发展。

4. 加强土地荒漠化防治，增强农业水源涵养能力

持续实施三北防护林、退耕还林还草等一系列防沙治沙工程，通过封山育林、植树造林、冰川保护等手段增强祁连山水源涵养区天然屏障的功能，优化调整农牧交错带生产结构，加强生态环境保护理念的宣传和各类生态建设与基础设施建设等措施来提高农业水源涵养能力，保证内陆河流域农业生产的可持续发展。

（二）黄土高原雨养农业区

1. 加强水土流失治理，提高农业水源涵养能力

通过兴修水库、打坝淤地、修建水平梯田等工程措施加强小流域综合治理，坚持植树造林和退耕还林还草等生物措施减水土流失，提高农业水源涵养能力。

2. 强化水利工程建设和管理，增强人为干预水资源调节能力

加强水利工程建设和管理，特别是淤坝地和引水工程建设，拦蓄径流，充分利用降水和引水资源，提高人为干预水资源调节的能力，解决影响粮食产量的春旱问题，巩固退耕还林还草措施的成果，实现生态建设和粮食安全的可持续发展。

3. 调整农业结构，优化农业供需水格局

适当降低粮食作物的种植比例，促进农林牧综合发展。实行耕地轮作休耕制，降低水资源开发利用强度、减少化肥农药投入，利于农业面源污染修复，缓解生态环境压力，促进农业可持续发展。

4. 加大旱作节水技术研究和集成应用力度

旱作农业节水以提高作物抗旱性和水分利用效率为方向，加强旱地作物抗旱栽培与耕作技术、抗旱节水型农作制度、覆盖栽培、保护性耕作、作物生理生态、水肥调控、作物抗旱机理及其改善途径、农田微集水等方面的研究。集成以地膜集雨、覆盖抑蒸、垄沟种植为核心的抗旱保墒旱作节水新技术，并大力推广。

（三）南部高原山地农牧区

1. 加强生态环境综合治理，保障农业水源涵养能力

针对甘南高原草地退化、湿地萎缩和陇南山地水土流失等生态环境问题，应严禁过度开垦、过度放牧、过度采樵和过度开采，封育草地，减少载畜量，扩大湿地，涵养水源，防止草原退化。开展退化草地恢复与重建综合技术研究、沙化草地治理和禁牧休牧工程建设，以保障农业水源涵养能力，增强"天然水库"的蓄水和供水能力。

2. 优化调整农业结构，促进农林牧综合发展

甘南州的畜牧业和陇南的特色林果业是甘肃省主要优势生产基地，也是区域主导产业和经济支柱，因此产业结构调整的重点应该是以林牧为主，种植业为辅，共同促进农林牧综合发展。通过优化牲畜品种及其繁育、调整畜种畜群结构、转变养殖方式和建立优质牧草繁育基地，实现甘南州畜牧业的迅速发展。通过降低粮食种植比例，加大蔬菜、草畜、中药材、茶叶和各种经济林种植比例，优化农业产业结构，提高农业用水效益和效率。

3. 加强牧草地高效节水技术研究与应用

研究适于不同牧区天然草场和人工草场条件下主要牧草喷灌和滴灌的高效灌溉制度与理论、高效用水调控技术与模式和绿色高效节水灌溉装备及其

灌溉技术要素优化组合与灌溉系统运行管理等问题，集成提出西北不同牧区天然草场和人工草场喷灌、滴灌的高效节水灌溉技术方案与标准体系，为促进牧区水资源高效利用和草原生态修复、支撑畜业可持续发展提供技术支撑。

（四）都市工农经济区

1. 优化水资源宏观经济配置，保障社会经济健康发展

该区涉及嘉峪关、金昌、白银和兰州市，均是甘肃省工业经济较发达地区。工业等非农业需水挤占农业需水现象较明显。应从宏观区域经济理论的角度看待社会经济发展用水与农业用水二者之间的关系，综合考虑区域第一、二、三产业的发展特点，科学配置行业间和行业内部用水，建设节水型社会，保障社会经济健康发展。

2. 加强生态环境综合治理，着力推进农业绿色发展

从该区所出现的生态环境问题来看，首先，未来应加强土壤重金属、农药残留、城市废弃物和水体的污染治理工作，以保护产地环境和产品质量安全。其次，应加强小流域管理，实行山、水、田、林、路综合治理，增强水土流失综合防治能力。最后，应优化行业用水结构，保障生态需水，缩小荒漠化和盐渍化等土地退化面积。

3. 优化农业产业结构，加强区域农业循环经济建设

通过转变农村经济发展方式、加强城镇和农村废弃物资源综合利用、积极推广节水高效农业技术体系和建立种、养、加等行业的循环化生产体系，大力构建节约型农业体系，提高行业用水效益和效率，逐步实现农业循环经济向生态化、无害化的稳步发展。

综上所述，影响不同对策分区农业水资源综合利用的因素不同，要因地制宜发挥区域优势，解决短板问题，促进因素间的相互协调，才能促进区域农业水资源综合利用。城市和工业的发展要保障对农业生产系统各要素持续的贡献，并提供农业产品的消费市场，从而提高农业经济的生产潜力。良好的生态环境可以保障稳定的自然生产潜力，为农业的持续发展提供稳定的生

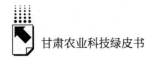
产环境。高效节水灌溉农业的发展保障了粮食稳产和高产。因此，在保障粮食安全的前提下，建立以高效节水的现代灌区农业和旱作农业为核心的节水型社会经济系统是实现甘肃省农业水资源高效综合利用的根本途径。

参考文献

杜根、王保乾：《干旱区绿洲全要素农业水资源利用效率时空分异研究——以新疆为例》，《水利经济》2017 年第 2 期。

Battese G.，Coelli T. A.，"Model for Technical Inefficiency Effects in a Stochastic Frontier Production Function for Panel Data," *Empirical Economics*，1995（20）：325 – 332.

张秀艳、赵美玲、朱苗苗：《甘肃省 50 年降水量变化特征分析》，《安徽农业科学》2013 年第 6 期。

林婧婧、申恩清、刘德祥：《甘肃省近 58 年春旱的气候特征及其对农业的影响》，《干旱地区农业研究》2010 年第 1 期。

G.8
甘肃省化肥减施增效研究报告

车宗贤　冯守疆　崔云玲 *

摘　要： 通过分析国内外及甘肃省2016年化肥使用现状，指出了甘肃省化肥减施增效实施过程中存在理论基础不扎实、化肥科学施用的指标体系不健全、化肥减施与作物高产高效的技术不配套、耕地质量可持续提升的减肥增效技术不成熟、高效低耗的新型肥料产品应用技术不过硬等问题，提出了甘肃省化肥减施增效的总体思路、目标、保障措施及今后工作重点，即果蔬茶高效作物有机肥替代化肥增效减量、粮棉油高产作物精准施肥增效减量、灌区膜下滴灌水肥一体化增效减量、旱作区地膜覆盖作物一次性施肥增效减量、与主推技术配套的新型肥料研发。

关键词： 化肥　减施　增效　甘肃省

一　化肥的贡献和施用现状

（一）化肥对农业增产增效的贡献

化肥是重要的农业生产资料，对提高单位耕地面积上的粮食产量、缓

---

* 车宗贤，甘肃省农业科学院土壤肥料与节水农业研究所所长，研究员，硕士生导师，主要从事植物营养与肥料研究工作；冯守疆，甘肃省农业科学院土壤肥料与节水农业研究所助理研究员，主要从事植物营养与新型肥料研究工作；崔云玲，甘肃省农业科学院土壤肥料与节水农业研究所副研究员，主要从事植物营养与新型肥料研究工作。

解我国人地矛盾可起到至关重要的作用。据不完全统计，20 世纪 80 年代到 21 世纪初期，化肥对我国粮食产量的实际贡献率达到 56.81% ~ 58.91%。经过对 1978 ~ 2014 年甘肃省粮食作物面积、粮食总产量及肥料使用量之间的关系进行分析，发现甘肃省粮食种植面积由 299.59 万公顷减少到 284.24 万公顷，但粮食总产量和化肥使用量表现为增加的趋势，可见化肥的施用在甘肃省粮食产量增加的过程中起了非常关键的作用。相关研究表明，每千克纯养分平均增加粮食产量 7.7 千克。多项研究表明，施用化肥，除保证玉米正常生长需求外，还可以调节土壤碳氮比，防治玉米在苗期与微生物之间的养分竞争，在玉米各项增产措施中贡献比例达到 24% 以上。科学施用化肥可促进作物生长，提高土壤肥力和生产力，是作物增产、农民增收的重要措施。随着我国二孩政策的全面放开，人口增长速度必将加快，农产品的需求量也会随之加大，在耕地面积没有增加的前提下，提高单位耕地面积农产品产量将成为保障粮食安全的必然手段，影响粮食产量的因素主要有化肥施用量、有效灌溉率、农机总动力及农业劳动力等，其中化肥是主要的生产资料，必将为保障我国的粮食安全做出巨大贡献。

（二）国内外化肥施用现状

根据《中国农村经济形势分析与预测（2016 ~ 2017）》，2016 年，我国生产化肥折纯量 7128.6 万吨，比上年减少 4.1%，首次实现了化肥使用零增长，其中河北省、浙江省、四川省、黑龙江省等产粮区，已经实现化肥使用的零增长，但是按照种植业用地 1.7 亿公顷（耕地 1.1 亿公顷 + 园地 0.6 亿公顷）计算，平均化肥施用量为 418.5 千克/公顷，高于世界平均水平和发达农业国家的化肥亩施用量。农户用肥情况的调查统计结果显示，我国粮田施肥量平均 315 千克/公顷，N 180 千克/公顷、P_2O_5 90 千克/公顷、K_2O 45 千克/公顷；菜田平均施肥量 645 千克/公顷，N 300 千克/公顷、P_2O_5 180 千克/公顷、K_2O 165 千克/公顷。在施肥结构上仍体现为蔬菜瓜果等经济作物的化肥使用量远远高于粮食作物的化肥使用量；从区域化肥使用量来看，化肥用量仍为东部地区高于西部地区。

我国 2016 年化肥使用量首次出现零增长，主要取决于以下两个原因：一是近年来随着测土配方施肥技术和土壤有机质提升项目的推广和实施，我国农业用肥结构有效改善，有机肥投入的加大使得化肥施用量减少，在化肥使用方面配方肥和复混（合）肥施用量逐渐上升，在氮磷钾三大类主要化肥用量中氮肥施用量下降、磷肥和钾肥施用量上升；二是近年来在农产品市场价格持续低迷的环境下，农户对农业生产过程中的投入随之减少，化肥作为农业生产中的主要生产资料，其使用量也受到了限制。

（三）甘肃化肥施用现状

2016 年，甘肃省化肥施用量（折纯量）维持在 100 万吨左右。在五大农业生态区中，河西干旱灌溉农业区的化肥施用量仍保持最高，平均化肥使用量为 580.5 千克/公顷，粮食作物化肥使用量为 498.0 千克/公顷，瓜果蔬菜等经济作物化肥使用量为 961.5 千克/公顷；中部干旱半干旱雨养农业区平均化肥使用量为 477.0 千克/公顷，粮食作物化肥使用量为 381.0 千克/公顷，瓜果蔬菜等经济作物化肥使用量为 636.0 千克/公顷；陇东半湿润雨养农业区平均化肥使用量为 508.5 千克/公顷，粮食作物化肥使用量为 462.0 千克/公顷，瓜果蔬菜等经济作物化肥使用量为 789.0 千克/公顷；陇南湿润半湿润雨养农业区平均化肥使用量为 474.0 千克/公顷，粮食作物化肥使用量为 430.5 千克/公顷，瓜果蔬菜等经济作物化肥使用量为 739.5 千克/公顷；甘南高山草甸寒冷湿润牧业区化肥使用量最少，平均化肥使用量为 402.0 千克/公顷，粮食作物化肥使用量为 273.0 千克/公顷，瓜果蔬菜等经济作物化肥使用量为 523.5 千克/公顷（见表 1）。甘肃省五大农业生态区中，除甘南高山草甸寒冷湿润牧业区单位面积化肥使用量低于全国平均水平外，其余四个农业生态区化肥使用量均高于全国平均水平，这主要是由于甘肃省农业生产自然条件差，土壤保肥能力低，为了高产只能通过大量使用化肥来实现。

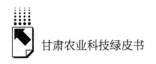

表1　甘肃省不同生态农业区化肥使用量统计表

单位：千克/公顷

序号	农业生态区	化肥平均使用量	粮食作物化肥平均使用量	经济作物化肥平均使用量
1	河西干旱灌溉农业区	580.5	498.0	961.5
2	中部干旱半干旱雨养农业区	477.0	381.0	636.0
3	陇东半湿润雨养农业区	508.5	462.0	789.0
4	陇南湿润半湿润雨养农业区	474.0	430.5	739.5
5	甘南高山草甸寒冷湿润牧业区	402.0	273.0	523.5

二　化肥减施增效提升农业发展水平

我国人口众多、环境资源紧张、农业基础薄弱，保障国家粮食安全和重要农产品有效供给是我国建设现代农业的首要任务。在粮食生产连续11年保持增长的过程中，化肥等主要农资产品做出了重要贡献。然而，过量和不合理施用化肥以及化肥利用率低，带来了土壤板结及酸化、环境污染和生态平衡破坏等一系列问题，严重威胁着我国农产品质量安全和农业生态环境安全。因此，当前我国农业发展的方向应该是在稳产增产前提下，加快改变农作物对化肥过分依赖的传统方式，大力研发化肥替代技术及相关产品，促进化学肥料高效利用及向现代绿色农业转变，减少化学肥料的使用，实现农产品产量与质量安全、农业生态环境保护相协调的可持续发展，降低农业生产成本，促进农民节本增收。当前，我国的主要矛盾已由人民日益增长的物质文化需要同落后的社会生产之间的矛盾转化为人民日益增长的美好生活需要和不平衡不充分的发展之间的矛盾。化肥减施增效、发展绿色农业有利于实现农业生产与环境保护的和谐发展，进一步推动我国农业产业的绿色发展，满足人民对美好生活的需求。

（一）化肥减施有利于保护资源和环境

1.化肥减施增效有助于降低资源消耗

化肥作为主要的农资产品，在生产和使用过程中耗费了国家、地方和农民很大的财力和大量能源。但是化肥未能物尽其用，化肥当季利用率低和使用过量致使化肥资源消耗极大。化肥减施增效方案的实施在保证粮食稳产的基础上，通过提高化肥利用率来减少化肥使用量，可以有效地节约化肥资源消耗，保证农业的可持续发展。

2. 化肥减施增效有助于减轻环境污染

目前，我国使用的化肥以氮肥为主，长期大量施用会导致 NO_3-N 累积、土壤酸化、微生物数量和活性降低。而在磷肥生产过程中，从原料开采到生产加工，总会给化肥带进一些有毒物质或重金属元素，如 Cd、Hg、As、F 等，长期使用会导致土壤中重金属的富集，进而造成作物中重金属含量增加。化肥减施增效方案的实施有助于减轻化肥带来的环境污染程度。

（二）化肥减施增效有利于绿色农业发展

1. 化肥减施增效有助于推动新型肥料产业的发展

化肥减施的前提条件是保证粮食稳产，也就决定了化肥减施必须是在保证对作物有效养分充分供应的情况下进行的，即只有在提高化肥利用率的情况下才能实现化肥减施。新型肥料是一类高效、增值、多功能、生态环保的高效肥料，但当前新型肥料由于价格高而限制了推广应用。化肥减施增效方案的实施有助于新型肥料产业的快速发展。

2. 化肥减施增效有利于高效施肥技术的推广应用

受传统农业种植方式和农民文化程度低的影响，我国农业生产过程中因追求产量而滥用化肥现象严重，很多高效施肥技术难以推广。化肥减施增效方案的实施有助于平衡施肥技术、有机肥替代技术、秸秆还田技术、缓控释肥料与速效肥料相结合的一次性施肥技术、肥料机械深施技术等高效施肥技术的推广应用。

3. 化肥减肥增效符合绿色农业发展方向

绿色农业是世界农业发展的方向，甘肃省是我国粮食重要产区之一，发展绿色农业是其必由之路。化肥减施增效方案的实施减少了化肥使用量、降

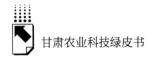

低了农业资源消耗、减轻了农业生态环境污染，同时通过提高化肥利用率优化了施肥方式，为发展绿色农业提供了技术支持。

三 甘肃省化肥减施增效存在的问题和挑战

随着农业部制定的化肥使用量零增长行动方案、耕地质量保护与提升、高标准农田建设、水肥一体化技术推广应用等政策的实施，与之相配套的化肥减施增效技术是保障以上政策顺利实施的关键。但甘肃省在化肥减施增效技术方面仍存在以下问题。

（一）化肥减施增效的理论基础不扎实

长期以来，甘肃省的农业科研工作者在关于化肥减施增效方面开展了许多的研究工作，但与化肥减施增效相配套的理论基础还不够完善。

1. 精准施肥技术理论基础不扎实

化肥作为农业生产中的主要生产资料，与作物产量、品质、食品和环境污染等问题密切相关。即使在化肥利用率高的国家，N、P_2O_5、K_2O 的利用率也仅分别为 50%、30%、60%，达不到肥料投入的百分之百利用。肥料利用率低增加了农业生产成本，同时其未利用的养分会造成一系列的环境问题。精准施肥技术理论和应用是解决这一问题的有效途径，但当前，遥感信息和土壤性质、作物营养胁迫的对应关系很不明确，不能满足实际应用的需要。

2. 水肥调控技术理论基础不扎实

水肥一体化技术是灌溉与施肥融为一体的农业新技术，是提高水肥利用率，实现化肥减施增效的重要措施，其应用指导依据为水肥调控技术原理，但当前作物需肥、需水规律及灌溉系统三者间的协调还不够完善，不能实现水肥供应与作物需求的绝对吻合。

3. 有机肥替代化肥技术理论基础不扎实

多年以来，我国农业生产种植过程中普遍存在重施化肥而轻施有机肥的现象，造成土壤有机质降低、土壤次生盐渍化现象严重及一系列的环境问题，科学施用有机肥是解决农业面源污染、实现化肥减施的重要举措，科研人员经过努力，在有机肥合理施用方面提出了一系列的使用技术，如"有机肥＋配方肥"模式、"有机肥＋水肥一体化"模式等，也提出了有机肥替代化肥的目标，但该技术的应用存在有机肥与化肥替代量不明确的问题。

4. 低产田改良技术理论基础不扎实

我国有 78.5% 的耕地属中低产田，中产田面积占 37.3%，低产田面积占 41.2%，而甘肃省中低产田面积占总耕地面积的 86.9%，远高于我国平均水平，所以开展中低产田改良是改变国内农业落后现状、提高土地生产力的重要途径。我国在中低产田改良方面的基本原则是：综合治理、先易后难、分期实施、以点带面、分类指导，搞好技术开发、注意远近期结合，并与区域开发生产基本建设等紧密衔接。甘肃省随着中低产田改良项目的实施，在种养结合、土地改良等方面提出了一些关键技术，如"农作物间作绿肥"等技术效果显著，但仍存在中低产田改良技术单一等问题。

（二）化肥科学施用的指标体系不健全

化肥科学施用的指标体系主要指与决定施肥量、施肥时期、施肥方法等有关的作物参数、土壤参数、肥料参数和环境参数等的总和，是土壤测定与科学施肥的纽带。其主要依据为农户施肥情况调查、土壤养分与田间试验历史资料、专家经验、配方与田间校正试验。当前在化肥科学施用指标体系的建立方面存在作物参数指标、土壤参数指标、肥料参数指标、环境参数指标不全和相互间关系不明确的问题。

1. 作物参数指标不健全

作物参数指标主要包括作物产量、需肥规律、品质等相关指标。甘肃省生态气候环境复杂，作物种类繁多，除在主要作物的产量、需肥规律与品质间的相互关系方面有研究基础外，大部分作物缺乏相应的基础研究，已有作物的基础数据也没有建立起相关的函数联系，致使在化肥减施过程中没有相应的作物参数为减肥增效提供基础支撑。

2. 土壤参数指标不健全

土壤参数指标主要指土壤理化性状指标，包括土壤孔隙度、容重、必需营养元素丰缺状况（全量和有效态含量），当前研究中，土壤参数指标方面主要集中在对大量营养元素氮、磷、钾的研究上，而缺乏对中微量营养元素的研究，致使在化肥减施增效过程中缺乏土壤中微量参数指标来指导施肥。

3. 肥料参数指标不健全

肥料参数指标指肥料主要养分的含量，现阶段的肥料参数指标都是以各种肥料的对应标准为依据建立的，而不是根据作物需求的养分形态建立的，致使现有的肥料参数只能对科学施肥技术提供部分技术支持。如复合（混）肥料国家标准（GB 15063 – 2009）只规定了总养分量、水溶性磷占有效磷百分数，而没有把氮肥的不同形态作为参数，对于喜欢不同形态氮肥的作物不能提供有效参考。

4. 环境参数指标严重缺乏

除有机农业和绿色农业外，现阶段的科学施肥技术研究主要集中在土壤、作物、肥料等指标上，对环境参数的研究较少，很少有相应的参数指标来指导农业生产，未来农业的发展应该把环境参数作为主要参数指标纳入农业科研工作中。

（三）化肥减施与作物高产高效的技术不配套

当代农业生产过程中，化肥减施和作物高产高效是今后农业发展的主要方向，自实施"化肥减施行动"以来，缺乏相应的科研数据对化肥减施提供支持，主要表现在不能针对具体作物提供明确的化肥减施数量和减施增效机理。

1. 化肥减施数量不够明确

保持作物产量不降低、减少化肥使用量是化肥减施行动的核心，但当前的科研成果不能为化肥减施行动提供明确的化肥减施数量，大部分以减少化肥投入 10% ~20% 作为化肥减施的标准，但并不能保证在减少相应比例化肥投入的情况下实现作物产量的增加。目前，化肥减施相关研究处于国家重点研发阶段，到 2020 年以前急需完成相关的研究成果转化以支持化肥减施行动。

2. 化肥减施增效机理不明

在部分农作物种植过程中，通过采取一定的农艺措施，在减少化肥使用量的情况下，可以保证作物产量不降低，但相应的减施增效机理不明确。如在甘肃省河西干旱灌溉农业区，在减少化肥使用量的情况下，采取作物秸秆还田、间作绿肥翻压、增施中微量元素肥料，可不同程度地增加玉米产量，但其增产机理尚不明确。

3. 化肥减施条件下的作物高产增效技术模式不完善

甘肃省生态环境类型复杂，不同区域作物种类繁多，当前的化肥减施增效模式主要集中在小麦、玉米、马铃薯等粮食作物上，在经济作物和特色作物上的研究工作开展得较少。如在小麦、玉米、马铃薯种植过程中通过秸秆还田、间作绿肥翻压、增施中微量元素肥料等措施，在减少化肥用量的同时，可保证作物不减产，但在经济作物如蔬菜、果树、中药材等种植过程中，缺乏相应的技术模式研究。

（四）实现耕地质量可持续提升的减肥增效技术不成熟

长期以来，在耕地质量保护与提升方面，在化肥减施条件下作物产量提高方面的研究较多，而耕地质量地力提升方面的研究不被重视，即使开展了耕地质量可持续提升方面的相关研究，目前也处于基础研究阶段，其减肥增效技术不够成熟。

（五）高效低耗的新型肥料产品应用技术不过硬

新型肥料产品研发是我国乃至世界肥料发展的重要方向。新型肥料除了能够直接或间接地为作物提供养分外，还可以起到提高肥料利用率、减少养分流失、改良土壤结构和理化性状、调节土壤酸碱度等作用。但当前关于新型肥料的研究主要集中在产品的研发方面，在应用技术方面缺少研究。

1. 缓/控释肥

缓/控释肥是一种通过各种调控机制延缓肥料养分释放，延长植物对其有效养分吸收利用的有效期，使养分按照设定的释放速率和释放期缓慢或控制释放的肥料，在实际应用过程中，可起到提高养分利用效率和作物品质、减少肥料使用量和施用次数以及养分流失造成的环境污染的作用。当前我国缓/控释肥可分为四大类：第一类是硫包膜尿素，第二类是高分子（树脂）包膜肥料，第三类是添加脲酶抑制剂和硝化抑制剂的稳定性肥料，第四类是脲醛类肥料。此类肥料以企业生产研发为主，在使用过程中，缺少对施用技术的研究，即没有针对具体作物提出与常规施肥相对应的缓/控释肥料的施用量。

2. 水溶性肥料

水溶性肥料是指能够完全溶于水的含氮、磷、钾及微量元素、氨基酸、腐植酸、海藻酸等几种或全部成分的复合型肥料，按养分含量分为大量元素水溶肥料、中量元素水溶肥料、微量元素水溶肥料、含氨基酸水溶肥料、含腐植酸水溶肥料等。当前，对水溶性肥料的研究主要集中在原材料的选择研究方面，而在农艺配方上，多为通用性配方，很少有针对不同区域、不同作物施用的专用型水溶性肥料产品，专用型水溶肥将是水溶肥料发展的重要方向。

3. 功能性肥料

功能性肥料是指除了具有提供给作物营养和培肥土壤的功能以外还具有其他特殊功能的肥料，主要类型有改土型、保水型、除草型、杀虫型、灭菌型等。对功能性肥料目前主要集中在土壤改良和保水方面的研究及应用上，与病虫害防治相结合的功能性肥料，受相关标准限制，其研究进展缓慢。功能性肥料是未来肥料发展的重要方向，它的应用可进一步降低农业生产成本。

四 甘肃省化肥减施增效的总体思路、目标及重点

（一）基本思路与目标

1. 基本思路

对农业生产中提出的新技术进行调查研究，明确新技术应用过程中出现

的影响技术效益充分发挥的配套技术问题，组织科研团队展开深入细致的研究，提出切实可行的解决方案并确保新技术的可持续推广。

2. 目标

（1）提出不同土壤肥力和目标产量下果蔬茶有机无机配施的化肥减量增效技术模式，建立果蔬茶有机无机配合可持续生产技术体系，确保高产优质。

（2）提出科学合理的经济高产精准施肥新技术，实现粮棉油作物的减肥增效。

（3）提出与作物水肥需求高度吻合的一体化水肥运筹技术模式，在化肥总量减少30%的前提下，保证作物不减产或有所增产，显著提高水肥利用效率，使产品品质明显改善。

（4）提出不同肥力条件及作物上的一次性施肥增效减量技术模式，明确各目标作物对缓/控释肥释放速率及期限的要求，缓/控释肥与速效氮肥适宜配施比例，实现该生产条件下一次性施肥的减量增效。

（5）与主推技术配套的新型肥料研发。有机肥替代技术：研制与引进筛选不同土壤肥力的果蔬茶有机无机作物专用肥系列产品，实现果蔬茶的轻简化栽培。精准施肥技术：研制生产出与当前机械相匹配的复合、复混专用肥，实现机械化精准施肥。灌区微灌水肥一体化技术：研制主栽作物低成本专用水溶性固体或液体肥料系列，筛选出低成本全水溶性的磷源。在运输条件便利的区域启用加肥站供应液体肥料，运输条件不便的区域推荐使用固体水溶肥料。一次性施肥技术：集成开发适合区域栽培技术条件和土壤特点的缓/控释肥料系列产品。

（二）工作重点

1. 果蔬茶高效作物有机肥替代化肥增效减量

果蔬茶为水分养分供应强度大或生产周期长的作物，对农户来说也是收益较高的作物，是农民经济收入的主要来源。因此为了获得更高的收益而过量、超量施肥现象尤为突出。对此类高效作物应重点开展农户当前施肥模式下的耕地质量、作物产量及产品品质等方面的评价，开展优化施肥模式下有机氮与化肥氮的施用比例、专用有机无机肥用量配比及施肥技术、不同土壤条件下有机无机配施对耕地质量、作物产量及品质的影响等方面的研究。

2. 粮棉油高产作物精准施肥增效减量

针对粮棉油作物高产量高投入低效益的施肥现状，集成测土配方施肥、平衡施肥、秸秆还田等技术，重点开展化学肥料减量20%～30%条件下粮棉油作物专用肥农艺配方、适宜肥料种类、施肥方式，及其对作物生长的影响和复合、复混肥机械化精准深施技术研究。

3. 灌区膜下滴灌水肥一体化增效减量

针对灌区微灌技术存在的盲目施肥、过量施肥、水肥分离施用和低成本全水溶肥缺乏等问题，重点开展微灌条件下作物需水需肥规律、水肥协同供应对作物生长及产量品质的影响研究，作物专用水溶肥产品的引进筛选和研制，专用水溶肥对作物产量、土壤肥力和环境的影响研究，长期微灌水肥一体化技术模式下适宜耕作、轮作、灌溉制度研究及耕地质量、作物产量的变化趋势研究。

4. 旱作区地膜覆盖作物一次性施肥增效减量

针对旱作区地面全膜覆盖的现实，开展缓/控释肥料与速效氮肥相结合的一次性施肥技术研究，重点内容为缓/控释肥在土壤中的释放速率与作物生长需求的一致性，缓/控释肥与速效氮肥配施比例、缓/控释肥对土壤肥力和作物生长的影响、不同土壤肥力条件下的作物增效减施技术研究。

5. 与主推技术配套的新型肥料研发

新型肥料的发展趋势与农业的发展密切相关，复合化、专用化及安全、高效、环保是当前新型肥料发展的主要方向。且新品种、新技术的不断推出，对与之相配套的肥料及施肥方法也提出了更高的要求，只有加快新型肥料的研制和开发，才能保证农业生产沿着高产、优质、低耗和高效的方向发展。因此研制开发与之相适宜的新型肥料不仅是该技术可持续利用的重要保障，同时也是现代农业发展的必然要求。

（1）有机肥替代技术：根据果蔬茶的需肥规律和供试土壤的肥力状况，

采用研究与引进筛选相结合方式，研制生产配方专用肥、工业有机肥料、有机无机复混肥料和生物有机肥，并进行有机无机肥料科学配比及施肥方法研究，实现果蔬茶的轻简化一次性施用肥料。

（2）精准施肥技术：根据目标作物和供试土壤的养分状况研究出的专用配方肥，生产出与当前机械相匹配的复合、复混专用肥料，实现机械化精准施肥。

（3）灌区微灌水肥一体化技术：研制主栽作物低成本专用水溶性固体或液体肥料系列产品，重点解决低成本全水溶性的磷源问题。在运输条件便利的区域启用加肥站供应液体肥料，运输条件不便的区域推荐使用固体水溶肥料。

（4）一次性施肥技术：研制出与作物生长规律高度吻合的缓/控释肥料是确保该技术大面积推广应用的前提。采用自主研发与引进筛选相结合，集成开发适合甘肃省栽培技术条件和土壤特点的缓/控释肥料，可大幅度降低劳动力成本并显著提高肥料的利用率。

五　甘肃省化肥减施增效的保障措施

（一）组建化肥减施增效科技创新团队，确保技术产出

当前生产中推广应用的肥料新产品以引进产品为主，而针对甘肃省主栽作物和土壤肥力状况的专用肥料新产品和相配套的新技术较少，与主推技术配套的施肥技术和新型肥料研制相对滞后，为此组建以新型肥料研发和化肥减量增效技术研究为主要工作的科研团队势在必行。针对当前农业生产中存在的盲目、过量及不合理施肥等问题，开展作物专用新型肥料产品的研制，不同区域和不同生产条件下减量增效技术对作物生长、土壤肥力、环境效益影响等方面的研究，开发出适宜甘肃省土壤特点的新型肥料产品，提出适宜于不同区域的稳产高效施肥技术模式，建立区域减肥增效技术体系，为甘肃农业的可持续发展提供技术支撑。

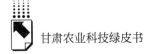

1. 化肥氮磷钾减施增效机理与调控途径技术研究

以甘肃省五大生态区主要作物和种植体系为研究对象，研究氮素损失途径、阻控机理及增效途径，磷素转化与高效利用的生物学机制，钾、硼、锌与氮磷的协同增效机制，秸秆还田条件下氮磷钾高效利用机制，畜禽粪便有机肥施用时氮磷钾减施机理，肥料养分推荐施用新方法及化肥减量施用控制基准与调控途径。

2. 主要作物化肥减施技术模式研究与示范

针对甘肃省主要粮食作物、经济作物和特色作物，研究相应的科学高效施肥技术，筛选与甘肃省五大生态区域生产相适应的高效化肥产品，集成适合不同区域主要作物的化肥减施技术模式并建立相应的化肥减施技术规程与标准。

3. 耕地地力与化肥利用效率的相关性研究

针对甘肃省五大生态区域，研究不同耕地地力水平下化肥利用效率的演变特征与发生机制，不同耕地水平下障碍因子对化肥用量的影响机理，不同耕地地力条件下化肥减施机制与控制基准。

4. 新型肥料与化肥减施增效技术新模式研究

研究甘肃省五大生态区域主要作物养分及形态配伍、增效剂和助剂对复混肥的增效机理、肥料与植物养分供需耦合机制、有机—无机—生物协同增效机理，研制系列新型增效肥料新产品，建立化肥减施增效技术新模式。

5. 高效施肥技术研究

以甘肃省五大生态区域主要粮食作物、经济作物、特色作物为对象，研究基于现代信息技术的精准施肥技术、自动化监测的水肥一体化施肥技术、液体肥料高效施用技术、农机与农艺相结合的机械化施肥技术。

6. 化肥减施增效技术的评价及推广培训机制创新研究

研究化肥减施增效技术推广和培训的服务模式与运行机制，化肥农药减施增效技术生态经济评价及相应的激励机制及补贴制度，开展化肥减施增效标准与监管体系等管理政策创新研究，构建化肥减施增效的监测评估体系。

（二）规划布局新型肥料生产基地，出台扶持政策

我国新型肥料正处于发展阶段，仍有很大上升空间，新型肥料产业还需要进一步规范，产品正在向着高效、增值、多功能、生态环保的方向发展。而甘肃省新型肥料产业尚处于起步阶段，发展空间更是毋庸置疑，但进入市场的新型肥料多为外省产品，多集中于新型肥料产品的小面积试验示范阶段。因此结合当前甘肃省新型肥料的发展现状，借鉴国内外新型肥料研究方面的成熟经验和方法，对新型肥料生产基地及发展目标进行合理科学规划，同时研究出台一些相关的扶持政策，确保全省新型肥料又好又快发展，为化肥减施增效的实施提供保障。

1. 甘肃省新型肥料生产基地的合理布局

根据甘肃省"十二五"农业规划提出的重点发展草食畜、苹果、蔬菜、马铃薯、中药材、玉米制种和酿酒原料等特色产业和"十三五"农业产业布局规划，整合重组甘肃省现有有机肥厂，在五大生态区各扶持1个有机肥生产龙头企业，同时在粮食主产区、水果主产区、蔬菜主产区分别规划1~2个新型肥料生产企业，主要生产缓/控释肥料、稳定性肥料、水溶性肥料、功能性肥料等能够提高肥料利用效率的新型肥料。

2. 出台甘肃省新型肥料扶持政策

新型肥料以其肥料利用率高和环境友好的特点成为未来肥料发展的主要方向，但生产成本高致使其推广过程缓慢。甘肃省属于经济欠发达地区，新型肥料的大面积推广应用尤为困难，因此甘肃省应出台合理的扶持政策，引进或扶持省内新型肥料生产企业，如出台税收优惠政策、土地优惠政策及新型肥料销售补贴政策等，以带动甘肃省新型肥料的快速发展，为甘肃省实现化肥减施、发展绿色农业奠定基础。

（三）建设化肥减施增效示范区，保障技术落地

因地制宜地建设化肥减施增效技术示范区，在作物生长的关键时期开展田间观摩指导和收获日活动，做到让农民眼见为实，充分发挥农民的主体作

用，提高其主动参与化肥减施增效的积极性；选择先进的农业生产大户和合作社，有针对性地进行减施增效技术示范与宣传，引领带动他们变成土专家，激励他们向周围农民推广相应新技术；鼓励基层创新，采用基层农技人员和农民相结合的创新技术模式、推广模式和管理模式，使化肥减施增效措施真正接地气、进田头。根据甘肃省五大农业生态区农业发展基础建立各生态区化肥减施增效示范区。

1. 河西干旱灌溉农业区绿色农业化肥减施增效示范区

在河西干旱灌区建设玉米制种、马铃薯脱毒种薯繁育以及生产、特色花卉瓜菜种子、蔬菜、荒漠干旱中药材、酿酒原料、优质牧草等化肥减施增效示范区。

2. 中部干旱半干旱雨养农业区绿色农业化肥减施增效示范区

在中部干旱半干旱雨养农业区建设大田玉米、马铃薯、道地中药材等化肥减施增效示范区。

3. 陇东半湿润雨养农业区化肥减施增效示范区

在陇东半湿润雨养农业区建设大田玉米、小麦、马铃薯、苹果、旱生药材等化肥减施增效示范区。

4. 陇南湿润半湿润雨养农业区化肥减施增效示范区

在陇南湿润半湿润雨养农业区建设玉米、林果、茶叶、中药材等化肥减施增效示范区。

5. 甘南高山草甸寒冷湿润牧业区化肥减施增效示范区

在甘南高山草甸寒冷湿润牧业区建设优质牧草化肥减施增效示范区。

参考文献

智研数据中心：《2015～2016年中国化肥行业市场现状及发展趋势分析》，中国产业信息网，2016年2月16日。

魏后凯、黄秉信等：《中国农村经济形势分析与预测（2016～2017）》，社会科学文献出版社，2017。

张嘉云等：《我国农田化肥使用现状》，《北方农业学报》2016 年第 3 期。

杨慧等：《我国农田化肥使用现状分析及建议》，《农机化研究》2014 年第 9 期。

孟远夺等：《我国种植业化肥使用现状与节肥潜力分析》，《磷肥与复肥》2015 年第 9 期。

刘森森：《农田土壤化肥的污染及对策》，《北京农业》2016 年第 1 期。

车宗贤、赵秉强等：《甘肃省复混专用肥料农艺配方》，中国农业出版社，2014。

车宗贤：《稳定支持中国缓控释专用肥料的发展》，中国植物营养与肥料学会专家访谈，2016 年 1 月 22 日。

赵秉强等：《新型肥料》，科学出版社，2013。

王科等：《化肥过量施用的危害及防治措施》，《四川农业科技》2017 年第 9 期。

G.9
甘肃省农药减施增效研究报告

张炳炎　杨虎德*

摘　要： 农药减施，对减少环境污染、保护有益生物、实现无公害农产品生产、改善农田生态环境质量以及保障人畜安全具有重要意义。本文论述了农药在植物保护中的重要地位和作用；回顾分析了农药的应用现状和存在的问题以及"十二五"期间农药减施增效的形势和任务要求，总结了甘肃在开展农药复配应用、生物防治、生态防控、植物源农药开发研究应用等方面取得的成果。并从农药管理、生物防治、新产品研发和病虫草害综合防控技术等方面对今后甘肃农药减施增效提出了建议。

关键词： 农药　减施　甘肃省

一　农药在植物保护中的重要地位和作用

农药是指用于预防控制农林病、虫、草害和其他有害生物，以及有目的地调节植物生长和昆虫生长的化学合成物（或来源于生物和其他天然物质及其制剂）。利用农药预防控制农林病、虫、草害及其他有害生物，是植物

---

* 张炳炎，甘肃省农业科学院研究员，长期从事农作物病、虫、草害综合治理与绿色防控研究和示范推广工作；杨虎德，甘肃省农业科学院土壤肥料与节水农业研究所副研究员，主要从事农田土壤环境保护研究和示范推广工作。

保护的重要手段之一，在病、虫、草害及其他有害生物的综合防控措施中占有重要的地位，对保证农业增产起着重要作用。这主要表现在以下几方面：一是防治对象广，农药对绝大多数病虫害、有害生物、杂草都有防治作用；二是防治效果快而好，农药能迅速控制住病虫及有害生物的蔓延危害，特别是对东亚飞蝗、黏虫、小麦锈病等暴发性病虫害，以及蚜虫、叶蝉、叶螨等繁殖速度快的害虫，如果施药及时、方法得当，往往能收到立竿见影的效果，这是其他方法无法比拟的；三是使用方法简便，农药的使用方法多种多样，可以采用飞机喷洒、药械施药、人工施药以及各种土法施药，便于推广应用，深受群众欢迎；四是受地区性限制小，农药受耕作制度、气候条件、作物种类等影响较小；五是可工业化生产，能及时满足需要。目前我国生产的农药制剂品种达数百种，对保证增产发挥了重要作用。

二　农药的应用现状和存在的问题

（一）化学农药的应用现状

1. 全国农药的应用情况

1943 年我国在重庆江北建立首家农药厂，生产含砷无机化合物及植物性农药；1946 年开始小规模生产 DDT。新中国成立后，随着农业、林业生产高速发展，植物保护事业得到高度重视，我国大力发展农药、药械，开展了农林病虫害的防治工作。1950 年开始生产六六六杀虫剂；1957 年建立了第一家生产有机磷杀虫剂的天津农药厂，开始生产有机磷农药 1605、1059、敌百虫等；60～70 年代我国开始生产有机氯、氨基甲酸酯类等农药，同时杀菌剂和除草剂得到相应发展；1983 年停止了高残留农药六六六、DDT 的生产和使用，取而代之的是有机磷、氨基甲酸酯类及其他杀虫剂的生产，同时甲霜灵、三唑酮、代森锰锌、百菌清等高效杀菌剂也相继投产、使用。随着有机农药的发展，各种复配剂型层出不穷。

目前，我国已有 60 多家农药厂，生产杀虫剂、杀菌剂、杀鼠剂、除草剂等 200 多种，各种农药制剂达数百种，基本实现了每类病虫害都有药剂可以防治。据调查，改革开放以来，由于群众性的防病、治虫、除草、灭鼠工作蓬勃开展，无论是原有的还是新发展起来的病、虫、鼠害，都在不同程度上得到有效控制或被消灭。农药不仅在防治农林病、虫、鼠害方面起了重要作用，而且在用于农田以消灭对农作物生长危害大的杂草方面，也取得了显著效果。尤其是多种新型除草剂，使苗期难辨真伪、不易防除的恶性杂草得到了有效控制，如麦田的野燕麦、稻田的稗草，可分别施用野麦畏或野麦枯及敌稗或阔稗威等除草剂。化学除草剂的应用不仅为甘肃，甚至为整个西北、东北、西南等人少地多区域，在农业生产中解决劳力不足、改善劳动条件开辟了新途径，并为实现农业机械化提供了有利条件。

同时，植物生长调节剂应用于作物栽培和产品贮藏，也取得了显著效果。用于稻、麦，可以防止倒伏；用于棉花，可以防止徒长及蕾铃脱落；用于贮藏期蔬菜，可以防止发芽、保持新鲜、延长供应期；用于果树、林木扦插或移栽，可以促进生根、发芽，在霜冻时应用能延缓果树发芽，并能代替人工劳动，以之进行疏花、疏果，节省劳力，事半功倍。

随着我国化学工业技术的不断发展，一些新的方法不断被研发出来，例如采用拒食剂，破坏害虫的食欲，使害虫拒食而死亡；采用驱避剂，使害虫不愿接近；采用引诱剂，把害虫引诱到一起，用药集中杀死，就可不必大面积喷药，减少用药，并减轻污染；还有正在研究的化学绝育剂，可破坏害虫的产卵孵化机能，以达到绝种的目的。以上这些方法的应用，为绿色防控植保技术开辟了新的途径。

2. 甘肃省农药应用情况

全国第一次污染源普查资料显示，甘肃省 14 个市（州）农药使用总量为 6310 吨，使用量较高的地区依次为陇南、平凉、天水、武威，分别占全省农药使用总量的 19.1%、12.4%、9.6%、9.5%；其次是白银、酒泉、定西、张掖市农药使用量相对较高，分别占全省农药使用总量的 8.4%、8.1%、7.7%、6.7%；其余市（州）农药使用量较小，其中甘南州、嘉峪关市农药施用量占全省农药使用总量的比例均在 0.5% 以下（见图 1）。

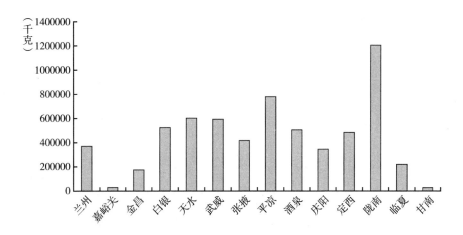

图1 甘肃省各市、州农药使用情况

（二）化学农药使用存在的问题

化学药剂虽然防治对象广，但也有其局限性。即便在最有效的防治对象中，单纯用化学农药防治，也不能持久解决问题。此外，许多农药若使用不当，会对农作物产生药害，污染环境，对人畜有毒害作用，常常导致人畜中毒。同时，因长期使用农药，相继出现了不少问题，特别是有些问题的严重性，远远超出了"农业的范畴"。

1. 农药对农作物的药害

过量施用农药，或施药时间、方法不当，就会影响农作物生长发育，降低农产品品质，甚至不能食用。例如某类除草剂，在甘肃省小麦田已经大面积推广应用，防除阔叶杂草效果达90%以上。但有些农户施用量过大，且不在分蘖期使用，常出现药害，主要表现为麦秆缩短、麦穗空秕、颖壳开张，造成歉收减产。又如麦田使用绿磺隆，每公顷用有效成分15克，兑水喷雾，防除多种阔叶杂草效果显著，对当茬和后茬作物安全，但在干旱地区施用，或在阴湿多雨地区施用量过大，对当茬小麦虽无药害，但对后茬玉米或马铃薯等敏感作物均易产生药害。1995年渭源县杨庄乡唐哈村有一户农民，每公顷麦田用绿磺隆有效成分60克（超过适用量45克），对当茬小麦田杂草防治

效果非常好，对小麦也安全，但对第二年后茬马铃薯药害极其严重，表现为抑制马铃薯出苗，有的虽出苗，但植物矮小，叶片发黄，以致绝收。

2. 农药残留污染

不少农民缺乏植物保护方面的知识，没有根据病、虫、杂草的发生规律与发生程度确定防治适期，许多农民见虫就打药，甚至没虫也打"保险药"，盲目用药、滥用农药，或使用一些不易分解的农药，用药量过大，对土壤、水域等环境造成污染。同时，过量的农药通过食物链进行生物浓缩（即富集作用），残留于食品及人体中会威胁人体健康。据调查，农药除30%~40%被有效利用外，绝大部分进入环境介质中，既导致大气、土壤、水域污染，也造成农田生态系统失调。

3. 产生抗药性

21世纪初期，世界各地已统计近550种抗药性害虫，有超过120种抗药性病菌、50余种抗药性杂草。我国也有抗药性害虫40多种，如菜粉蝶、玉米螟、棉蚜、黑尾叶蝉、棉叶螨等，对长期使用的农药如马拉硫磷、菊酯类等，分别产生不同程度的抗药性。抗药性的危害主要表现为：（1）降低防效，产生次生危害。使农药在设定的药量和浓度下的防效降低或失效，同时，用药量不断增加，还会带来其他问题。（2）主要害虫再增猖獗。长期使用化学农药，会导致一些曾经被控制住的主要害虫产生抗药性，重新抬头回升，造成严重危害；也使一些原来危害不重的病、虫、杂草上升为主要的病、虫、草害，如我国北方棉区的棉铃虫等。

4. 破坏农田生态平衡

有些地区的农民在病虫害防治过程中，没有综合防治观念，单纯连续不断使用化学农药，甚至使用剧毒农药，恨不得一下子把病、虫灭掉，以致杀伤大量有益生物，改变了生物群落结构，破坏了原来农田生态系统的自然平衡。

（三）甘肃农田农药残留监测情况

1. 甘肃土壤农药残留与污染监测结果

农业部药检所在甘肃张掖、白银、平凉设立了3个农药残留长期固定监测点，2015 年张掖制种玉米田土壤和地表水农药残留污染检测结果表明，α－六六六、β－六六六、ρ.ρ－DDT、σ.ρ－DDT、对硫磷、甲基对硫磷、甲拌磷、甲基异柳磷、甲胺磷、三氯杀螨醇 10 种禁止使用的杀虫剂中，只有 ρ.ρ－DDT 土壤残留量为 2.5 毫克/千克，三氯杀螨醇地表水含量为 0.7 毫克/升，其余均未检出。水胺硫磷、三唑磷、氧化乐果、灭多威、克百威、涕灭威、氯唑磷、α－硫丹、β－硫丹、毒死蜱 10 种限制使用的杀虫剂在土壤、地表水中均未检出。可以使用的敌百虫、敌敌畏、噻唑磷、辛硫磷、丙溴磷、异丙威、氯氰菊酯、联苯菊酯、氟氯氰菊酯、溴氰菊酯、甲氰菊酯、氰戊菊酯、氟苯虫酰胺、啶虫脒、噻虫嗪、吡虫啉、氟虫腈、噻嗪酮、氟蛉脲 19 种杀虫剂中，只有啶虫脒土壤中残留量为 5 毫克/千克，地表水中含量为 0.9 毫克/升，其余均未检出。百菌清、四羟基百菌清、三环唑、丙环唑、苯醚甲环唑、三唑酮、己唑醇、戊唑醇、多菌灵、腐霉剂、嘧菌酯、嘧霉胺 12 种可以使用的杀菌剂中，以戊唑醇在土壤的残留较严重，为 121.2 毫克/千克，四羟基百菌清、苯醚甲环唑、丙环唑的土壤残留量分别为 0.7、2.8、4.6 毫克/千克，其余均未检出。禁止使用和限制使用的氯磺隆、胺苯磺隆、甲磺隆、2.4－滴丁酯乳油 4 种除草剂均未检出。可以使用的乙草胺、苯磺隆、莠去津、羟基莠去津、二甲戊灵、异噁草松 6 种除草剂，除莠去津、羟基莠去津土壤残留量分别为 8.8、2.9 毫克/千克外，其余均未检出。

2015 年张掖市甘州区五星村和白银市大坪村温室大棚土壤和水体农药残留污染监测结果表明，α－六六六、β－六六六、ρ.ρ－DDT、σ.ρ－DDT、对硫磷、甲基对硫磷、甲拌磷、甲基异柳磷、甲胺磷、三氯杀螨醇 10 种禁止使用的杀虫剂中，以及水胺硫磷、三唑磷、氧化乐果、灭多威、克百威、涕灭威、氯唑磷、α－硫丹、β－硫丹、毒死蜱 10 种限制使用的杀虫剂中，ρ.ρ－DDT、σ.ρ－DDT、甲基对硫磷、甲基异柳磷、三唑磷、α－硫丹、β－硫丹、毒死蜱在土壤中的残留量分别为 2.6、0.7～1.1、1.9～2.1、0.8、2.0、7.7、20.5、5.9 毫克/千克，其余均未检出。敌百虫、敌敌畏、噻唑磷、辛硫磷、丙溴磷、异丙威、氯氰菊酯、联苯菊酯、氟氯氰菊酯、溴氰菊酯、甲氰菊酯、氰戊菊酯、氟苯虫酰胺、啶虫脒、噻虫嗪、吡虫啉、氟虫腈、噻嗪酮、氟铃脲、炔满特、哒螨灵 21 种可以使用的杀虫（螨）剂中，除噻唑磷、异丙威、啶虫脒、噻虫嗪、吡虫啉、炔满特、哒螨灵土壤残留量分别为 3.9、1.0、3.5 ~ 4.4、4.0 ~ 4.7、1.5 ~ 15.5、0.6、4.1 ~ 6.5 毫克/千克，啶虫脒地表水含量为 0.9 ~ 1.0 毫克/千克外，其余均未检出。百菌清、四羟基百菌清、三环唑、丙环唑、苯醚甲环唑、三唑酮、己唑醇、戊唑醇、多菌灵、腐霉剂、嘧菌酯、嘧霉胺 12 种可以使用的杀菌剂中，百菌清、四羟基百菌清、丙环唑、苯醚甲环唑、三唑酮、己唑酮、多菌灵、腐霉剂、嘧菌酯、嘧霉胺在土壤中的残留量分别为 13.6、28.7 – 113.4、1.4、0.9 ~ 5.8、1.1、1.7、0.7 ~ 1.4、7.1、1.8、1.5 毫克/千克，其余均未检出。对禁止使用和限制使用的氯磺隆、胺苯磺隆、甲磺隆、2.4 – 滴丁酯乳油 4 种除草剂均未检出。对可以使用的乙草胺、苯磺隆、莠去津、羟基莠去津、二甲戊灵、异噁草松 6 种除草剂，除羟基莠去津土壤残留量为 0.7 毫克/千克外，其余均未检出。

2. 甘肃省农药流失污染情况

全国第一次污染源普查结果显示，甘肃省 14 市（州）农药总流失量为 84.8 千克/年，其中以陇南、天水、白银市农药流失量较大，分别为 29.1、10.8、8.6 千克/年，分别占总流失量的 34.3%、12.7%、10.1%；临夏、定西、庆阳、兰州市农药流失量较大，占全省农药总流失量的比值均在 5%以上；其余市（州）农药流失量相对较小，其中酒泉、嘉峪关市农药流失量占全省农药总流失量的比值均在 1%以下（见图 2）。

三 农药减施形势与任务要求

（一）农药减施形势

近年来，随着病虫害防治难度的不断增加，盲目用药、滥用农药现象屡禁不止。而不断上升的农药使用量，不仅增加了生产成本，也严重影响农产

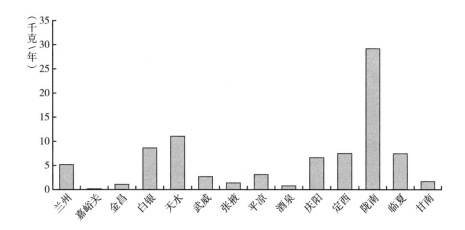

图2　甘肃省各市、州农药流失污染情况

品质量安全和生态环境安全。因此，减施农药势在必行，也是当务之急，主要表现在以下几个方面。

1. 绿色防控措施缺乏

气候原因及栽培方式导致的农作物病虫害多发、频发、重发态势，是农药用量增加的主要原因。据统计，我国农作物病、虫、草、鼠害发生面积2013年比2003年增长21%。如果仅依赖化学农药防治，容易造成病虫抗药性增强，出现农药越打越多、病虫越防越难的局面。而在科学使用化学农药的同时，注重保护和利用天敌，实施生物、物理防治等绿色防控措施，可有效遏制病虫害加重的态势，实现可持续治理。

2. 农产品质量安全形势严峻

目前，化学防治仍是农作物病虫草害防治的最主要手段。但不合理使用化学农药，导致农产品农药残留超标问题普遍存在，严重威胁农产品质量安全。因此，实现农药减量使用、科学使用，注重源头治理、标本兼治，控制农药残留，是保障农产品质量安全的有效手段。

3. 农业生产成本增加

目前，农药仍是农业生产中重要的投入品。而且，农药施用过程需大量人工，过量施药必然增加经济投入和人工投入，造成农业生产成本增加。据

调查，2012 年蔬菜、苹果农药使用成本均比 2002 年提高 90% 左右。因此，集成推广绿色防控技术，大力推进统防统治，可有效降低生产成本，实现提质增效。

4. 农药平均利用率低

目前，我国农药平均利用率仅为 35%，大部分农药通过径流、渗漏、飘移等流失，污染土壤、水环境，影响农田生态环境安全。因此，实施农药减量控害，改进施药方式，有助于减轻农业面源污染，保护农田生态环境，促进生产与生态协调发展。

（二）农药减施的任务要求

农药是重要的农业生产资料，对促进农业稳产高产至关重要。为推进农业发展方式转变，有效控制农药使用量，保障农业生产安全、农产品质量安全和生态环境安全，促进农业可持续发展，近年来农业部连续发布了《关于加强推进现代植物保护体系建设的意见》《农作物病虫专业化统防统治与绿色防控融合推进试点方案》《到 2020 年农药使用零增长行动方案》，对农药减施增效提出明确要求。一是统防统治。主要农作物病虫害专业化统防统治覆盖率达到 40% 以上、比 2014 年提高 10 个百分点，粮棉油糖等作物高产创建示范区、园艺作物标准园全覆盖。二是科学用药。主要农作物农药利用率达到 40% 以上、比 2013 年提高 5 个百分点，高效低毒低残留农药比例明显提高。三是绿色防控。主要农作物病虫害生物、物理防治覆盖率达到 30% 以上、比 2014 年提高 10 个百分点，大中城市蔬菜基地、南菜北运蔬菜基地、北方设施蔬菜基地、园艺作物标准园全覆盖。力争到 2020 年，初步建立资源节约型、环境友好型病虫害可持续治理技术体系，科学用药水平明显提升，单位防治面积农药使用量控制在近三年的平均水平以下，农药使用总量实现零增长。

四 甘肃省农药减施增效研究成果

甘肃省为了减施农药，杜绝单纯用药防治病、虫、杂草，避免造成对作物或农产品的药害，减轻农药残留对环境造成的污染，保障人畜安全，为此开展了农药复配利用、生物防治、生态防控以及植物源农药等多项绿色防控技术研究，取得了一定的效果。

（一）农药复配制剂的研究与应用

农药合理混用和复配在增强防效、克服抗性、减少施药量、增加经济效益上越来越受到重视，可以说农药的合理复配混用，已成为一个国家农药加工及用药水平高低的标志之一。农药复配混用最常见的是在工厂里将各种有效成分和各种助剂、添加剂按一定比例混配在一起，加工成一定剂型，直接使用。1882年在法国出现的波尔多液，就是最早出现的复配制剂，至今仍在广泛使用。20世纪30年代出现20多个混用品种，如砷酸铅与硫黄粉、砷酸钙与波尔多液混用，不仅能防治咀嚼式口器的害虫，还能兼治多种病害。随着有机合成药剂的迅速发展，农药的复配制剂也日益丰富起来，科研人员研发出许多杀虫混剂、杀菌混剂、杀菌与杀虫混剂和除草混剂等，飞机"超低容量"喷雾所用药剂就是复配剂型。同时，"超低容量"喷雾是利用特别高效的喷雾机械将极少量的药液雾化成直径在50～100微米极细小的雾滴，使之均匀地覆盖在有病虫的植物体上的一种喷雾方法，该喷雾方法每公顷喷药量在5升以下，兑水量少，药液浓度高，喷量小，药效不减。

1977年5月，甘肃省农业科学院植物保护研究所与省内外八家单位协作，首次在高台县应用乐果—缩乙二醇复配油剂，进行了飞机超低容量喷雾防治麦蚜的试验与生产防治示范。以每公顷喷有效成分331.5～337.5克比较适宜。生产防治示范面积达1万余公顷，48小时灭蚜效果达97%以上，有效期较长，而且功效高，用药量减少，比大容量喷雾节省用药20%～30%，成本低，同时也有效地控制了由蚜虫传播的小麦黄矮病的发生。

（二）生物防治技术开发研究与应用

利用害虫的天敌来防治害虫，或利用微生物防治害虫，或利用抗菌素防治病害的方法，被称为病虫害的生物防治。害虫的天敌包括捕食性天敌、寄

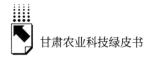

生性天敌和害虫的致病微生物。甘肃省对病虫害的生物防治技术的开发研究应用主要基于以下几方面。

1. 昆虫病原微生物研究和利用

甘肃省农业科学院植物保护研究所 1978 年开展了利用病原细菌防治农林害虫的研究。从高台县南湾六队梨树上采回罹病致死的梅白蝶（Aporia crataegi Linnaeus）幼虫，分离出一株产晶体毒素的芽孢杆菌；从黄褐天幕毛虫（Malacosomaneustria testia Motschulsky）幼虫病尸体，分离出又一株产晶体毒素的芽孢杆菌，经过形态特征、生理生化反应、酯酶分析、血清学反应等研究鉴定，分别定名为苏云金杆菌武汉变种甘肃品系（Bacillus thuringiensis Var. Wuhanesis gansu 7805）和苏云金杆菌蜡螟变种（B. thuringiensis Var. galleriae 7822）。对两种菌株分别进行了土法生产制成土产品和工业发酵生产制成工业菌粉。通过对菜粉蝶、梅白蝶、沙枣尺蠖等害虫的室内药效测定和田间药效试验，防虫效果十分显著。

1977 年以来，先后在甘肃武威、兰州、天水、陇南及河南内乡、贵州铜仁、云南昆明等地，进行数十次试验和大田防治示范，结果表明，应用 7805 杀虫菌和 7822 杀虫菌（每毫升含芽孢 0.5 亿）的菌液喷雾防治梅白蝶幼虫，药后 5 天防虫效果为 82.4% ~ 94.7%；应用上述菌液防治菜粉蝶幼虫，施药后 3 天防虫效果达 92.5% ~ 100%；防治沙枣尺蠖幼虫，施药后 4 天防治效果达 90.9% ~ 100%；防治稻苞虫幼虫，施药后 5 天防效为 80.7% ~ 91.3%。此外，应用 7805 杀虫菌和 7822 杀虫菌，每毫升含芽孢 0.5 亿 ~ 1 亿的菌液喷雾，防治黏虫、玉米螟、甘蓝夜蛾、天幕毛虫、麦穗夜蛾等 13 种农林害虫，防效均达 80% 以上。

甘肃农业大学草业学院从不同生态环境土壤中分离出深绿木霉 T_2 菌株，该菌株通过浸渍法处理线虫，防治线虫效果不次于阿维菌素。同时，深绿木霉制剂对促进小麦、黄瓜等作物的发芽及生长具有良好作用。

甘肃省农业科学院植物保护研究所曾与吉林省农业科学院合作，进行应用研制筛选出的农用抗菌素"769"防治禾谷类黑穗病的试验研究，对谷粒黑穗病做不同剂量的处理，应用"769"土产品 20 ~ 30 倍浸出液拌闷种，防治谷粒黑穗病效果与赛力散按种重0.3%拌种效果相当。工业品的不同处理方法表明，"769"粉剂按种重0.5%～0.7%拌种与工业品原粉1∶75～1∶100倍浸泡液拌闷种防效接近，均达95%以上。大田示范结果显示，用农抗"769"工业粉剂按种重0.5%拌种与工业品原粉1∶75倍浸出液拌闷种，防效分别达94.29%、98.17%，每公顷挽回粮食损失556.5千克，投入产出比达11.03，多个省份的大面积推广应用证明，这是一种很好的代汞制剂生物农药。

2. 昆虫病原线虫的研究和利用

昆虫病原线虫作为一种生物杀虫剂，对寄主的专化性极强，且不同种类甚至品系对相同寄主的致病力也不尽相同，在防治农林、草地及花卉地下害虫中的作用越来越显著。甘肃农业大学草业学院对甘肃昆虫病原线虫进行了调查研究，共鉴定出昆虫病原线虫8种，发现国内新纪录4种，筛选出对草地蛴螬具有较高致病力的病原线虫（S. Hfeltiae 0619HT品系，H. megidis 0627M品系和B0657L），并对前两种品系的液体发酵技术进行了优化，组建了最佳繁殖技术体系。经田间试验发现，此二品系对草地蛴螬防治效果达80%以上，并在平凉、天水和临夏进行了大田示范。

3. 害虫、害螨天敌昆虫（螨）的调查和研究利用

甘肃省农业科学院植物保护研究所通过多年来对花椒害虫及其他有害动物的天敌的调查研究，查明了花椒害虫、害螨天敌昆虫有74种，隶属1门、1纲、7目，其中以鞘翅目、膜翅目天敌昆虫最多，双翅目、脉翅目、半翅目、蜱螨目天敌昆虫（螨）次之，鳞翅目、缨翅目天敌昆虫最少。天敌微生物有13种，其中以真菌最多，细菌次之，病毒最少。此外，寄生线虫2种，鸟类5种。通过对苹果害虫及其他有害动物天敌的调查，查明了苹果害虫、害螨天敌昆虫234种，隶属1门、2纲、12目、47科，其中以膜翅目天敌昆虫最多，达76种，半翅目、鞘翅目、双翅目、脉翅目天敌昆虫次之，分别为21～40种，鳞翅目、蜻蜓目、螳螂目、直翅目、革翅目及蜱螨目天敌较少。天敌微生物有20种，以害虫病原真菌最多，病原细菌次之，病原病毒较少。此外，害虫寄生线虫有5种，捕食害虫的鸟类有9种。

瓢虫是农林害虫的重要天敌，甘肃省农科院植物保护研究所刘月英调查发现，甘肃瓢虫共有 32 属 76 种，发现甘肃新纪录种 5 个。李书文等研究了十三星瓢虫和龟纹瓢虫对萝卜蚜的捕食作用。武德功和杜军利等分别研究了七星瓢虫、异色瓢虫和多异瓢虫对豌豆蚜的捕食作用。王建梅等研究了伞裙追寄蝇对黏虫幼虫的寄生功能反应。杨红燕等对黑条帕寄蝇的生物学特性进行了研究。

直绥螨是叶螨、瘿螨、跗线螨和蓟马、介壳虫等螨类、害虫的重要天敌。张亚玲报道了甘肃植绥螨 6 个新纪录种，即香港植绥螨、椿花植绥螨、武夷纯绥螨、拉氏小新绥螨、大黑拟盲走螨、异毛拟盲走螨。在天敌利用方面，崔小宁和郑开福分别研究了巴氏纯绥螨和芬兰真绥螨对截形叶螨的捕食作用，发现两种捕食螨对截形叶螨卵和若螨的捕食能力较强，因此在应用上应在叶螨产卵盛期和若螨发生盛期释放捕食螨，效果最好。

（三）生态防治研究与应用

农作物病害、虫害、杂草的发生与消长，同周围环境条件有密切关系。随着耕作制度的改革，大搞农田基本建设，推广良种和提高栽培技术，农业生态条件发生了较大改变。因此，病害、虫害、杂草的发生与危害也随之发生了变化，有些因不能适应新的环境条件而受到抑制，有些则由于环境条件的改变有利于它的发生发展而猖獗起来。

20 多年来，甘肃省小麦、玉米、蔬菜等作物推广地膜栽培，对甘肃省干旱缺水地区农作物增产起到了显著效果。由于作物覆盖地膜后保湿、增温，有利于作物生长，同时也有利于膜内杂草生长，杂草茂盛者常将地膜顶起，甚至使之破裂，影响了覆膜的效果。为了解决这个问题，在开展玉米、小麦、番茄等作物除草研究的同时，研究利用不同颜色的地膜进行除草试验。结果证明，黑色地膜除草效果（达 95% 以上）最好，灰色地膜次之，其他红膜、黄膜等较差。

河西走廊亚麻田菟丝子曾一度危害严重，由于实行轮作倒茬、深翻土地与精选种子等，亚麻菟丝子危害显著减轻。永昌北海子野燕麦草危害严重时，由于实行以"四四制"种植法为主要内容的耕作改制，即 1/4 春小麦种植在马铃薯、蚕豆的好茬上，1/4 春小麦种植在深耕地上，1/4 春小麦实行宽行种植（便于用锄突击除草），1/4 种冬小麦（冬小麦返青后生长快，可抑制野燕麦生长）。这不仅控制了野燕麦草的繁殖蔓延，而且有利于减轻病虫的危害，同时又能调节用水用肥。

（四）植物源农药的开发研究和利用

植物源农药，大多是从天然有毒植物中分离得到具有杀虫活性的物质，经过加工制成植物源杀虫剂农药，如已推广使用的苦参碱、鱼藤酮、除虫菊素等。植物源杀虫剂杀虫广谱，具有触杀、胃毒作用，无内吸性、无熏蒸作用，见光易分解，在空气中易氧化，在作物上残留时间短，对环境无污染，对天敌安全，对害虫活性高，但作用速度比化学农药慢，一般药后 3 天才可见效。

近年来，甘肃省部分大专院校和科研单位开展了植物源农药的研发和推广应用，取得了可喜的成果。其中兰州交通大学化工学院利用植物提取物研究开发出 8 种杀虫、杀菌专用型植物源农药，"植丰宁""植富宁""世纪植丰宁"已通过国家工商局注册、备案。"植丰宁"系列产品已获得农业部药检所正式登记，并在全国大多数省份大面积推广使用。甘肃省农业科学院植物保护研究所从 152 种植物中筛选出可用于植物源农药开发的红蓼、紫花曼陀罗等 18 种植物；研制出 35% 紫花曼陀罗油乳剂、35% 假酸浆油乳剂、35% 泽漆油乳剂等 8 种新型植物源杀虫剂，对棉蚜、桃蚜和朱砂叶螨防治效果好。研制出的 20% 天然皂素溶液、35% 黄芪素溶液和 35% 黄花棘豆素溶液等 3 种新型植物源农药表面活性剂已获得 5 项国家发明专利。

甘肃农业大学草业学院经对天然草地的 28 种有毒植物的生物活性测定，筛选出乳浆大戟、毛茛等 6 种对黏虫具有较强的拒食和生长发育抑制作用的有毒植物，并从苍耳丙酮提取物中分离获得 11 种化合物，研制出 30% 苍耳素乳油，对番茄灰霉病、白粉病及黄瓜枯萎病等病害均具有较好的防治效

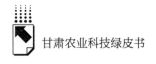

果。此外，甘肃国力生物科技有限公司开发出 9.5% 狼毒素母液和 1.6% 狼毒水乳剂，防虫效果很好。

五 对今后甘肃农药减施的几点建议

（一）加强农药生产和使用管理

职能部门以立法或规章形式，对农药生产与销售进行严格管理；限制不安全农药的生产销售；严格遵守农药对作物的安全间隔期规定，杜绝违规使用农药，减少农药残留。同时，研发简便、高效农药监测仪器，对农产品农药残留情况进行随机监测，并加以管理约束。建立资源节约型、环境友好型病虫害可持续治理技术体系，实现农药用量零增长。要重点加强政策扶持，发挥专家作用，并构建病虫监测预警体系，推进统防统治、科学用药和绿色防控。

（二）举办植物保护或农药培训班

根据不少农户缺乏科学施药技术，单纯依赖化学农药，盲目用药防治病、虫、草害的现状，建议各级农业科研和农技推广部门结合农时季节举办基层植物保护或农药使用技术培训班，使广大农民掌握病、虫、草害的发生规律，确定防治适合期，同时，要根据病、虫种类及其生活习性和发生特点，选用高效、低毒农药及相关施药技术，克服盲目用药，见虫就打药，甚至不见虫就打"保险药"的现状，做到减少喷药次数、减少用药量。克服用量超标问题，减少环境污染和人畜中毒，使农产品的质量安全得到保障。

（三）大力提倡生物防治

注重天敌保护、利用，提倡以虫治虫、以菌治虫、以菌治菌的生物防治技术。甘肃省农田天敌资源丰富，实地调查研究发现，仅苹果园天敌就达234 种，有效保护、利用天敌，可达到以益控害的目的。如在靠近果园的田地打药时，应选择辟蚜雾、马拉硫磷、乙酰甲胺磷、戊菊酯等对天敌影响小的农药品种，使大量的瓢虫、草蛉、蚜茧蜂等天敌迁移到果园，对蚜虫、叶螨等产生抑制作用。果园内种植蜜源植物和牧草，可以改善天敌生存环境，增加其食料来源，提高天敌种群密度。建议有条件的单位饲养和释放广赤眼蜂、金小蜂、草蛉和瓢虫害虫天敌等，既可收到较好的防虫效果，也可减少使用化学农药。

（四）进一步加强生物源农药研发和创制

甘肃对生物源农药的研发取得了一定成效，建议应加快对已筛选出的昆虫病原线虫、木霉菌等生物农药的产业化进程，改进和完善生产工艺流程，开发最佳使用剂型，开展室内生测、田间药效和环境安全评估等各项试验，尽快实现产品的商品化，并投放市场。建议对已筛选出的具有较好杀虫防病效果的植物源粗提物进行分离提纯，完善工艺，明确作用机理；对其活性成分进行测定与结构分析，分离出活性先导化合物，从而研发创制出新型、低毒、高效、低残留的农药。

（五）大力发展推广调控农药

调控农药主要包括三类。一是调节害虫生长发育的调节剂，如我国目前应用广泛的有防治叶蝉、飞虱类的噻嗪酮及防治林果害虫的灭幼脲类等。二是阻碍或抑制害虫取食危害的昆虫拒食剂和忌避剂，如抑食肼等。三是用来诱杀害虫和干扰害虫正常行为的性外激素，如已经大面积应用的棉铃虫、红铃虫、小菜蛾和桃小食心虫性引诱剂。此类防治方法无公害，不用化学农药，是今后防治农林害虫的主要发展方向。

（六）大力推广农田覆盖黑色地膜

黑色地膜透光率小，能使膜下杂草无法正常生长而死亡，可省工、省药、降低田间管理成本，并避免农药污染，有利于生态环境保护与食品安全。黑色地膜比白色地膜耐老化，使用后易回收，可减少塑料薄膜对农田的污染。黑色地膜保湿、增温性能与除草效果稳定可靠，露天和日光温室内使用，增产、增收效果都很显著。虽然经过多年的推广，但是应用力度还不够，建议有关农业科研、推广部门，协同地膜生产厂家，大力宣传、推广黑色地膜的应用，为农药减施增效和农业增产、增收做出更大贡献。

鉴于上述情况，在大力开展农药减施的过程中，各地还应充分发动群众，密切注意病虫杂草害的发生规律与消长动态，对新发生的病、虫、草害要有高度警惕性，认真贯彻"预防为主、综合防治"的植保方针，首先要把好植物检疫关，加强群众性的预测预报工作；其次还要把抗病、抗虫品种的选育和利用、农业技术措施和天敌利用等与农药防治有机结合起来。综合防治搞好了，农药减施才能落到实处。

参考文献

郭志杰、罗进仓等：《甘肃植物保护科技发展研究报告》，魏胜文等编《甘肃农业科技发展研究报告》，社会科学文献出版社，2016。

张炳炎：《农抗"769"防治谷粒黑穗病试验研究》，张炳炎著《甘肃农业病虫杂草及其防控技术研究与推广原色图谱》，甘肃文化出版社，2013。

张炳炎：《花椒害虫及其他有害动物天敌名录》，载《花椒病虫害及其防治》，甘肃文化出版社，2003。

张炳炎：《苹果病虫及其他有害动物天敌名录》，张炳炎著《甘肃农业病虫杂草及其防控技术研究与推广原色图谱》，甘肃文化出版社，2013。

孙艳侠、曹翔翔：《无公害蔬菜生产过程中农药控制技术》，《现代农业科技》2004年第5期。

戈峰、曹东风、李典谟等：《我国化学农药使用的生态风险性及其减少对策》，《中国植保导刊》1997年第2期。

徐国良、秦立者、杜纪壮等：《太行山区有机苹果园主要病虫防控技术探讨》，《河北农业科学》2012年第5期。

G.10
甘肃省农膜残留与防治研究报告

李崇霄　赵记军　周　涛　胡玉洁*

摘　要： 甘肃是全国典型的旱作农业区，农膜的广泛应用为甘肃农村经济和社会发展做出了重大贡献，但随之产生的废旧农膜对环境造成的"白色污染"也不容忽视。强化源头防控、政府扶持引导、企业市场运作、行政监管推动、技术支撑保障、法规引领规范，是解决地膜残留污染问题、促进农田残膜回收和资源化利用、改善重点用膜地区农村生产生活环境的有效途径。

关键词： 废旧农膜　残留防控　资源化利用　甘肃省

一　前言

甘肃是全国典型的旱作农业区，水资源短缺是制约农业生产发展的瓶颈。自20世纪70年代末引进农用地膜覆盖栽培技术后，其显著的抗旱、保墒、增温、增产功能，带动了农业生产方式的改变和农业生产力的提高，为甘肃农业增效、农民增收发挥了突出作用。随着地膜应用范

---

* 李崇霄，高级农艺师，甘肃省农业生态环境保护管理站副站长，长期从事农业生态环境保护政策研究、技术推广与行政管理工作；赵记军，甘肃省农业生态环境保护管理站，主要从事农业环境保护工作；周涛，甘肃省农业生态环境保护管理站，从事农药面源污染综合防控工作；胡玉洁，甘肃省农业生态环境保护管理站，主要从事农业生态环境保护及废旧农膜回收利用方面的工作。

围的逐渐扩大，残留地膜对人居环境的"视觉污染"问题突出，对土壤环境的潜在威胁日趋严重。废旧地膜作为一种可再生利用的宝贵资源，回收则利，弃之则害。甘肃对此认识早、谋划远、措施实，经过几年的探索、实践和创新，总结出了"强化源头防控、政府扶持引导、企业市场运作、行政监管推动、技术支撑保障、法规引领规范"这一解决地膜残留污染问题、促进农田残膜回收和资源化利用的有效途径，基本形成了"地膜增产增收、废膜回收利用、资源变废为宝、农业循环发展"的绿色农业发展模式，有效防控了废旧地膜残留带来的环境问题，有力地推动了全省重点用膜地区农村生产生活环境的改善。

二 甘肃地膜应用现状

（一）地膜覆盖技术的发展历程

甘肃对地膜覆盖栽培技术的引进和试验位于全国先列。自 20 世纪 70 年代末以来，地膜覆盖的研究与应用大致经历了试验（1979～1984 年）、起步（1985～1995 年）、稳步发展（1996～2002 年）和创新发展（2003 年至今）四个阶段。覆盖作物由过去单一蔬菜发展到主要粮食作物和经济作物上；覆盖时间有春播覆膜、秋覆膜和早春顶凌覆膜；覆膜方式以半膜覆盖、全膜覆盖为主；播种方式既有平铺穴播，也有垄作沟播，推广了膜侧沟播、双垄沟播、全膜双垄沟播等技术。总体而言，甘肃地膜覆盖栽培理论研究由多点探索发展到全面延伸，研究成果得到了充分综合集成，推广速度和效益均达到了一定的高度。

（二）地膜覆盖技术的突出作用

甘肃自然条件严酷，年均降水量 300 毫米左右，且季节分布不均，水资源短缺是甘肃农业发展的最大制约因素，粮食生产长期低而不稳。由于地膜覆盖栽培技术具有显著的抗旱节水、增温保墒、增产增收作用，有效弥补了气候条件的不足，因而在主要粮食作物上得到推广，覆盖面积也逐年扩大，2016 年，全省地膜覆盖面积已达 187 万公顷，地膜使用量 17.9 万吨。特别是全膜双垄沟播技术的推广应用，使甘肃玉米适种海拔高度得以提升，由原来的 1800 米提高到 2300 米以内，种植面积扩大了 47 万公顷左右，破解了长期制约甘肃旱作农业发展的缺水瓶颈，使冷凉地区积温不足的劣势得以缓解和消除。据甘肃农业部门测算，旱作农业区通过地膜覆盖栽培，小麦单产可增加 1500 千克/公顷，玉米单产可增加 3750 千克/公顷，马铃薯单产可增加 7500 千克/公顷。地膜覆盖栽培技术的普及推广，为甘肃省自然条件尤为艰苦的旱作农业区实现经济社会稳步发展做出了重大贡献。

三　地膜负面效应

（一）残留基本情况

地膜在自然条件下很难降解，可以残存在土壤中长达数百年。其危害性主要有：一是破坏土壤结构，降低耕地质量。耕层土壤中的残留地膜，可导致土壤孔隙度、通透性降低，抑制土壤空气循环与交换，进而影响土壤水分、养分的供应。研究发现，当地膜残留量从每公顷 0 公斤提高到 225 公斤时，土壤容重增加 18.2%，土壤孔隙度降低 13.8%，土壤水分下渗速度不足正常土壤的三分之二，农田残膜导致地下水难以下渗，易造成土壤次生盐碱化。二是影响出苗率，造成减产。土壤耕层中的残膜量较大时，种子播在残膜上或种子表面被残膜覆压的概率大大增加，种芽或根系难以穿透地膜从而影响出苗率。调查表明，地膜污染区棉花出苗率平均降低 5.1%，主根缩短 2~4 厘米，现蕾时间平均推迟 3 天。三是影响农机作业质量。农田地膜主要残留于 0~20 厘米的耕层土壤，残膜不仅易缠绕犁铧，而且还易堵塞播种机排种器和中耕施肥机排肥器，影响播种和施肥质量。四是污染农业农村环境。大量残膜被随意弃置，随风四处飘散，造成

资源浪费的同时，严重影响村容村貌与农田景观。五是危害牲畜健康。残膜与秸秆、牧草混在一起，常被牲畜误食，轻者造成其消化不良，重者导致死亡。

根据甘肃省第一次污染源普查结果和2012～2014年在全省78个监测点监测的地膜残留污染调查情况，全省主要种植作物和用膜地区均有不同程度的地膜残留。影响地膜残留量的因素众多，地膜厚度、种植模式、地膜重复利用等是主要因素。农田残膜具有层次性、累积性和不规则形的特点。土壤越深，残膜越少，农田地膜主要残留在浅层农田土壤中。正宁县的调查结果：0～10厘米土层地膜残留量占79.6%，10～20厘米土层地膜残留量占9.5%，20～30厘米土层地膜残留量占3.6%。地膜残留污染的累积性主要表现为覆膜方式不同，残留量不同，全膜大于半膜；地膜厚度不同，残留量不同，超薄地膜大于厚膜；年限不同，残留量不同，覆膜年限越长，地膜残留量越大。土壤中残留地膜主要有片状、卷缩圆筒状和球状等，形态多种多样，大小不一，以小于4平方厘米最多，主要集中在0～20厘米浅层土壤中。2016年，甘肃省农业生态环境保护管理站设立了20个国控监测点对全省农田残留地膜进行了监测，数据表明，0～20厘米耕层土壤中的地膜残留量为0～151.8千克/公顷。

（二）成因分析

一是农膜质量差。工业和信息化部公告《农用薄膜行业准入条件》（工消费〔2009〕第73号），至今出台已八年多，但执行不力，导致市场上地膜质量参差不齐。目前国内拥有近千家农膜生产企业，年生产能力200多万吨，但大型骨干企业仅有30多家。甘肃省有近30家农膜生产企业，但年产万吨以上、技术设备工艺等先进的企业为数不多。由于准入门槛低、大中型企业少，而民营个体企业占有相当比例，农膜生产与销售市场比较混乱，农膜质量参差不齐。长期以来，农民为降低生产成本，普遍选择使用厚度低于0.008毫米的超薄地膜，生产企业为迎合农民的实际需求，大量生产销售此类地膜，致使超薄地膜一度在市场上大为畅销。使用此类地膜后，人工捡拾或机械回收、清除废旧地膜均存在相当难度。实践证明，超薄地膜的大量使用是地膜残留污染的主要原因。

二是聚乙烯的难分解性。目前广泛使用的农用地膜，其主要生产原料为聚乙烯，并适当添加抗紫外线、抗氧化及抗老化等助剂，具有分子量大、性能稳定、耐化学侵蚀和能缓冲冷热等特性，残留在土壤中，即使经过上百年，自然条件下也很难降解。

三是残膜的回收成本高。目前，地膜回收仍以人工捡拾为主，机械回收比例不足30%。人工捡拾费时费力，效率低下。据调查，1个劳动力1天最多可回收0.2公顷耕地的残膜。经过多年的宣传引导，农民捡拾清理农田残膜的意识虽然普遍有所提高，但残膜回收价格长期持续低迷，难以调动农民的回收交售积极性，有的农民将从农田捡拾清理出的残膜，随意弃置于路边、田埂、沟渠，甚至与根茬混在一起直接焚烧。

四　地膜残留防控技术

（一）不同类型可降解地膜比较

用新的可降解、无污染的材料取代传统地膜，是国际上研究的新方向。目前国内外主要研究出以下几类可降解地膜：一是光降解地膜。该地膜主要采用在合成树脂中加入光敏剂的方法进行生产，但根据其降解原理，此类地膜初期降解后的碎片进入土壤后，由于与光线隔绝，失去了降解的基本条件，日积月累，对土壤的污染只会越来越重。二是完全生物降解地膜。该地膜以纤维素、直链淀粉等天然高分子为原料，虽然降解不存在问题，但加工难度大，力学性能和耐水性能相对较差，安全覆盖时间较短，使用成本居高不下。三是将微生物敏感物质（如淀粉）与合成树脂共混，同时引入光敏剂生产的光－生物降解地膜（又称双降解地膜）。其降解原理主要是在光敏剂的作用下，将高分子的合成树脂降解为低分子化合物，同时，加入的微生物敏感物质可被土壤微生物降解。但光敏剂中多含有重金属元素，可能会对土壤造成二次污染。目前，可降解地膜成本普遍高于传统聚乙烯地膜，很难在低产值作物生产中进行推广和应用。纵观国内外有关降解地膜的文献资料，只要地膜中含有 PE 或 PVC 等材料均不可能完全降解，仍会以不同的形式一直残留在土壤中，造成污染。

（二）高标准传统地膜研发

目前，国际上地膜厚度多为 0.015 毫米，美国和西方国家农膜厚度一般在 0.020 毫米以上，纵横向拉伸强度 ≥ 1.7 兆帕，断裂伸长率 ≥ 200%，较厚的地膜拉伸性能和韧性都更好，不容易破损，确保了使用后卷膜回收及二次利用价值。我国现行地膜生产标准规定的地膜厚度最低标准为 0.008 毫米，其他如抗拉伸强度、抗老化等指标也相对较低，该标准下生产的地膜薄、易碎、难以回收。针对普通国标地膜物理指标低、耐候期短、使用后自然老化、回收困难的实际，甘肃省农牧厅联合省内大型地膜生产企业，通过对农膜设备、挤出模具、工艺配方改进创新，经过几年的不断试验和工艺配方筛选，采用科学先进合理的工艺参数以及多年娴熟的操作技艺，成功研制出高标准可回收地膜。该产品采用了适合干旱高寒地带薄型地膜延长寿命的高性能紫外线吸收剂、长效光稳定剂、热稳定剂等制成的耐老化母料等，耐候地膜产品各项性能远远优于聚乙烯吹塑农用地膜覆盖薄膜国家标准（GB13735 - 1992）III 类优等品指标（见表 1），使用期达 36 个月，使用后断裂伸长率保留在220% 以上，完全具备机械卷膜回收要求，使残膜回收率提高到 95% 以上。同时，通过对农膜生产工艺进行改进，加装静电消除装置，在不增加产品制造成本的同时，消除农膜表面静电，减小覆膜后对泥沙灰尘的表面吸附强度，使回收后的残膜能够清洗干净，大幅度提高了回收再生料的质量品质，拓宽了再利用渠道，使得下游深加工产品质量符合使用要求，有效利用了资源。以此为基础，2014 年，甘肃省农牧厅联合省质量技术监督局发布实施了甘肃省农用地膜生产的地方标准（DB62/2443 - 2014）。

表1　国内外不同技术标准地膜比较

指标	国标 （GB13735 – 1992）	日本标准 （JISK6781 – 1994）	甘肃地标 （DB62/2443 – 2014）
最低厚度（毫米）	Ⅳ0.008	5 种 0.020	Ⅱ0.010
厚度极限偏差（毫米）	优等品 ±0.002 一等、合格品 ±0.003	±0.005	±0.002
平均厚度偏差（%）	优等 ±10 一等、合格 ±15	±15	±10
推荐覆盖使用时间（天）	≥50	—	≥360
拉伸负荷（纵向、横向）（兆帕）	≥1.3	≥1.47	≥1.7(使用后≥1.0)
断裂伸长率（纵向、横向）（%）	≥120	≥150	≥180(使用后≥100)
直角撕裂负荷（纵向、横向）（兆帕）	≥0.5	≥0.78	≥0.7

（三）地膜机械化回收技术研究

尽管人工捡拾劳动强度较大，回收效率较低，但捡拾出的地膜含根茬、土块等杂物较少，相对干净，有利于加工企业回收利用。但随着地膜的大量使用及大面积典型覆膜方式的推广，废旧地膜人工捡拾回收费时费力问题越来越突出，迫切需要研发机械拾膜农机具替代人工捡拾方式，提高回收效率。随着土地规模化经营的发展和主要农作物全程机械化行动的推进，废旧地膜实行机械回收势在必行。机械回收的首要前提就是地膜强度要满足可回收性。地膜厚度与回收率关系试验结果表明（见表2），当地膜厚度由0.007毫米逐渐增大到0.014毫米时，地膜抗拉强度由4.92兆帕增加至14.45兆帕，地膜拉伸率由50%增加至145%，残膜机械回收率从76%增加至94.8%，特别是当地膜厚度增大到0.010毫米时，残膜机械回收率已达到90%上，已经能够很好地满足机械回收的需要。

近年来，甘肃省农牧厅依托省级财政废旧农膜回收利用项目，支持省内农机具生产企业和研发单位，研制出了"弹齿伸缩式废膜捡拾机、弹齿搂耙式地膜捡拾机、螺旋滚筒式残膜捡拾机、振动筛式残膜捡拾机、捡膜整地联合作业机"等机型。但从实际应用情况看，由于受地膜规格、产品质量、使用年限、种植地块、种植方式等因素的影响，大面积推广应用农膜捡拾机械还存在一些困难和问题：一是机具技术含量低，仅能捡拾废膜，废膜中包含大量秸秆、根茬、土块和杂草等杂质，不能被回收利用；二是适应性不强、可靠性较差、效率较低，农户接受程度不高，推广应用不理想；三是由于不同地域、作物的种植模式千差万别，加之地膜规格标准低，使用后的地膜已风化成碎片，给机具研发和使用增加了难度。地膜回收机械研发和推广仍任重而道远。

表 2　地膜质量与回收率关系

地膜厚度 （毫米）	抗拉强度 （兆帕）	地膜拉伸率 （%）	残膜人工捡拾率 （%）	残膜机械回收率 （%）
0.007	4.92	50	80.0	76.0
0.008	7.13	88	90.5	82.8
0.009	7.52	100	90.5	83.4
0.010	9.10	120	95.3	91.0
0.012	10.88	138	97.2	92.5
0.014	14.45	145	97.8	94.8

资料来源：甘肃省农业机械鉴定站；试验机具：1MFJG - 125A 型残膜回收机；试验方法：《农田废膜捡拾机 JB/T10363 - 2002》。

（四）地膜资源化利用技术研究

农田残膜回收与资源化利用体系涉及地膜使用、捡拾回收与资源化利用三个重要环节。地膜的厚度、拉伸强度及抗老化性等相关性能指标，直接关系地膜的可回收性；建立加工企业和方便交售的回收网点，并以利益为驱动，只有调动个人、集体、企业等捡拾回收残膜的主动性和积极性，保证资源化利用企业的原料供应，才能使捡拾回收的农田残膜成为有价商品，并作为再生资源得到循环利用。残膜加工企业是开展废旧农膜回收利用工作的主体，只有加强加工企业和市场培育，才能从根本上推动废旧地膜回收和加工两个环节的工作开展。2011 年以来，为促进农田残膜回收与资源化利用体系构建，甘肃省在全省主要用膜地区扶持建设了一批残膜加工企业和回收网点，有力促进了废旧地膜的回收利用，2016年废旧地膜的回收利用率已达到78.6%，较2011年提高21.5个百分点，棚膜基本做到了全回收。同时，回收废旧地膜按一定工序处理后，可进行综合利用（见图1）。

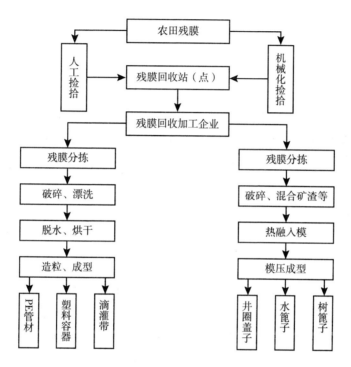

图1 甘肃省农田残膜回收与综合利用模式

五 甘肃地膜残留污染防控机制

近年来，甘肃省针对地膜大量使用带来的回收难、污染重等问题，综合运用行政手段、市场手段、技术手段和法制手段，探索建立了解决地膜残留污染问题、促进农田残膜回收和资源化利用的长效机制。

（一）行政手段

行政推动是经济欠发达地区防控地膜残留的有效方式。甘肃省委、省政府高度重视废旧农膜回收利用工作，并将废旧地膜回收利用工作列入了省委1号文件和省政府重点工作目标责任制中，明确指出要将废旧农膜回收利用工作纳入生态保护考核指标体系，各级政府要对废旧农膜回收利用与地膜覆盖技术推广工作实行目标管理，对监管不力、工作不到位、农田地膜残留问题突出的地区，要适时公开曝光并行政问责，严格落实属地化管理责任，层层传导压力，落实乡、村两级农膜回收工作责任。与此同时，甘肃在全省100万公顷旱作农业项目实施中，每年整合数亿元资金，对农民使用0.01毫米以上地膜的，按每公顷30千克地膜的标准给予补贴，调动了农民使用高标准地膜的积极性，实现了旱作农业项目区高标准地膜全覆盖。自2014年起，旱作农业区地膜采购推行回收因素加分的做法，即政府在招标采购地膜时，对开展废旧地膜回收加工利用的农膜生产企业的地膜实行优先采购，并对纳入招标采购范围的农膜生产企业，要求严格执行供膜区废旧地膜回收协定，探索建立"谁生产、谁回收"的生产者责任延伸制度，调动了农膜生产企业参与废旧地膜回收利用的积极性。同时，要求享受财政资金扶持的回收加工企业，实行包片回收责任制，并督促其落实回收责任。各级农牧部门认真落实废旧农膜回收利用指导和监管责任，在每年春秋两季农资打假专项活动中，将地膜作为监管和查处的重点，坚决杜绝劣质地膜进入农资市场。2016年，省农牧厅联合省工商行政管理局、省质量技术监督局印发了《关于禁产禁销禁用超薄地膜的通知》，并建立了农牧、工商、质监合力推进地膜污染防治的工作新机制，有效遏制了劣质、超薄地膜的生产、流通。

（二）市场手段

为将地膜使用、捡拾回收、资源化利用进行有效衔接，2011年，甘肃省率先设立省级财政废旧农膜回收利用专项资金，并采用"财政贴息、先建后补、以奖代补"等方式，在全省主要用膜地区扶持建设了一批加工企业和回收网点。目前累计投入省级财政废旧农膜回收利用专项资金1.36亿元；申报争取农业清洁生产（地膜回收利用）示范项目44个，占全省农业县的一半，共获中央补助资金近 2.34 亿元，有力提升了全省回收加工企业的工艺设备水平和回收加工能力。截至 2016 年，政府已扶持引导 285 家企业从事废旧农膜回收加工业务，乡、村废旧农膜回收网点达 2100 个，废旧农膜回收利用网络体系已基本健全。以废旧农膜回收加工企业为纽带，通过发展回收经纪人、流动商贩，或在偏远地区设立固定回收网点等途径，以市场交易的方式收购废旧农膜。同时，依托国家旱作农业专项资金，通过"交旧领新""以旧换新"等措施，在部分县区探索建立"废旧农膜兑换超市"，实行"以物易物"兑换机制，根据农民交售的废旧农膜数量进行折价，兑换洗衣粉、肥皂、食盐等生活用品，有效激发了农村老人、妇女、小孩捡拾废旧农膜的积极性，初步形成农民捡拾交售、商贩流动收购、回收网点收集、企业加工利用的市场化回收利用体系。以会宁县为例，该县常年地膜覆盖面积超过 130 万亩，现有规模以上加工企业 2 家、初级加工企业 8 家，乡村回收网点 28 个，常年从事废旧地膜收购的流动商贩有 50 多人。由于使用高标准易回收地膜已成为当地农民的普遍共识，加之回收每公顷旧地膜可得 165 元左右的补偿收益，平均每户旧膜增收可达 200～300 元，带动形成了符合当地实际的废旧地膜回收利用体系。

（三）技术手段

一是积极示范推广的"一膜多年用"技术，有效减少了旱作农业区地膜使用量，降低了单位面积地膜使用强度。二是依托农业部可降解地膜对比评价试验，已初步筛选出适合甘肃省特定区域、特定作物和特定种植模式，具有良好应用前景的全生物降解地膜产品，为下一步推广应用奠定了基础。三是依托省级财政农业生态环境保护项目，支持省内农机生产企业、科研院所研发地膜回收机械，先后开发出多种机型，为高效捡拾废旧农膜、实现专业化回收提供了关键保障。四是成立了省级废旧农膜回收利用专家组，探索完善废旧农膜回收利用技术体系；建立了 14 个省级废旧农膜回收利用示范区，加快废旧农膜回收利用新技术、新机具、新模式、新机制的示范推广。

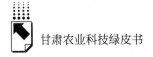

（四）法制手段

治理地膜残留污染的关键举措是从源头上防控超薄地膜的使用。2009年《甘肃省农牧厅关于加强废旧农膜回收利用推进农业面源污染治理工作意见》中明确提出：禁止使用厚度小于 0.008 毫米的超薄地膜；2013 年《甘肃省人民政府办公厅关于集中治理残留废旧农膜的通知》中规定：在全省范围内全面淘汰难以回收的超薄地膜。鉴于规范性文件的层级和效力有限，为进一步加快废旧地膜回收利用步伐，省人大在全国率先出台了《甘肃省废旧农膜回收利用条例》（已于 2014 年 1 月 1 日起施行），以法制手段引领规范地膜回收利用工作是甘肃在地膜残留污染防控探索中的创举，条例的出台，标志着全省地膜残留污染防控工作进入了法制化、规范化的轨道。同时，甘肃省农牧厅根据该条例规定，组织起草了甘肃省地膜生产地方标准《聚乙烯吹塑农用地面覆盖薄膜》（DB62/2443－2014），并于 2014 年 4 月 1 日正式发布实施，该标准对影响地膜回收性的地膜抗拉伸强度、耐候期、厚度等相关参数进行了具体和细化，相关指标均高于现行国家标准。2015 年，省农牧厅联合省标准化研究院，制定发布了甘肃省地方标准《废旧地膜回收技术规范》（DB62/T2622－2015），为全省地膜回收提供了规范的技术指导。这些政策、法规和标准的出台，完善了全省农膜使用及回收利用的政策体系，为全省废旧农膜回收利用工作奠定了坚实的基础。

六 结论及建议

（1）以传统合成树脂为主要原料的光降解地膜，按其降解原理，初期降解后的碎片埋入土壤后，由于不见光，已不具备继续降解的可能性，其污染土壤的问题并未得到根本解决，因此建议不宜推广应用；以天然高分子为原料的完全生物降解地膜，由于加工困难、力学性能和耐水性能差、降解时间节点难以做到精确控制等问题，加之成本太高，现阶段尚不具备大面积推广应用的条件，需要进一步深入研究，可在高产值经济作物上进行小面积试验应用。

（2）传统聚乙烯地膜的应用对提高农作物产量是"革命性"的，对甘肃这样一个十年九旱的省份，可以说没有地膜，就没有农业的高产高效。鉴于地膜在农业生产中的突出作用，在现阶段和今后相当长一个时期内，在未找到更好的替代产品前，传统聚乙烯地膜仍是不可替代的重要的农业生产资料。

（3）目前，提高地膜质量标准（特别是优化地膜厚度、抗拉伸强度、抗老化性能等指标）、融合农机农艺提高废旧地膜回收率和进行资源化再生利用，仍是防控农田残留地膜污染的有效路径。

（4）地膜污染可防、可控、可治理，推动甘肃农业转型升级，必须坚持走科学利用地膜的发展道路，不能因噎废食，不能动摇地膜覆盖技术推广的信心；必须坚持市场化治理方向，既重视市场在资源配置中的决定性作用，也要注重发挥政府扶持引导作用；必须坚持多措并举，打好治理"组合拳"，既要抓源头防控，又要抓市场培育，既要抓网点建设，又要抓利益联结；必须坚持依法治理，通过地膜回收立法，调整和规范各方利益相关者行为，构建农膜回收利用的强大社会合力。

参考文献

孙多鑫、李福：《甘肃省地膜覆盖栽培技术发展探讨》，《中国农技推广》2011 年第7 期。

马彦、杨虎德：《甘肃省农田地膜污染及防控措施调查》，《生态与农村环境学报》2015 年第4 期。

达存莹：《甘肃旱作农业中"白色污染"问题及对策措施》，《中国农业信息》2016 年第8 期。

何烨：《完善可降解地膜技术 提升企业回收力度 莫让地膜变"地魔"》，《农民日报》2016 年11 月23 日。

甘肃省农业生态环境保护管理站：《甘肃：探索农田残膜污染防控》，《农民日报》2014 年12 月22 日。

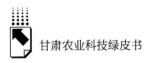
赵贵宾、李诚德、孙林等：《聚乙烯吹塑农用地面覆盖薄膜》，甘肃省质量技术监督局，DB62/2443-2014。

甘肃省农业生态环境保护管理站：《强化废旧农膜回收利用 推进农业可持续发展》，《农业科技与信息》2014年第20期。

闫奋民、王兴荣、李崇霄：《以法制手段解决农业环境突出问题》，《农业法律研究丛论（2014）》，法律出版社，2015。

窦芙萍、杨树铭、周英等：《〈废旧地膜回收技术规范〉解读》，《甘肃科技》2016年第10期。

刘述岩：《甘肃省废旧农膜机械化捡拾回收情况及发展方向》，《农机质量与监督》2015年第7期。

孙海峰：《探索消除农村"白色污染"之路》，《甘肃日报》2015年12月3日。

赵素荣、张书荣、徐霞等：《农膜残留污染研究》，《农业环境与发展》1998年第3期。

吕江南、王朝云、易永健：《农用薄膜应用现状及可降解农膜研究进展》，《中国麻业科学》2007年第3期。

钟欣：《向"白色污染"说"不"》，《农民日报》2017年9月12日。

甘肃省种植业废弃物利用研究报告

庞中存*

摘　要： 本文简述了目前国内外种植业废弃物的利用动态；以作物秸秆、尾菜利用为重点，分析了甘肃种植业废弃物的利用现状与存在问题，提出了甘肃种植业废弃物利用的思路、目标及利用措施。

关键词： 种植业　废弃物利用　尾菜　甘肃省

一　国内外种植业废弃物利用动态

种植业是栽培各种农作物和取得植物性产品的农业生产。种植业废弃物主要包括各种农作物秸秆和尾菜（生产、采收、运输、加工和销售过程中为提高蔬菜商品性而剥离的伤、病、残部分，即没有或商品价值较低的伤病残次蔬菜）。

种植业废弃物是一种宝贵的生物质资源，富含各种有机成分和能量，用于种植业可以改善土壤结构、增加有机质含量、减少化肥使用量，防止水土流失与沙化，提高农产品品质等；用于养殖业是重要的饲料来源和垫圈材料；用于加工业可成为造纸、建材、燃料、工艺品等的重要原料；随着技术进步，它的用途会越来越多。然而，目前种植业废弃物的利用还存在许多问

---

* 庞中存，博士，甘肃省农业科学院农产品贮藏加工研究所研究员，主要从事农产品加工与废弃物利用研究工作。

题，尤其是焚烧、弃置堆放现象严重，降低农田有机质含量，增加田间病虫害，污染大气，引发火灾和交通事故，引起水体污染。种植业废弃物的合理利用对经济发展和生态文明建设都具有重要意义。

（一）国外种植业废弃物利用概况

国外作物秸秆的利用方式可分为还田利用和离田利用两大类。

还田利用是国外利用作物秸秆的主要做法。直接还田和过腹还田是秸秆还田利用的两种主要方式，对改善土壤结构、培肥地力、消除焚烧造成的大气污染等具有十分重要的意义，是目前经济而且可持续的利用方式，在许多国家得到了应用。一般是将秸秆总量的2/3左右用于直接还田，1/5左右用作饲料。基本形成了秸秆直接还田同时施用厩肥、化肥的"三合制"施肥制度，以及过腹还田的以"秸—畜—沼—肥"等为主的秸秆循环利用模式。

美国、加拿大、英国、日本等国除青贮玉米外，将大部分的麦秸、玉米秸秆、稻草用于直接还田。保护性耕作面积得到不断扩大，目前已逐步推广到70多个国家和地区。其中，美国、巴西、澳大利亚的保护性耕作面积分别达到其耕地面积的60%、75%和77%。

过腹还田是秸秆循环利用的又一重要方式。氨化处理是目前国外对秸秆饲料化处理的主要方式，处理过的秸秆饲料其蛋白含量提高了30%，消化率接近50%；麦秸等用于搭建畜棚或用作垫圈料。西欧各国的氨化处理方法是将秸秆捡拾、打捆、注氨、包装（塑料袋）一次性完成，置于地头自然氨化；饲喂时将其切碎并与精饲料混合，直接饲喂牛羊等。丹麦也将部分秸秆用作垫料，秸秆的氨化率在20%以上。韩国稻麦秸秆的80%用作饲料，近20%用于还田，基本实现了全利用，而且机械化程度很高。

"秸—沼—肥"与"秸—畜—沼—肥"是比较常见的以沼气为纽带的秸秆循环利用模式。德国沼气发电水平位居世界前列，2012年其沼气发电总装机容量达到3300MW，年沼气发电量约20.5亿度，占全国总发电量的3.4%；沼气发电厂一般建在既有种植又有养殖的农场里，大多采用混合原料发酵，有足够的农田直接消纳沼渣、沼液。玉米、大麦、甜菜、甜高粱、青草等青贮能源作物占沼气原料的49%，其次是禽畜粪便，占43%，有机生活垃圾、工业有机废弃物分别占7%和1%；他们计划到2020年建成1.2万个沼气发电厂，发电总装机容量达4800MW，预计到时沼气发电量将占全国总发电量的7.5%。奥地利、瑞典等国的沼气发电模式与德国比较相似。

以能源化、原料化利用为主的离田利用是秸秆综合利用的重要补充，需要有较为完备的秸秆收储运体系作为保障。应用秸秆燃烧发电、生产纤维素乙醇，以秸秆为原料制作压缩成型燃料、环保板材和建材等也得到了实际应用或受到关注。

瑞典、丹麦、法国等国对用于发电的秸秆原料质量和设备的标准化非常重视，包括秸秆的运输、供应、燃烧炉设计和运行等环节。丹麦自1988年建成世界上第一座秸秆发电厂以来，现有秸秆发电厂130多家，秸秆发电等可再生能源占全国能源的24%以上。农民不仅可以从销售给电厂的秸秆中获得收入，还可以免费得到电厂提供的炉灰。秸秆发电技术被联合国列为重点推广项目，得到了各国政府的广泛重视，将成为21世纪可再生能源的发展重点。

美国、加拿大、意大利、英国、巴西等国积极开展秸秆纤维素乙醇的技术研发，初步实现了试生产运营。美国第一家商业级纤维素乙醇生产厂于2014年投产，年消耗玉米秸秆28.5万吨，年产纤维素乙醇约1亿升。意大利Proesa纤维素乙醇项目于2013年初投入使用，每年可利用稻草、玉米秸秆和芦苇27万吨，年产纤维素乙醇6万吨；生产乙醇之后剩余的木质素还可直燃发电。

美国、加拿大、比利时、瑞典、德国、俄罗斯等国也开展了秸秆人造板等产品的研发，美国以麦秸和稻草秸秆的人造板为主，其技术水平较高、生产规模也比较大。欧美等国还将秸秆用于框架结构的建筑，作为填充料或非承重墙的墙体。

（二）国内种植业废弃物利用概况

我国是种植业废弃物产出量最大的国家，占世界总量的20%以上。最新资料表明，我国主要作物秸秆总量超过 10 亿吨，其中，水稻、玉米、小麦三类秸秆占 78% 以上。可收集资源量为 9.0 亿吨，利用量 7.2 亿吨，秸秆的综合利用率达到 80.1%。在"肥料化、饲料化、基质化、燃料化、原料化、生态化"六大方面涌现了很多利用技术方法。20% 左右的秸秆尚未得到有效利用，被随意焚烧、遗弃等现象时有发生。蔬菜总产量 7.6 亿吨，按蔬菜产量的 30% 计算，尾菜产生量近 2.3 亿吨。种植业废弃物总量 13 亿吨左右，接近人均 1 吨。这些种植业废弃物如能得到有效综合利用，将对我国经济发展和生态文明建设产生重大影响。

国内目前秸秆综合利用的方式主要有秸秆还田（包括直接还田、堆沤还田、过腹还田、腐熟还田等）、秸秆发电、秸秆制醇、秸秆造纸等。其中，秸秆直接还田技术应用最广，主要有粉碎还田、整株还田、覆盖免耕还田。以机械化秸秆直接还田为主的肥料化利用约占 43.2%，仅为世界先进水平的一半。到 2014 年底，全国保护性耕作面积达到 860 万公顷；保护性耕作具有显著的节本增效、减少土壤侵蚀、保护农田、缓解沙尘天气危害、减少农田温室气体排放、改善生态环境等多种效果。秸秆饲料化利用率为 24.7%，饲用秸秆量约为 2.2 亿吨，牛羊粗饲料的 70% 左右来源于各类作物秸秆。秸秆燃料化、基质化和原料化三方面的利用量占秸秆可收集量的 18.1%。现有的 6 条秸秆人造板生产线，年产量 30 万立方米。在秸秆炭化、秸秆天然气、秸秆建材等方面也有不少好的做法。

同时，在其他方面，秸秆综合利用技术也取得了一系列重大进展，在秸秆栽培食用菌、压块成型燃料、生物柴油、田间速腐、木质素降解等方面获得了一批重要的技术研究成果，研制出了秸秆切碎装置、麦稻联合收割机配套打捆机、移动式生物质成型等关键设备。《秸秆综合利用技术目录 (2014)》、《农业废弃物（秸秆、粪便）综合利用技术成果汇编 (2015)》为各地秸秆综合利用技术的推广应用提供了指导。机械化秸秆直接还田面积 4300 多万公顷，对改良土壤结构、促进粮食高产稳产起到了积极作用；秸秆的离田利用量约 3 亿吨。

国家通过政策、项目、补贴等措施对秸秆的综合利用工作给予支持。例

如，为了推广秸秆腐熟还田等技术，促进秸秆还田，中央财政 2014 年起对
"耕地保护与质量提升"项目每年安排项目补贴资金 8 亿元；将一些与秸秆
粉碎还田、捡拾压捆、饲草加工有关的设备纳入农机补贴范围，最高补贴额
度达到 30%。每年安排中央预算内资金 10 亿元，对涉及秸秆综合利用方面
的秸秆收储运体系建设、秸秆建材、秸秆燃料、秸秆造纸、秸秆炭化气化、
秸秆食用菌、秸秆有机肥等工作给予支持。对秸秆沼气、秸秆成型燃料以及
直接气化等绿色能源示范县建设项目也给予补助，支持农村可再生能源的开
发利用。

相对而言，我国在秸秆综合利用方面还存在一些不足，需要优化种植业
生产布局，将其与畜牧业、饲料业等相关产业统筹规划，合理制定秸秆收购
价格，保护和调动农民的生产积极性。进一步提高秸秆还田质量和农民的接
受程度；加强秸秆饲料处理技术的研究，加大青贮饲料和氨化等成熟技术的
推广力度，重视秸秆青贮收获利用技术与机具的研发；突破以干秸秆为原料
生产沼气的障碍，提高秸秆利用率；加快秸秆乙醇的技术创新和成套设备的
国产化，不断降低生产成本。

二 甘肃种植业废弃物利用现状与问题

（一）甘肃省种植业废弃物利用现状

2016 年甘肃省粮食产量 1140.59 万吨，按谷草比 1∶1.5 计算，农作物
秸秆产量 1711 万吨以上；蔬菜产量 1951.48 万吨，按尾菜产出率 30% 计算，
尾菜年产生量 585 万吨。两类合计 2296 万吨。

草食畜牧业是甘肃的战略性主导产业，秸秆综合利用率约 80%，其中
饲料化利用率约 60%，显著高于全国平均水平，肥料化、基料化、燃料化
和原料化利用率约为 20%。省内秸秆综合利用的主要方式有：青贮养殖过
腹还田、粉碎还田保护性耕作、栽培食用菌、制作有机肥、机械收获打捆储
存再利用。全省现已建成草块、草颗粒加工厂 20 多家，年加工能力 80 多万

吨。2013 年，甘肃省财政整合 1.5 亿元对 50 个牛羊产业大县进行扶持，助推草食畜牧业快速发展，饲草料开发利用是六大扶持环节之一。甘肃也是农业部北方 6 个"粮草兼顾"型农业结构试点省区之一。近年来，甘肃将秸秆综合利用机械（还田、收获、收割、揉丝、铡草、粉碎等机械）列入农机补贴，而且补贴经费逐年增长。初步形成了秸秆收集体系，秸秆综合利用率与全国平均水平持平。

甘肃省在尾菜资源化利用方面取得的成效在国内相对突出。从 2012 年开始，省财政每年列支 1000 万元专项资金，各市州、县市区财政也按照一定比例进行匹配，对尾菜处理利用工作给予补贴。

尾菜饲料化利用方面。将尾菜打浆后制粒、制块，或将尾菜制成饲料粉，尾菜与玉米、小麦秸秆以及菌剂或玉米粉等按一定比例混合发酵进行青贮，不仅可降低纤维素含量，还可提高饲料的蛋白质和脂肪含量等。

尾菜肥料化方面。以尾菜为主要原料，地上好氧处理或好氧覆膜处理是目前比较好的堆肥方法。已筛选出复合高效腐解菌剂，取得了尾菜高效有机肥堆制方法、专利和地方标准，并在兰州等地得到了应用。采用高温沤制、堆肥后还田或直接还田的方法处理尾菜，土壤中有机质得到提高，土壤 pH 下降、土质疏松、通透性好；还可有效解决有机肥紧缺、改善农业生态环境。尾菜肥料化处理技术已在省内得到广泛应用和推广。

尾菜沼气化利用方面。据试验，1 个 10 立方米的沼气池可以消化 5 吨尾菜，尾菜产生的沼气可满足村民日常生活需要。也有将牛粪与尾菜混合发酵生产沼气的成功范例，并得到了实际应用。

以上趋势可以看出，目前甘肃省的尾菜利用以肥料化和饲料化为主。肥料化利用方面主要以田间堆肥、半堆半沤、直接还田为主，其次是生产有机肥；饲料化利用方面以青贮发酵为主；还有少量的沼气化利用。这些做法使全省尾菜处理利用率由 2012 年的 20.6% 提高到 2015 年的 31.3%，提高了尾菜的综合利用水平，有效遏制了尾菜污染环境的问题。力争到 2020 年，全省尾菜处理利用率达到 50% 以上。

（二）甘肃省种植业废弃物利用存在的问题

秸秆还田是将采过玉米穗的玉米秸秆以机械切碎、抛撒、翻耕（旋耕）到农田土壤的一项技术，此项技术目前尚未在省内得到很好的推广。一方面，目前省内的秸秆主要用于牛羊养殖，一部分秸秆用作燃料，实际可用于还田的秸秆量并不多。另一方面，此项技术不易掌握（还田量、粉碎大小、抛撒均匀度、翻耕深度等），秸秆收获机械的效能欠佳；还田后还时常由于土壤干旱缺水、腐熟慢，而影响到来年的播种；为了加快腐熟还需要增施氮肥，投入较大、效益较低，农户的积极性不高；同时也加大了病虫害的危害可能。

秸秆饲料化利用方面。秸秆收获加工处理多为小型设备，效率低，与规模养殖需要还有差距；秸秆的收集储运成本较高，缺乏相应的政策支持；饲料化技术综合利用程度低，压缩裹包、颗粒化加工等新技术应用不足，以秸秆为单一粗饲料居多；青贮玉米的种植与储运产业化程度较低；秸秆材料化、能源化、基质化利用量还相对有限。

尾菜资源化利用的总体水平不高，乱堆、乱放、乱扔现象仍然比较严重，造成了环境污染。菜农对尾菜资源化利用的意义和所带来的好处还认识不足，积极性不高，缺乏相关技术支持。饲料化利用技术还需要进一步完善；田间堆沤肥虽然投入少、简单易行，但农户不掌握操作要领，仍然难以达到最佳肥效。

三　甘肃种植业废弃物利用思路与目标

草食畜牧业是甘肃的战略性主导产业，应当立足本省实际，种养结合，以种促养，以种植业废弃物首先满足畜牧业的需要为出发点，兼顾直接还田和其他利用，借鉴引进、研发推广国内外先进技术，做好省内种植业废弃物的利用工作。

秸秆直接还田方面，引进研发推广具有切碎、抛撒、深耕功能的还田农机具及加速秸秆降解腐烂的速腐剂，解决目前秸秆还田机械价格偏高、粉碎效果差、利用率低，还田后的秸秆不易腐烂，影响下茬播种质量等问题。研究不同类型耕地适宜的秸秆还田量、配合施肥种类与数量、翻耕深度等；研究留茬高度、覆盖方法等保护性耕作技术，提高耕地质量，减少土壤风沙侵蚀。研究推广秸秆与家畜粪便混合、田边地头快速堆沤肥以及生物有机肥料相关技术。完善秸秆直接还田技术体系。

秸秆过腹还田方面，推广秸—饲—肥（能）模式，通过收集、加工（切断、揉丝、裹包）、青（黄、微）贮成为优良牛羊饲料，经牛羊过腹利用产生粪便，将粪便经过发酵腐熟生产肥料、沼气。肥料用于农田培肥，减少化肥用量；沼气用于生活或燃烧发电；粪污水则着重进行生态化利用。

秸秆收集储运方面，要向产业化方向发展，大力发展机械化收集、初加工技术，形成市场化秸秆产品，将秸秆压缩加工为草块（包）等高密度形态，使秸秆及其产品可长途运输、长期储存。引进研发推广秸秆机械化处理新技术、新设备，降低处理成本、提高处理效能，如秸秆田间作业叉车、收集打捆、高密度压缩、拉丝揉搓、裹包、粉碎、自动配料等设备。

在粮食主产区，以建造若干个较大型的秸秆饲料化加工与配送基地作为突破口，围绕促进省内草食动物规模化、集约化养殖需要，重点开发生产秸秆氨化系列颗粒饲料，开发生产玉米秸秆拉丝搓揉裹包、袋装系列微贮饲料或秸秆复配混合专用饲料，提高秸秆产品密度、营养性能、贮存稳定性及喂养效果，提高秸秆饲料产品的技术集成度。引进研发推广奶牛、育肥牛及羊专用秸秆饲料以及秸秆发酵技术和菌制剂，进一步提高秸秆饲料的营养价值和利用率。满足不同类型与规模的养殖企业、养殖户对秸秆饲料的多样化需求。

同时，还应积极研究引进推广应用秸秆固化、液化、气化、炭化等利用技术，使秸秆的综合利用率达到85%以上，实现秸秆生产与综合利用的可持续发展。

尾菜利用方面，在蔬菜规模化种植、加工、流通区域，引导建立尾菜分类定点投放、定期收集处理体系，提高尾菜处理利用效率。引进无害化尾菜处理设备，对尾菜进行消毒、粉碎处理，减少病菌携带量后用于还田，减少田间病害发生；或用作饲料，减少家禽染病风险。

研发引进推广简易高效的田间堆沤肥技术、高效发酵菌种及菌制剂，降低田间堆沤肥用工成本，提高处理效率和经济效益。结合省内正在推进实施的改善农村能源结构行动，加强尾菜沼气技术的示范推广，如温室尾菜沼气技术等，实现尾菜的良性循环利用。

四 甘肃种植业废弃物利用的政策措施

（一）加强宣传提高认识

运用各种宣传工具，加强宣传秸秆焚烧、尾菜乱堆等行为对环境的不良影响，以及秸秆和尾菜综合利用、"变废为宝"的经济与生态环保意义，树立种植业废弃物是宝贵资源、对其进行综合利用就是"捡回另一半农业"的理念。尤其是甘肃作为草食畜牧业大省，粗饲料缺口较大，更应重视秸秆的饲料化利用。及时报道交流种植业废弃物利用工作中的好经验、好做法，充分调动种养加工农户与企业收集利用秸秆、尾菜的积极性与主动性。

（二）加大政策扶持力度

对涉及种植业废弃物利用的秸秆还田、收集、饲料加工、秸秆气化、秸秆发电、秸秆固化成型、秸秆板材加工以及尾菜堆沤肥、还田、饲料加工、沼气等相关环节进行持续扶持，从政策、资金、项目、技术、产品、人才、设备、设施和材料等方面保障种植业废弃物利用工作的稳步推进。

收储难是制约种植业废弃物利用的关键因素，是目前全产业链条中最为薄弱的环节。为了保障种植业废弃物得到有效利用，就必须有一个健全完善的收储体系，政府要统筹考虑种养加工规划并对其各环节进行支持。缩小废弃物收集运输半径，降低收储运输成本，提升种植业废弃物利用的产业化水平。

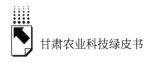

（三）加强技术研发与技术服务

针对甘肃种植业废弃物利用中的技术难点，组织科研院所、高校和企业协同攻关，加大技术和装备的研发力度。

建立健全技术服务体系。建立一支技术过硬的专业技术服务队伍，是种植业废弃物利用工作顺利开展的基本保证。各地应根据工作需要，加大培训力度，注重培养乡土技术人员，提高其操作技能和知识水平，发展壮大农村技术服务队伍，健全技术服务体系，将公益化与市场化相结合，促进种植业废弃物利用技术的推广应用。

参考文献

孙宁、王飞、孙仁华等：《国外农作物秸秆主要利用方式与经验借鉴》，《中国人口·资源与环境》2016 年第 S1 期。

石祖梁、刘璐璐、王飞等：《我国农作物秸秆综合利用发展模式及政策建议》，《中国农业科技导报》2016 年第 6 期。

石林雄：《甘肃秸秆综合利用的现状及发展前景分析》，《农机科技推广》2015 年第 9 期。

尹成杰、仝晓波：《秸秆变废为宝　理念革新至关重要》，《中国能源报》2015 年 9 月 7 日。

王世杰、穆娟：《北京市怀柔区设施种植业废弃物处理现状及发展》，《农业工程》2014 年第 4 期。

吴晓燕、鲁明：《甘肃初步形成尾菜资源化利用技术模式》，《农民日报》2016 年 5 月 11 日。

G.12
甘肃省规模化畜禽养殖业
污染防治研究报告

宋淑珍　杨发荣*

摘　要： 甘肃省养殖业取得了举世瞩目的成就，养殖产生的废弃物粪便、污水逐年增加，成为农业环境污染的第一污染源。本研究在对国内外畜禽养殖污染防治政策、防治方法，甘肃省养殖废弃物总量、污染防治现状综述的基础上，吸取国外发达国家畜禽养殖废弃物污染防治的宝贵经验，提出甘肃省畜禽养殖业污染防治的思路及保障措施，为畜禽养殖废弃物的防治及其资源化利用提供参考。

关键词： 畜禽养殖　废弃物　污染防治　资源化利用　甘肃省

一　引言

甘肃省畜禽养殖业经过将近40年的快速发展，取得了令人瞩目的成就，特别是2000年后，甘肃省畜禽养殖业，尤其是草食畜产业得到了前所未有的井喷式增长，奠定了其在畜牧业中的主导地位，成为甘肃省的支柱产业，在丰富城乡人民的菜篮子、保障畜产品的充足供给、活跃农产品市场、促进

---

* 宋淑珍，女，甘肃省农业科学院畜草与绿色农业研究所助理研究员，主要从事动物脂肪代谢和畜产品品质调控研究；杨发荣，研究员，甘肃省农业科学院畜草与绿色农业研究所书记、副所长，主要从事农业资源综合利用研究工作。

农业人口通过养殖业脱贫、促进农村全面进入小康社会等方面发挥了至关重要的作用。随着甘肃省养殖业的快速增长，养殖产生的废弃物粪便、污水逐年增加，成为农业环境污染的第一污染源，养殖业排放的粪便、污水和恶臭气体等环境污染问题也成为公众关注的焦点。2016 年 12 月 21 日，习近平总书记在主持召开的中央财经领导小组第十四次会议上，强调"明确思路，突出重点，扎实做好畜禽粪污处理和资源化工作"，减小畜禽养殖废弃物对环境的污染，促进养殖废弃物的资源化利用，推动现代农业和循环农业的发展，对于促进建设美丽乡村、生产有机农产品、提高农产品市场竞争力具有重大意义。

二 国内外养殖业废弃物污染防治动态

畜禽粪便中含有大量的磷、氮等无机污染物以及未完全消化的有机污染物、微量元素和抗生素类污染物，对土壤、水体造成污染，养殖场粪便、污水散发的 $NH_3 - H$、H_2S、CH_4 等有毒有害臭气，散发到环境空气中，对环境质量造成严重污染；导致水体富营养化、土壤养分过剩和重金属堆积、恶臭和温室气体排放，Adams 等研究表明，畜禽粪便排放量与进入地下水循环的硝酸盐含量呈函数关系。

（一）国外畜禽养殖业污染防治研究

国外对于畜禽养殖业污染防治方面的研究主要集中在防治污染的政策研究方面，特别是对畜禽养殖水环境污染防治领域，国内外学者进行了广泛研究。Griffin 等基于投入的税收与标准、预期排放量的税收与标准，在借鉴排污收费和排污标准的点源污染控制政策的基础上，提出了类农业面源污染控制方法，此方法在合理设定参数的前提下，能以最低成本实现污染控制目标。因为面源污染很难准确地监测每一位生产经营者的污染行为，研究者提出了一种利用水质监测结果推断生产经营者污染行为的方法，即一种基于生产排放水质质量的奖励政策，定期定时或者不定期地对生产者排放的水质进行监测，按照养殖污染物排放相关标准规定，排放的水质符合规定，对生产者实施奖励，反之，按照污染程度收取一定的公共环境卫生污染费用。但Hansen研究认为，如果污染与水质之间不呈线性函数关系时，基于水质的奖励政策有一定的缺陷，从而造成信息失灵和损失，原因是除非生产经营者自愿，生产者的生产成本与污染物排放之间的函数不易被环境污染管理机构获得。

（二）国内畜禽养殖业污染防治研究

国内相当一部分散养农户，环境保护意识淡薄，粪便随意堆放，污水任意排放，大型规模养殖场由于资金短缺未配套粪污处理设施或管理跟不上，导致粪污处理设施不按设计要求运行，是造成粪便废弃物污染的主要原因之一。由于畜禽对有机微量元素的消化利用率高于对无机微量元素的消化率，郭冬生等提议，在营养能满足畜体要求的前提下，用有机微量元素替代无机微量元素，从源头上抑制无机微量元素的排放和污染，或者选用易消化、利用率高的饲料原料，提高饲料利用率，减少粪便中营养物质的排放量，从而降低粪便中微量元素重金属排泄。随着近几年养殖业的井喷式发展，我国畜牧业温室气体减排压力较大，现阶段养殖废弃物防治主要集中在粪便污水的处理上，对减排政策研究较少，因此，对畜牧业温室气体排放的政策、管理措施、监测方法进行研究，通过测算畜牧业粪便、污水和温室气体排放量，取得我国畜牧业污染物排放的准确清单，以污染物排放的清单为基础，研究养殖业减排目标及污染物防治相关政策是当前的首要任务，周捷等认为在猪场粪污处理中采用沼气发酵系统可以较好地减少污染，同时产生的沼气还可以作为能源再利用。当前，对养殖粪污污染的研究主要集中在粪便的有机质、氮、磷、铜、锌等和污水的 COD、BOD、NH_4^+、氮、磷、铜、锌等的含量上，养殖业温室气体排放研究还处在探索阶段，未形成温室气体排放评定理论体系。特别是养殖业污染防治政策方面的研究还较缺乏，养殖业温室气体排放领域的政策还几乎处在

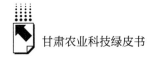

空白状态，因此，探索研究我国畜牧养殖业的温室气体排放清单和配套的污染防治政策，并提出适合当前畜牧业发展的养殖废弃物减排和防治政策，具有重要的现实意义。

三 甘肃省畜禽养殖业污染防治现状及问题

（一）粪便污水排放量

近年来，甘肃省养殖业发展取得了令人瞩目的成就，形成了生猪、蛋鸡、肉羊、肉牛及奶牛五大畜禽养殖产业基地，年出栏生猪 472 万只，生猪养殖以武威、天水、陇南为主；年生产禽蛋 8.78 万吨，蛋鸡养殖以兰州、白银、张掖为主；年出栏肉羊 957 万只，肉羊养殖以甘肃中部、甘肃南部及河西为主，年出栏肉牛 100 万头，肉牛养殖以陇东、河西及甘南牧区为主；奶牛存栏量 13.7 万头，奶牛养殖以兰州、酒泉、临夏、张掖为主。据甘肃省农牧厅统计，2015 年，甘肃省牛、羊、猪、禽饲养量分别达到 742.1 万头、3604.1 万只、1492 万头和 8010 万只，肉蛋奶总产量达 172.11 万吨，增长 4.28%，畜产品的快速增加在丰富人们的菜篮子、调整膳食结构、改善人民生活水平的同时，畜禽养殖业的"畜产公害"引起的土壤富营养化、重金属污染、有害病源生物传播、恶臭气体污染等环境问题日趋突出，已成为当前环境污染的焦点问题之一。

根据栾冬梅等、张蓓等、李文哲等的方法，畜禽粪污产量的计算用下面关系式表示：

$$M = \sum_{i}^{n} N_i T_i E_i$$

其中：年排污量为 M，畜禽种类数量为 n，饲养量为 N_i，饲养周期为 T_i，产污系数为 E_i（产污系数与动物种类、品种、饲料和饲养方式等因素有关，并且受观测方法的影响）。

表1　主要畜禽排泄物中污染物的含量

种类	COD(kg/t)	BOD(kg/t)	NH_3-N(kg/t)	总氮(kg/t)	总磷(kg/t)
猪粪	52.00	57.03	3.10	5.88	3.41
猪尿	9.00	5.00	1.40	3.30	0.52
牛粪	31.00	24.53	1.70	4.37	1.18
牛尿	6.00	4.00	3.50	8.00	0.400
羊粪	4.63	4.10	0.80	7.50	2.60
羊尿	—	—	—	14.00	1.96
鸡粪	45.00	47.90	4.78	9.84	5.37

注：摘自《畜禽养殖业污染治理工程技术规范》（HJ 497-2009）。

　　根据甘肃省畜禽存栏总数和表1中畜禽排泄物污染物含量，目前，甘肃省畜禽养殖业年排粪量约9500万吨，排尿量约5000万吨，排污总量约1.45亿吨（见表2）。按照农田有机肥45吨/公顷的施用量，如果9500万吨粪便全部还田的话，能满足200多万公顷农田、果园或者设施种植园的施肥需要，约占甘肃省耕地面积的1/3多。而且养殖场多位于城郊，离农田较远，不能就地无害化处理后直接施用于农田，造成环境污染，随着规模化、标准化畜禽养殖场的实施和建设，预计在将来虽然畜禽养殖规模会进一步增大，畜禽粪污排放量也会随之增大，但由于养殖科技含量和标准化水平的提升，畜禽养殖业对环境污染可能会维持在一个恒定的水平。

表2　甘肃省畜禽养殖废弃物排放总量

畜禽种类	数量（万头、万只）	产污系数（千克/天）		饲养周期（天）	产污量（万吨/年）	
		粪	尿		粪	尿
猪	1492.00	2.00	3.30	199	593.82	979.80
牛	742.10	20.00	10.00	365	5417.33	2708.67
羊	3604.10	2.60	1.00	365	3420.29	1315.50
蛋鸡	720.00	0.12	—	365	31.54	—
肉鸡	7290.00	0.10	—	55	40.10	—
合计	—	—	—	—	9503.08	5003.97

　　畜禽饲料中三大类营养物质和微量元素，尤其是蛋白质和无机微量元素在畜禽体内未完全消化或者代谢的中间产物和终产物会产生的有机质、氮、

磷、铜、锌、NH_3、H_2S 等，对环境的土壤、水体和空气都会产生严重的污染，造成土壤的富营养化，水体 COD、BOD 等有害物质超标和空气中恶臭气体蔓延，同时，粪便中有害的微量元素可能会被蔬菜等农产品吸收而残留在农产品中，污染的水体通过径流污染地表水，通过土壤渗滤污染地下水，再经过食物链循环进入动物或人体，最终危害人体健康。根据表1的畜禽排泄物污染物含量和表2的甘肃省畜禽废弃物量，计算得到甘肃省畜禽粪便污染物排放总量，如表3所示。

表 3　甘肃省畜禽养殖污染物排放总量

种类	数量（万吨）
COD	242.00
BOD	199.94
$NH_3 - N$	8.69
总氮	96.84
总磷	9.96

（二）防治现状及问题

　　畜禽养殖废弃物粪便污水污染成为环境污染的重要污染源之一，在全国来说，畜禽养殖业污染已经超过工业污染源污染，近年来，各地环保部门和相关政府部门通过政策制定、资金支持等多种措施，促进养殖场的标准化建设，配套粪污处理设施，减小环境污染，探究发展养殖废弃物的减量化、资源化、无害化的循环农业模式，发展养殖业粪污—沼—菜园、果园或饲草料基地的循环农业，使养殖废弃物的处理能够实现收支平衡或盈利，从而实现养殖业的快速、健康可持续发展。2000 年以后，甘肃省通过政府引导、财政支持，动员企业新建、扩建了一批大型粪污处理设施，主要包括沼气工程、有机肥生产线、污水处理池等，使大部分规模养殖场的粪污实现了干湿分离，有效减轻了环境的污染压力，初步形成了养殖产生的废弃物无害化处理、资源化利用的循环模式。目前，甘肃省养殖废弃物主要采用以下两种方式处理。

1. 堆肥发酵

农户分散养殖的小型养殖场和大多数羊场粪便采用堆肥发酵，收集粪便集中于堆肥场后，在粪便中加入农作物秸秆等，调节碳氮比在 30∶1 左右，含水率在 50%～60% 之间，同时加入发酵菌种，进行人工翻倒和机械翻倒发酵，杀死粪便所含的病菌、虫卵等有害物质，分解未完全消化的有机质，释放出植物需要的营养成分，腐熟的发酵粪便作为有机肥直接施用于农田，或者根据有机肥生产配方，在腐熟的发酵粪便中加入常量元素氮、磷、钾和微量元素钙、镁、硫等，利用有机肥搅拌系统充分搅拌混匀，再通过输送系统将搅拌混合的物料输送到造粒系统进行造粒，有机肥颗粒经过输送系统送入烘干系统，经过烘干机将有机肥颗粒烘干后进入冷却系统，有机肥颗粒冷却后，进行筛分分级，合格的有机肥利用包膜机包膜，然后包装进行出售，不合格的颗粒粉碎后再次造粒，进入上述系统，直到颗粒全部合格。堆肥虽然是粪便生物处理的传统技术，但通过多年不断的发展改良，现已形成机械化、商品化的处理技术，可采用低温、中温、高温等不同的发酵条件发酵，发酵时间由过去的自然堆沤发酵 300 天已经缩短到现代堆肥发酵的 15 天左右。

2. 沼气工程处理

畜禽养殖粪污通过沼气工程厌氧处理，产生的沼气作为养殖场生产、生活能源，沼液灌溉大田作物、蔬菜，这是目前甘肃省大型养猪场、奶牛场采用最广泛的粪污处理模式。粪污通过厌氧发酵处理，产生的沼气作为能源，沼液作为有机液肥灌溉农田、果园，粪污通过厌氧发酵处理后，大部分微生物、寄生虫等有害物质被杀死，沼液用于灌溉，既实现了清洁生产，又能减少疾病的传染概率，形成"粪便—沼气—菜园、果园、农田"等的有机农业生产模式，菜园、果园、农田减少或者不施用化肥，生产有机农产品。目前，甘肃省沼气工程和全国一样，主要采用上流式厌氧污泥床工艺（Up-flow anaerobic sludge bed，UASB）和连续搅拌反应器系统工艺（Continual stir tank reactor，CSTR）。

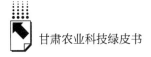

（1）UASB 环保型沼气工程

UASB 环保型沼气工程由第二代厌氧反应器发展改良而来，是第二代厌氧反应器的典范，其显著的特点是负荷高，每立方米每天可达到 8～15 千克化学需氧量，该工艺建筑占地面积小，反应活性高，反应后沼渣排出少，并且工程建设投资低。UASB 沼气工程工艺是一种以环境治理为主要目标的环保型沼气工艺，与 CSTR 工艺相比，生产能源沼气较少，是以环保治理为主的环保型工艺，并且发酵后的沼液还需要进一步好氧处理，处理达标后排放或者用于灌溉。白银钰强奶牛养殖有限公司存栏荷斯坦奶牛 1000 头，建有沼气发酵罐 1500 立方米及配套工程，有机肥加工生产线 1 条，年产沼气 15 万立方米，沼气发电 10 万千瓦时，年产有机肥 1500 吨，沼液用于灌溉周围林地。

（2）CSTR 资源型沼气工艺

常规接触式反应器改进演化成 CSTR 工艺，畜禽养殖产生的粪便污水通过干清粪工艺进行干湿分离，固体生产有机肥，液体进入集水池，通过泵入均质调节池，在均质调节池搅拌系统的搅拌下，物料与池内原有厌氧活性污泥充分接触混合，然后经过厌氧微生物的吸附—吸收—生物降解过程，产生生物能源沼气，污水泵入好氧池，进行好氧处理，然后达标排放或者灌溉农田、果园。CSTR 资源型沼气工艺优点是产气率高，发酵原料的 TS 值在8%～12% 之间，便于启动运行和管理，在养殖场中易于普及和推广。在国内，CSTR 资源型沼气工艺在养殖场畜禽粪便处理中比较普及。天水陇丰养殖有限公司万头猪场的沼气工程总投资 500 万元，建有沼气塔 1 座 1000 立方米及配套工程，配 160 千瓦沼气发电机组，年产沼气约 36 万立方米，通过沼气发电、沼液灌溉农田或果园，年增收节支 100 万元以上，达到污染的零排放，实现了环境治理、能源再生、有机食品生产的综合效益和生态、经济可持续的清洁生产。

综述所述，甘肃省畜禽养殖场粪污普遍采用干清粪，进行固液分离，固体粪便进行堆肥发酵，液体污水进入沼气工程，通过厌氧发酵生产沼气。但由于一方面，有机肥生产、运输成本较高，单位重量的有机肥与化肥相比，肥效较低，导致其市场不紧俏。另一方面由于投入等各种原因，真正利用厌氧发酵生产沼气还不普遍，而且产生的沼气，发电需要相关部门许可才能上网。所以，只有管理水平高的规模化、标准化养殖场的沼气工程才可获得良好的综合效益。

四　甘肃省畜禽养殖业污染防治思路及重点

（一）优化畜禽养殖场布局

按照甘肃省及各地市的畜禽禁养区、限养区的划分规定，严格控制在禁养区、限养区新建畜禽养殖场，引导已建在限养区的畜禽养殖场整体搬迁或者限制其扩大饲养规模，配套粪污处理环保设施。科学合理规划新建养殖场，促进土地容量大的区域新建养殖场，新建养殖场必须配套粪污处理环保设施，实现清洁生产。

（二）促进养殖场的标准化建设

促进养殖场的标准化建设，严格按照畜禽标准化养殖场的要求，在场地环境选择、场地规划布局、粪污处理环保设施配套、饲养管理、病死畜禽无害化处理、饲养规模等关键环节严格控制，按照标准化养殖场的要求，畜禽场布局合理，配套粪污处理和病死畜禽无害化处理设施，发展适度规模标准化养殖场，有条件的在养殖场周围配套饲草料基地或者蔬菜、果园基地，就地消化粪污，形成养殖、种植一体化的有机循环农业模式，实现生态养殖，从源头减少粪污产生量。同时，建立规模养殖场粪污处理和资源化利用数据库，支持规模养殖场配套粪便污水无害化处理设施，提升粪污处理利用设施装备水平。

（三）建立养殖废弃物排放奖惩机制

依据畜禽养殖种类、养殖数量，将排污权力按比例分配给养殖者，养殖户按照其清洁生产能力自动使排污权在不同的养殖者之间实现流通，能有效地减小养殖业污染，提高养殖废弃物处理效益。定期对养殖场环境、排放的污水进行检测，获取养殖场污染物排放清单数值，根据清单对污染物超标排放的养殖场收取一定的超标排污费；反之，对污染物减量排放或者达标排放的养殖场进行奖励，督促养殖场进行污染物的治理，降低养殖场污染排放风险。

（四）加强科技支撑

推广生态环保饲料，在不影响畜禽生产性能的前提下，摄入低蛋白日粮，降低粪氮、磷排放。添加酶制剂、酸化剂、微生态制剂、天然植物提取物、寡糖等饲料添加剂，在提高动物生产性能和免疫性能的同时，降低氨氮等污染物的排放。

利用除臭剂减少空气污染，在饲料中或畜舍垫料中添加各类除臭剂，来吸附、抑制、分解、转化排泄物中的有毒有害成分，将氨变成硝酸盐，将硫化氢变成硫酸，从而减轻或消除污染。

加强管理，通过改善饲养管理条件来控制臭气的产生，如栽种一些有吸附作用的植物，来阻滞恶臭气体和粉尘传播。张掖市德源农业科技开发有限公司肉羊养殖场，运动场之间采用 2 米宽的绿化隔离带，在隔离的同时，美化场区环境，阻滞恶臭气体和粉尘传播。同时，建立健全产学研推用技术支撑体系，总结畜禽粪污资源化利用的典型案例，探索形成适合不同畜种和区域特点的主推模式，完善畜禽粪污处理和资源化标准体系，制定畜禽粪便、沼渣沼液还田利用技术规范和检测标准。

（五）倡导有机肥代替化肥

倡导有机肥代替化肥行动，在养殖区周围种植饲草，养殖产生的粪污在饲草料基地就地消化。同时，提倡果园、设施蔬菜施用有机肥，生产高品质有机果蔬，变废为宝，提高产品竞争力的同时，新建的养殖场，按照种植养殖相匹配的原则，建成集养殖、种植为一体的循环农业模式，推广有机水肥一体化等关键技术。

五　甘肃省畜禽养殖业污染防治保障措施

（一）建立健全污染防治政策体系

加强畜禽养殖业污染防治政策顶层设计，建立以绿色发展为导向的畜牧养殖业奖惩政策体系，遵循畜牧业发展产业布局，促进畜牧业向高产出、高效益、高质量转变。多部门联动，整合资金、技术等方面的资源，加大扶持监管力度，健全畜禽粪污处理和粪污资源化利用政策支持体系。根据环境土地容纳承载能力，实行"以地定畜"，统筹布局种养业发展，种植业和养殖业相结合，保障养殖业粪污就地处理消化。

（二）以市场为主体，体现生产者的主体责任

充分发挥市场在资源配置中的优化作用，鼓励和引导各类社会资本参与畜禽养殖废弃物的资源化利用，扶持具有核心竞争力的沼气能源和有机肥生产企业。以养殖生产经营者为主体，通过政策措施，确保粪污处理设施的有效管理和正常运行，形成畜禽粪污处理和资源化政府支持、企业主体、市场化运作的机制。

（三）加强宣传引导

利用广播、电视、报刊、网络等多种媒体进行粪污无害化、资源化利用的宣传，贯彻《畜禽规模养殖污染防治条例》的要求，增强畜禽养殖业生产经营者的环境保护意识。同时，大力宣传畜禽粪污处理和资源化的重要意义，宣传畜牧业绿色发展取得的成效，总结经验，推介典型，试点示范，共同营造推进畜禽粪污处理和资源化的良好氛围。

参考文献

梦祥海：《中国畜牧业环境污染防治问题研究》，华中农业大学博士学位论文，2014。

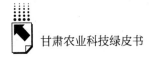
Adams P. L. , Daniel T C, Edwards D R, et al. " Poultry Litter and Manure Contributions to Nitrate Eaching Through the Vadose Zone", *Soil Science Society of America Journal*, 1994, 54（4）: 1206 – 1211.

Griffin R. C. , Bromley D. W. Agricultural Runoff as a Nonpoint Externality: A Theoretical Development, *American Journal of Agricultural Economics*, 1982, 64（3）: 547 – 552.

Hansen L. G. , A Damage Based Tax Mechanisim for Regulation of Non-point Emissions, *Environmental and resource economics*, 1998, 12（2）: 99 – 112.

郭冬生、彭小兰、袭群辉等:《畜禽粪便污染与治理利用方法研究进展》,《浙江农业学报》2012 年第 6 期。

汪开英、黄丹丹、应洪仓:《畜牧业温室气体排放与减排技术》,《中国畜牧杂志》2010 年第 24 期。

周捷、陈理、吴树彪等:《沼气发酵猪粪管理系统对温室气体排放的影响》,《可再生能源》2012 年第 8 期。

宋淑珍、杨发荣、吴建平:《甘肃畜牧业发展现状及存在的问题研究》,《家畜生态学报》2014 年第 12 期。

栾冬梅、李士平、李文哲等:《规模化奶牛场育成牛和泌乳牛产排污系数的测算》,《农业工程学报》2012 年第 16 期。

张蓓、李汉平、张春光:《牛粪 COD 负荷、产污系数及原始产污总量的测算》,《西南农业学报》2011 年第 4 期。

李文哲、徐名汉、李晶宇:《畜禽养殖废弃物资源化利用技术发展分析》,《农业机械学报》2013 年第 5 期。

产 业 篇

Industry Topics

G.13

甘肃省草食畜牧业绿色发展研究报告

郎 侠 吴建平*

摘 要： 甘肃是全国绿色草食畜产品生产大省，绿色牛羊产品是其重
要组成部分。近年来，甘肃省绿色草食畜牧业呈现快速发展
势头，绿色草食畜产品数量明显提高，市场竞争力不断增强；
绿色草食畜产品生产企业规模进一步扩大，对基地农户的牵
动力有所提高。主要措施是各级政府高度重视，防疫灭病能
力加强，对兽药、饲料的质量监管到位，秸秆资源饲料化高
效利用，草原的开发和综合治理。尽管甘肃省绿色畜牧业在
草食畜自然资源组合效益、局域布局、科技含量等方面优势

* 郎侠，博士，甘肃省农业科学院畜草与绿色农业研究所副研究员，主要从事绵羊、山羊
育种，动物分子遗传学及动物遗传资源保护利用和现代生态畜牧业研究。吴建平，博士，
教授，博士生导师，甘肃省农业科学院院长，主要从事草食畜生产及草地生态畜牧业研
究。

明显，但也存在一些制约因素亟待解决：与绿色畜牧业相关
的技术和质量标准体系亟待完善；发展绿色畜牧业的外部环
境需要进一步改善；饲料、基地、龙头企业、市场一体化格
局建设需要加强；强化政策持续性扶持力度，培育主导产业，
优化局域布局，加强畜禽粪污处理与资源化利用，打造草食
畜陇货精品品牌，使以牛羊为主体的草食畜牧业成为甘肃省
大农业经济的朝阳产业。

关键词： 绿色草食畜牧业　牛羊产业　绿色牛羊产品　甘肃省

一　导言

　　绿色草食畜牧业是以生产绿色草食畜产品，特别是牛羊产品为主的牧事
活动。绿色草食畜牧业生产活动必须满足绿色食品、绿色畜产品生产的一切
要求。绿色草食畜产品的生产要求涵盖从牧场管理到餐桌消费全过程的一系
列饲养环节和流通环节的控制，能够保证消费者获得安全、优质、营养的草
食畜产品。绿色草食畜牧业，其实质就是绿色生产和生产绿色草食畜产品，
在生产满足人们需要的畜产品时，既可以充分合理地利用畜牧资源，又能够
达到保护生态环境的目的，从而实现草食畜牧业与生态环境的协同友好发
展。绿色草食畜牧业的宗旨应当是生产优质、安全、无公害的绿色食品和有
机食品。甘肃省畜牧业在全省经济建设和人民生产生活中占有重要地位，其
历史文化源远流长。勤劳开拓的陇原儿女在改造自然、发展生产、建设美好
生活的历史传承中为发展畜牧业做出了卓越的贡献，积累了丰富的经验。在
长期生产实践中，通过自然和人工选择，曾培育出 23 个优良畜禽地方品种，
近代又新育成了 7 个优良品种；在畜牧业经营管理、畜牧资源利用、疫病防
控、科学研究与技术推广等方面都取得了巨大成绩。特别是自 20 世纪 80 年
代以来，甘肃省在草食畜牧业商品化、现代化、规模化、标准化建设方面成

绩卓著，草食畜牧业资源得到进一步优化，以牛羊为主体的草食畜牧业已成为甘肃省大农业经济的朝阳产业。随着畜牧业技术的进步和产业发展模式更新升级，甘肃省绿色草食畜牧业呈现快速发展的势头，主要表现为绿色牛羊产品数量明显增加，市场竞争力不断增强，绿色畜产品生产企业规模进一步扩大，对基地农户的牵动力大幅度提高。

二 草食畜牧业发展的特点

甘肃省是全国的六大牧区之一，也是我国重要的草食畜牧业大省之一，牛羊产业是甘肃省草食畜牧业的重要组成部分，面对市场对绿色畜产品刚性需求的日益扩展，绿色草食畜牧业在甘肃省的发展前景非常广阔。甘肃省绿色食品产业协会在 2010 年的成立，进一步明确了绿色畜产品标准化生产规范。省内牛羊产业大县结合其各自草食畜产业实际和特色，陆续制定了因地制宜的草食畜牧业绿色发展计划，把发展绿色草食畜牧业置于区域经济发展的重要地位，绿色草食畜牧业成为农牧业经济工作的重点，"打绿色牌、走草食畜路"的工作思路成为甘肃省许多地市的经济工作路径，在调整和优化畜牧产业内部结构、提高行业比较效益和资源配置效率的经济发展实践中，发展绿色草食畜牧业被作为有效途径和有力抓手，草食畜牧业的绿色发展逐渐成为明显的区域特点和地区特色。

（一）速度较快是甘肃省草食畜牧业发展的特点之一

2016 年底，全省牛饲养量 740.60 万头，存栏 536.68 万头、出栏 203.93 万头，与 2010 年比较，饲养量、存栏和出栏年增长分别为 15.02%、10.64% 和 26.96%；羊饲养量 3585.50 万只，存栏 2132.37 万只、出栏 1453.13 万只，分别比 2010 年增长了 25.63%、17.27%、38.10%。牛肉、羊肉和奶类每年分别以 4.5%、6.8% 和 6% 的速度递增；2016 年，牛肉产量 21.32 万吨、羊肉产量 23 万吨、奶类产量 64.57 万吨，在肉类生产中，牛羊肉的比重上升到 52% 以上。肉牛、肉羊良种化程度大幅度提高，良种化率均超过75%，牛、羊出栏率分别由2010年的30%和51%提高到2016年的40%和75%，牛羊产业发展趋势见图1和图2。

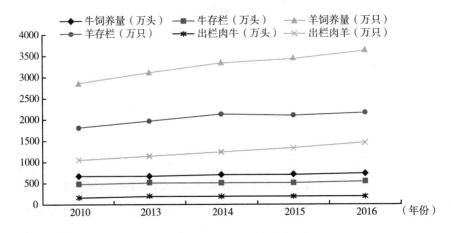

图1　甘肃省牛羊饲养量及存栏量发展趋势

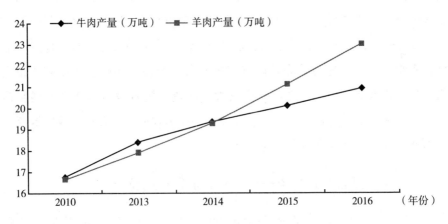

图2　甘肃省牛羊出栏量及牛羊肉产量发展趋势

（二）形成了稳定的草食畜产品生产基地

甘肃省草食畜牧业发展历史悠久，近年来发展速度较快，归因于近年来大力投资草食畜产品生产基地的建设，初步形成有一定规模的、稳定的牛羊产品商品基地。在甘肃省各级政府和业务主管部门的积极引导和大力扶持下，各地区根据各自的畜牧业资源优势，甘肃省已经建成了18个肉牛产业大县、31个肉羊产业大县，肉牛产业大县分别是张家川县、清水县、肃州区、甘州区、临泽县、高台县、凉州区、岷县、徽县、礼县、崆峒区、泾川县、灵台县、崇信县、宁县、康乐县、玛曲县、夏河县，肉羊产业大县分别是永昌县、景泰县、会宁县、靖远县、肃州区、敦煌市、玉门市、金塔县、瓜州县、肃北县、阿克塞县、肃南县、山丹县、民乐县、凉州区、民勤县、古浪县、天祝县、安定区、陇西县、华池县、环县、庆城县、东乡县、广河县、临夏县、和政县、积石山县、玛曲县、夏河县、碌曲县。甘肃省确定的这些牛羊产业大县已形成了稳定的草食畜产品生产基地，产业集群效应得以充分发挥，在提高地区经济的整体竞争力、带动甘肃省草食畜牧业实现跨越式发展方面有一定的影响。

（三）天然绿色牛羊产品引领甘肃省草食畜牧业的发展

就全国牛羊产业排名而论，甘肃省牛羊养殖及牛羊存栏、出栏、产品产量等都位居前列，依靠自身草食畜牧业资源优势，天然绿色牛羊产品在行业领域已成为甘肃省畜牧产业的特色品牌。甘肃省草食畜产品主要来自于甘南高原和祁连山及荒漠半荒漠天然草原和牧区，符合人们追求自然食品的消费理念和发展趋势，并以其原始风味和地方特色日益得到市场的认可。如牦牛、藏羊、滩羊市场货源紧缺、价格上涨，"靖远羊羔肉""临夏手抓羊肉""东乡手抓羊肉""天祝白牦牛"等系列产品深受消费者喜爱和市场欢迎，已成为甘肃特色佳肴和陇货精品。草食畜牧业是甘肃省的传统产业，牛羊生产的兴旺带动了绿色草食畜牧业的整体发展。2016年，甘肃省完成草食畜牧业总产值167.2亿元，占畜牧业总产值的55.5%。在全国牛羊存栏排名榜上，甘肃省牛、羊存栏分别排在第11位和第4位，省内每年近15万吨自产牛羊肉被调往外省区。随着牛羊产业的发展，优质牛羊肉商品生产基地和产品供给基地的作用逐步得到发挥。超过9000个规模养殖场（合作社）已在全省建设完成，33万余户的适度规模养殖户也走上正规。玉米秸秆是草食畜牧业饲草主体，在牛羊产业大县，62%的秸秆资源实现了饲料化利用。

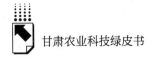

全省已形成451家畜牧产业龙头企业，其中245家为养殖龙头企业、42家为肉类加工企业、30家为乳品加工企业、74家为草产品加工企业、60家为饲料加工企业，拥有专业畜禽交易市场53家。

三　甘肃省草食畜牧业绿色发展的必要性和存在的问题

（一）甘肃省发展绿色草食畜牧业的必要性

将草食畜牧业建成甘肃省农业的"半壁江山"，是甘肃省确立的农业产业结构和畜牧业内部结构调整目标。发展草食畜牧业，一方面有利于解决甘肃省秸秆饲料化利用问题，另一方面也有利于提高草畜生产系统的增值能力，有助于农牧民增收致富。但是，面临牧区草地生态保护的压力和农区作物副产品低效率利用的问题，甘肃省草食畜牧业生产的模式和机制更新也遇到了前所未有的困难。同时，食品安全风险管理对畜产品的生产提出了更高的技术要求。于是，发展绿色草食畜牧业将成为草食畜牧业健康发展的必然选择，是促进农业、农村经济持续、健康发展，农牧民收入不断增加的主要举措。

1. 生态环境的保护需要发展绿色草食畜牧业

国内外畜牧业发展史是一部人类追求肉、蛋、奶、皮、毛等动物源性食物和衣物原材料的人畜互作活动史。在满足人类衣食数量需求的同时，社会经济效益和人们的消费欲望也得到了一定程度的提高和满足，但是，草原退化、沙化，环境污染等一系列问题也伴随而来，日益威胁生态安全和人类社会的可持续发展。寻求绿色发展之路，将成为拯救生态环境的主要途径。因此，生产绿色食品就成为突破口，绿色食品生产的内涵就是追求经济效益、社会效益和生态效益的有机统一、协调发展、持续发展，在满足经济效益、物质欲望的同时又可以保护生态环境。发展绿色畜牧业，生产绿色畜产品，在生产的技术层面，要求在无污染的条件下生产饲料、饲草，同时，采取环保的办法处理养殖废弃物，从而避免污染和破坏养殖环境。发展绿色草食畜牧业是保护和改善生态环境，促进人与自然协调发展的必然选择。

2. 为了更好地保障人民的食品安全，需要发展绿色草食畜牧业

过去人们对自然资源采取掠夺式的开发利用，以期追求物质财富的增长。为了能够增加农畜产品的产量，化肥、农药、抗生素等化学药品被大量使用，从而使残留物进入生态系统，直接导致人类赖以生存和发展的自然环境被破坏，危及人类的健康和生命安全。癌症、畸形、抗药性、青少年性早熟等现象以及某些食物中毒日益频发，越来越多的病例被医学界所证实，这些悲剧的发生是由于滥用抗生素、激素及其他合成药物导致其残留在畜禽产品中。也有研究报道，含残留激素的动物食品将导致长期食用者男性雌化。尤其是 20 世纪末以来，"疯牛病"、二噁英事件、禽流感等事件引起世界性恐慌，"瘦肉精""三聚氰胺"事件让我国的消费者深受其害，因此，畜产品的质量和畜牧业的生产方式成为人们日益关注的焦点。为了让消费者获得放心、安全的食品，保障生命健康，发展草食畜牧业务必选择绿色发展之路。

3. 提高畜牧业经济效益需要发展绿色草食畜牧业

一方面，从价格来看，在国际市场上，绿色食品的价格往往较同类商品高 20% ~ 50%；在国内市场上，绿色食品的价格更高，与同类商品的价格比较，通常要高出数倍乃至数十倍。以青藏高原牛羊产品为例，青藏高原地区生产的牦牛肉、藏羊肉在内地的售价可达到 120 元/公斤，与内地舍饲牛羊肉产品的价格相比，前者比后者高出 50% 左右。所以，生产绿色草食畜产品是提高养殖业经济效益的主要措施。另一方面，畜产品的安全危机会导致严重的经济损失。此类事例数不胜数，如"疯牛病"爆发，英国的 400 万头牛被宰杀，导致其牛产品和制品出口陷于停滞，造成的直接经济损失达 300 亿美元；也是"疯牛病"，造成韩国、日本和阿根廷的 70 万头牛被销毁，使当地畜牧业蒙受沉重的打击。因此，为了确保畜牧业经济效益，发展绿色草食畜牧业是不二选择。

4. 增强牛羊产品市场竞争力需要发展绿色草食畜牧业

虽然甘肃省草食畜牧业发展非常迅猛，但牛羊畜产品的市场竞争力不

强。目前，甘肃省草食畜产品的 70% 在省内市场流通消费，外调量较少，如果牛羊畜产品的质量不能得到及时有效地改善提高，对甘肃省牛羊产品而言，其外向型市场的地缘优势将会丧失。为此，要增强牛羊产品的市场竞争力和维持地缘优势，甘肃省草食畜牧业发展思路必须转变，即由数量扩张型向质量效益型转变，发展绿色草食畜牧业成为其必选之路。

（二）甘肃省发展绿色草食畜牧业面临的问题

甘肃省草食畜牧业绿色发展的形势很好、前景广阔，也有一定的进展，但面临的问题依然严峻，有来自资源和市场的双重约束，也有来自降低成本和提升质量的双重压力，主要表现如下。

1. 资源和环境的约束日益加大

在农区，土地资源呈现相对紧缺的局面，在养殖集中区域，牛羊养殖废弃物污染治理的任务越来越艰巨；在牧区，草场超载过牧等掠夺式生产，造成草地资源退化，且已成为影响国计民生的大事。

2. 草食畜产业发展方式落后

主要表现为，大型龙头企业数量少，产业规模小，产品品牌效应不突出，产业链条完整性差，产业定位仍处于初级原料生产者的地位。

3. 产业绿色发展基础薄弱

绿色牛羊产业基地不完善，规模较小，科技含量不高，规划和运行管理机制不健全，产业逻辑的科学性和高效性较差。

4. 饲草料资源浪费严重，秸秆饲料化利用程度低

对饲草及农作物秸秆收储、加工、饲料化利用的机械化水平低，对粮改饲和秸秆高效利用的理念认识不到位，饲草料资源浪费严重。

5. 标准化程度低

绿色草食畜产品质量标准体系、质量认证体系和产品检测技术体系等保障措施不健全，绿色牛羊产品的质量控制和品牌信誉尚未构建完善，鱼目混珠的现象在消费市场上屡见不鲜。

6. 企业带动作用不强

牛羊产业龙头企业的带动能力弱，产品品牌参差不齐，市场竞争力不强，资源整合能力尚未形成，牛羊产业高速发展的动力不强。

7. 产品价格波动大

目前牛羊产业市场低迷，尤其是羊产业效益严重下滑。在市场和疫病的双重影响下，畜产品价格波动较大，特别是近两年来羊肉市场持续低迷，严重挫伤了羊养殖者的产业发展积极性，对投资和生产产生了巨大的消极影响。

8. 认识不到位

牛羊产业从业人员绿色发展意识淡薄，产区部分干部、养殖户、技术人员对绿色草食畜产品的指标、生产规程及品牌的理解和认识尚未形成清楚的概念。

四 甘肃省草食畜牧业绿色发展的措施

（一）甘肃省草食畜牧业绿色发展的优势

1. 自然资源的组合效应优势

甘肃省地理环境状况复杂多样，其气候特点以干旱半干旱为主，地理环境和气候条件孕育了甘肃省丰富的草食畜牧业资源。牛羊的生活习性一般表现为喜燥厌湿、怕热耐寒，而甘肃省的自然地理、气候条件正好与牛羊的生活习性相吻合，这使甘肃省成为发展牛羊产业的最佳适应区，尤其适合绿色发展。

甘肃省自然资源禀赋良好，拥有极为丰富的天然草地资源，全省有1790.42 万公顷天然草地，其中 1607.16 万公顷为可利用草地。甘肃省国土面积的 39.4% 是天然草地，是全国天然草地面积份额的 4.56%。全国天然草地面积排名前 6 位的省区依次是新疆、内蒙古、青海、西藏、四川、甘肃。甘南高原、祁连山地及省境北部的荒漠、半荒漠沿线一带是甘肃省天然草地的主要分布区域。这里也是甘肃省少数民族聚居地区，同时也是甘肃省传统草食畜牧业的商品基地。据 2016 年统计资料，全省累计种草保留面积 282.87 万公顷，其中 159.2 万公顷为人工种草面积，122.47 万公顷为改良种草面积，1.2 万公顷为飞播牧草面积。有超过 4000 万吨的农作物秸秆和副产品等饲草料资源，为甘肃省发展草食畜牧业奠定了较为坚实的饲草资源基础，也为发展绿色牛羊产业提供了充足的饲草料资源。

在地域辽阔、自然环境多种多样的甘肃省，长期的自然选择和人工培育，形成了独具特色的食草家养动物遗传资源，如位居我国五大良种黄牛之首的秦川牛类群之一的早胜牛，遗传多样性丰富的甘南高原牦牛、天祝白牦牛、滩羊、蒙古羊、岷县黑裘皮羊、甘肃高山细毛羊、欧拉羊、甘加羊、乔科羊、河西绒山羊、陇东黑山羊等。近年来，甘肃省各级政府及管理部门通过牛羊产业大县建设项目的带动促进，通过扶持草食畜良种繁育体系建设，对早胜牛、甘南牦牛、兰州大尾羊、滩羊、陇东白绒山羊、河西绒山羊、藏羊等优良地方牛羊遗传资源进行了有效保护，对"河西肉牛"、"陇东肉牛"和"中部肉羊"等牛羊新品种选育进程大力推进。随着肉牛业的深入发展，近年来，甘肃省具有经济实力的企业从澳大利亚、新西兰等国引进了大量肉用种牛，如西门塔尔种牛、安格斯种牛、海福特种牛，以及冻精、胚胎等，进一步丰富了甘肃省牛种资源；培育的高山型美利奴羊新类群，引进的陶赛特羊、波德代、萨福克羊、特克塞尔羊、澳洲白、杜波、波尔山羊等肉羊品种，更加丰富了羊种遗传资源，已初步构建了肉羊杂交生产体系。这些引进的优良牛羊品种和当地特色牛羊品种是甘肃绿色草食畜牧业可持续发展的基因资源保障。

由此可见，只要将甘肃省丰富而充足的饲草料资源优势和家养草食畜基因资源优势进行合理开发利用，这些资源组合优势就会变成经济效益优势。

2.草食畜牧业发展的整体优势

破解"三农"问题，打赢扶贫攻坚战是目前甘肃省社会、经济发展的首要任务，把推广玉米全膜双垄沟播种植技术、加快秸秆饲料化利用、建设牛羊产业大县、发展农业循环经济等实用技术有机结合起来，将是解决问题的抓手。发展绿色草食畜牧业，推进草食畜牧业产业转型升级，促进调整产业结构，发展特色草食畜牧业经济已成为甘肃省农牧业结构调整中最具活力的经营活动和增加农牧民收入的最具有潜力的朝阳产业。

根据甘肃省 2016 年经济统计数据，甘肃省牛存栏为 536.68 万头，羊存栏为 2132.37 万只，与 2015 年相比，牛、羊存栏分别增长 3.7% 和 1.7%；2016 年甘肃省有 203.93 万头牛出栏，1453.13 万只羊出栏，同 2015 年比较，牛羊出栏分别增长了 5.8% 和 8.5%。牛肉产量 21.32 万吨、羊肉产量 23 万吨，奶类产量为 64.57 万吨，同 2015 年相比，牛羊肉和牛奶的产量分别增长了 7.38% 和 6.9%。2016 年完成草食畜牧业总产值 167.2 亿元，达到全省畜牧业总产值的 55.5%。与全省比较，甘肃省 18 个肉牛大县牛存栏占全省的比例为 58.7%、出栏占全省的比例为 69.7%；31 个肉羊大县羊存栏占全省的比例为 79.1%、出栏占全省的比例为 80.3%。在草食畜牧业发展过程中，管理部门、研发机构、生产企业、技术推广部门经过试验和实践，探索和归纳出了"公司＋基地＋农户"、公司带农户、"合作社＋农户"、订单生产、合同收购等多同形式的草食畜牧业产业化发展模式和新路子。

3. 绿色草食畜产品产业的区域优势

甘肃省地形复杂，气候条件千差万别。天然草场面积大、草地类型多，家畜种类繁多，草食畜牧业发展历史悠久，形成了全省 7 个牧业县、12 个半农半牧县的草食畜区域布局，定格为纯牧区、半农半牧区、农区、城郊畜牧等四种畜牧业生产类型。甘肃省现有的天然草场被专家学者分为六大类十九个亚类，草场总面积为 1897 万公顷，占全省总面积的 35.37%，是净耕地面积的 3.31 倍，平均产鲜草 2601 公斤/公顷，总体而言，每百公顷草场的载畜能力为 94.05 个羊单位。超过 99% 的天然草场被放牧利用。

甘肃省地貌基本涵盖了山地、高原、河谷、平川、沙漠、戈壁等多种类型，并构成了独具特色的七大自然生态区域：陇南山地暖温带湿润区、陇中黄土高原温带半干旱区、陇东黄土高原温带半湿润区、祁连山东段高寒阴湿区、祁连山西段和河西走廊北部荒漠干旱区、河西走廊平原温带干旱区、甘南高原高寒湿润区。与自然生态区域相耦合，草食畜绿色食品产业在甘肃省

已形成了较强的产业发展势头。

4. 人才和技术积累有利于发展绿色草食畜牧业

虽然从整体水平来说，甘肃省在人才和技术方面的优势不显著，但就发展绿色草食畜牧业而言，甘肃省具有明显的人才和技术长项。在畜牧、兽医、草原等学科和技术研发方面，甘肃省拥有师资力量强、技术实力雄厚的教学、科研、技术推广机构，为甘肃省发展绿色草食畜牧业提供了强有力的知识贮备和技术支撑。在多年发展畜牧业的过程中，甘肃省已建立了以政府为主导，科技人员、农牧民、企业家等广泛参与的多元化技术推广和服务队伍，为绿色草食畜牧业的发展奠定了技术应用基础。

5. 牛羊畜产品市场前景广阔

随着城镇化建设步伐的推进，以及农村人口向城镇转移，人们消费水平提高和购买力增强，老百姓餐桌食物结构优化，牛羊制品已逐渐成为日常肉类消费品，牛羊肉消费将成为刚性需求已成为不争的事实。在近 10 年，甘肃省人民对牛肉产品的消费量增长了 3.2 倍，对羊肉产品消费量增长了 5.7 倍。在未来 20 年，对畜产品消费量的增长仍将处于持续上升状态，作为牛羊生产最佳适宜区的甘肃省，将迎来前所未见的历史发展机遇期。

（二）甘肃省关于绿色草食畜牧业的发展思路

1. 建立健全绿色草食畜牧业的相关标准体系

参照国际有机食品相关标准，分别有国际标准、国家标准和地区标准等。为了紧跟产业发展前沿和满足行业需求，国际标准需要每两年修订一次，相应地，相关地区标准和国家标准也需要及时修订和调整相关指标。2000 年 4 月 1 日，《绿色食品产地环境质量标准》在我国正式实施。为了发展绿色草食畜牧业，甘肃省应该建立健全绿色草食畜牧业的相关标准体系，以期更好地满足国内外市场、生产者、消费者对甘肃省绿色牛羊畜产品的需求。

2. 改善和优化绿色草食畜牧业的发展外部环境

诸多客观环境制约着绿色草食畜牧业的发展，一般而言，国际通常的做法首先是划定和建设无规定牛羊疫病区。甘肃省应参照国际成熟做法，与国际惯例接轨，根据国际通行措施，逐步改善和优化绿色草食畜牧业发展的外部环境，加强无规定疫病区的划定、净化和建设，以实现绿色草食畜牧业的发展计划。

3.构建绿色草食畜牧业的产业体系

发展绿色草食畜牧业是为了给人们提供优质、安全、健康的绿色草食畜产品，严格要求生产过程和关键环节的质量控制。需要建立健全产前、产中、产后的相应环境优化技术、生产技术、加工技术、管理技术等四个技术层面的规范操作。因此，应构建绿色草食畜牧业的完整产业体系，包括饲料、饲草生产体系，绿色牛羊产品养殖基地，以兽医、兽药为主的技术服务体系，绿色牛羊产品加工体系和绿色牛羊产品销售体系等。

（三）甘肃省草食畜牧业绿色发展的措施

1.加大政策扶持力度，努力创造良好的发展环境

按照"产品有市场、龙头有基地、基地有资源、资源有前景、科技有支撑"的原则，全面运用资金、项目、技术、土地、劳动力等生产要素促进和提升规模经营水平。一是要充分利用财政资金，有效利用银行信贷资金，鼓励加工企业兴办养殖小区或与规模养殖户、养殖小区（场）签订生产协议；积极、正确引导牛羊养殖、加工企业广泛吸纳社会资金和个人资金大力发展规模化经营，创建高效、绿色、守信的绿色产业链。与此同时，要积极鼓励条件具备的养殖大户、养殖小区等向规范化、标准化、绿色化养殖场方向发展。二是要进一步强化落实中央、省、市/县有关农民增收、草食畜牧业增效的政策措施，制定村镇规模经营建设规划，努力把建设绿色牛羊养殖小区/场用地计划纳入当地土地利用总体规划，合理利用荒山、荒地和未利用土地，引导农牧民发展绿色牛羊养殖。三是要加强绿色牛羊养殖粪便污水无害化处理力度，将养殖废弃物无害化设施建设纳入当地环保建设扶持领域，积极落实各级政府相关优惠政策，支持和引导牛羊养殖、产品加工机构开展养殖废弃物综合利用和环境保护。四是要充

分发挥畜牧养殖农民合作组织的协调、沟通能力，规范和组织标准化的规模生产经营模式，努力提高规模经营者的话语权和市场支配权，促进规模养殖的稳定健康发展。

2. 把草食畜牧业作为全省战略性主导产业加强培育，分区推进

（1）在农区及农牧交错区，要充分发挥已有的资源优势，如丰富的退耕还草、荒山种草、耕地种草、农作物秸秆和劳动力资源，通过资源优化配置，积极、正确引导构建绿色草食畜牧业优先发展模式和明确产业方向，引进、转化、落地绿色牛羊产业化技术，根据当地实际，分区域推进绿色牛羊养殖、加工等。

（2）在牧区，要发挥草地生态畜牧业资源的优势，在发展绿色牛羊产业的同时，必须加强草地生态保护、草地合理利用，构建"牧繁农养"的资源互补异地养殖模式，积极推广先进适用技术，探索草地绿色草食畜牧业可持续发展新模式。

3. 在重点区域加快草食畜牧业优势产业带建设

（1）肉羊产业：在甘肃省中部建设杂交生产模式的肉羊集中产区，在河西建设绿洲杂交肥羔生产模式的肉羊集中产区，在甘南高原和祁连山牧区建设草地生态天然优质羊肉生产模式的肉羊集中产区，同时利用岷县黑裘皮羊、陇东黑山羊、藏羊等独特资源发展特色羊肉生产。

（2）肉牛产业：建设河西"西杂牛"嫩牛肉绿色肉牛集中产区，在陇东建设早胜牛"雪花牛肉"特色牛肉集中产区，在甘南高原和祁连山牧区建设天然优质牦牛肉集中产区。

4. 对牛羊养殖废弃物无害化处理与资源化利用

根据国家《畜禽规模养殖污染防治条例》、甘肃省人民政府《甘肃省水污染防治工作方案》和《甘肃省畜禽养殖污染防治工作方案》的相关要求和规定，正确指导畜禽养殖废弃物综合利用和加强社会化服务；新建、改建、扩建规模化畜禽养殖场（小区）必须全面实施雨污分流、粪便污水资源化利用；规范绿色牛羊养殖企业养殖废弃物管理制度，逐步建立绿色牛羊养殖场粪污处理和资源化利用信息系统，加强新建绿色牛羊养殖场的备案管理。

5. 大力建设现代草食畜牧业全产业链

以"现代绿色草食畜牧业全产业链项目建设"为抓手，紧抓饲草料生产、良种繁育、产品精深加工、疫病防控、流通营销等重点和关键环节，科学整合和优化各类资源，平衡绿色草食畜牧业产前、产中、产后各环节的生产效率，促进各环节协调同步发展。扶持牛羊生产龙头企业改善牛羊产品精深加工能力和提升饲草水平，积极引导大型牛羊生产龙头企业开展订单生产、品牌运营、统一销售等多种经营方式，延伸和拉长产业链条，健全冷链物流体系，提升牛羊肉品冷链配送能力，实现产加销有机对接。深度开发牛羊特色产品、创建陇货精品品牌、完善产品营销手段，着力打造甘肃省绿色、安全、优质、特色牛羊产品品牌，推动甘肃省"名、特、优"牛羊产品"走出去"，拓展市场渠道。

6. 培育和构建新型生产管理及经营主体

引导、扶持牛羊养殖专业大户、家庭牧场等构建种养结合的规模化养殖新模式，提高牛羊绿色养殖技术含量和增强盈利能力，使新型生产管理及经营主体成为引领绿色草食畜适度规模经营、发展绿色牛羊产业的有生力量。积极扶持基础条件好、经营理念更新快的龙头企业，采取参股、控股、兼并、合并、租赁等多种组织管理形式，增强经营能力，促使其积极主动发挥带头引领作用。构建企业与农户之间的互惠互利机制，进一步完善和健全双方利益联结共同体，实现千家万户分散小规模生产与大市场的有效对接，推进绿色草食畜牧业全产业链持续发展。

7. 打造一批甘肃特色的绿色草食牛羊产业陇货品牌

"东乡手抓羊肉""靖远羊羔肉""首曲牦牛藏羊肉""陇东红牛""陇东山羊"等品牌产品已成为甘肃省草食畜牧业特色牛羊产业的品牌，深受消费者喜爱，需要进一步完善品牌战略，要扶持绿色草食畜牧业龙头企业并充分发挥龙头企业的引领作用，坚持"建一个企业、创一个品牌、开发一个系列"的运作理念，深入实施"由粗到精、由主产品到副产品、从正品到下脚料"的产品深度加工和资源综合利用措施。

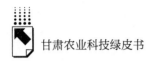

五 甘肃省绿色草食畜牧业的发展展望

新阶段，随着草食畜牧业的跨越发展，面对新的发展环境，同全国趋势一样，甘肃省草食畜牧业发展环境也发生了许多深刻的变化，牛羊产业的自主增长能力逐步增强，牛羊产业也加速走上了现代化发展之路。根据畜牧业发展的动力机制原理，城乡居民收入水平和生活质量状况决定草食畜牧业的市场前景，科学技术的推广与应用决定草食畜牧业的发展速度和水平。在未来发展中，必须不断完善绿色畜牧业的标准体系，改善绿色畜牧业发展的客观环境，并形成饲料、基地、龙头企业、市场一体化的建设格局。在全省农业产业结构调整的浪潮中，绿色草食畜牧业将成为最具有活力和生命力的产业，也将成为增加农牧民收入的新的经济增长点。

参考文献

魏胜文、乔德华、张东伟：《甘肃农业科技发展研究报告（2011～2015）》，社会科学文献出版社，2016。

郎侠、李国林、王彩莲：《甘肃省绵羊生态养殖技术》，甘肃科学技术出版社，2014。

王莉、沈贵银等：《中国草食畜牧业发展研究》，中国农业出版社，2015。

甘肃省人民政府办公厅：《甘肃省"十三五"农业现代化规划》（甘政办发〔2016〕126号）。

甘肃省农牧厅：《甘肃省"十三五"畜牧业发展规划》，http：//www. gsny. gov. cn/。

甘肃省农牧厅：《甘肃省"十三五"草食畜牧业发展规划》，http：//www. gsny. gov. cn/。

赵国琳：《甘肃省地方畜禽品种资源》，甘肃科学技术出版社，2013。

G.14
甘肃省设施蔬菜产业绿色发展研究报告

王晓巍*

摘　要： 本报告回顾了国内外设施蔬菜产业的发展现状与绿色发展动态，总结了甘肃省设施蔬菜产业发展情况与设施蔬菜绿色发展成效及存在的问题，提出了甘肃省设施蔬菜产业绿色发展的思路目标及重点，今后将在设施蔬菜绿色栽培技术研究、设施蔬菜绿色控害技术研究和温室设计与配套技术研究等方面开展关键性技术的难题攻关。从组建设施蔬菜绿色发展创新团队及产业联盟、健全设施蔬菜科技创新体系和设施蔬菜绿色技术推广服务体系、建立和完善有利于设施蔬菜绿色发展的体制机制等方面提出了加快甘肃省设施蔬菜产业绿色发展的对策。

关键词： 绿色发展　设施蔬菜　甘肃省

一　设施蔬菜产业绿色发展动态

十八届五中全会提出，为全面建成小康社会、美丽中国，必须坚持绿色发展。绿色是农业的本色，绿色发展是农业供给侧结构性改革的基本要求。蔬菜是人类日常生活中必不可少的重要食品，是种植业中最具活力的经济作

---

*　王晓巍，博士，研究员，甘肃省农业科学院蔬菜研究所所长，主要从事蔬菜栽培与植物营养等方面的技术研究与示范推广工作。

物。随着农业向智能化、高效化、规模化方向发展，设施蔬菜产业发展迅速，在发展中必须十分关注设施蔬菜的绿色发展。

（一）国内外设施蔬菜产业发展现状

1. 国外设施蔬菜发展现状

国外设施蔬菜的发展起步早，发展速度快，现已成为许多国家和地区的主导产业。荷兰、英国、法国、日本是较早进行设施蔬菜栽培的国家，15～16 世纪在建造的简易温室中进行蔬菜栽培；20 世纪 70 年代以来，设施蔬菜生产在发达国家快速发展，目前全世界设施蔬菜总面积已超过 400 万公顷。设施栽培蔬菜以果菜类和瓜类为主，约占总面积的 95%，其中番茄、茄子、黄瓜、西瓜和甜瓜的栽培面积较大。以色列、荷兰、日本和美国的设施蔬菜产业是当前全世界在该领域最发达的，具有全球最先进的设施、设备及管理技术，在详尽研究蔬菜生理与环境互作关系的基础上，充分利用蔬菜与环境关系的量化指标及先进的信息化技术，其设施蔬菜产生基本上形成了从育苗、种植到采后分级、包装等一整套完善的生产技术体系。此外，澳大利亚、法国、西班牙、英国等国家的蔬菜生产设施和设备已达到全球较高水平，逐渐向网络化、自动化和智能化方向发展，高科技手段（激光、遥感和电子等）在设施蔬菜栽培中应用普遍，通过智能化来调控蔬菜上市时间，实现蔬菜周期生产和均衡上市，形成了摆脱自然的全新技术体系。当前国际上设施蔬菜生产正在向大型化、工厂化和现代化方向发展。

2. 国内设施蔬菜发展现状

蔬菜设施栽培在中国具有悠久的历史，早在两千多年前的《汉书》中就记载了关于利用地热、火室和火炕为热源进行设施蔬菜栽培的方法，但长期以来我国设施蔬菜栽培一直处于初级阶段。改革开放以来，我国的设施蔬菜产业得到快速发展。随着"三农"问题的提出，中央及各级政府不断加大设施农业建设和资金投入力度，加快了设施蔬菜发展的步伐。截至 2016年底，全国设施蔬菜种植面积达 391.5 万公顷，产量 2.8 亿吨，总产值12540 亿元；预计到 2020 年，全国设施蔬菜种植面积将达到 410.5 万公顷。

我国设施栽培的蔬菜种类达 10 余个大类，以茄果类、瓜类、食用菌类等为主，且分布地区较集中，其中环渤海和黄淮海地区占全国设施蔬菜总面积的 60%、长江中下游地区占 20%，西北地区占 7%。经过近 40 年的发展，我国设施蔬菜产业取得了令人瞩目的成就，形成了独具特色的以节能、低碳、低成本为中心的生产体系和发展道路。近年来，我国的设施蔬菜种植规模稳步扩大（见表 1），产量和效益获得巨大提升。据报道，2016 年全国蔬菜播种面积 2548.8 万公顷，产量 91834.9 万吨，总产值突破 2 万亿元大关，其中设施蔬菜分别占 15.4%、30.5% 和 62.7%。设施蔬菜产业的发展，不但解决了我国蔬菜的周年均衡供应，而且促进了农业资源利用、农民增收和农村发展。

表 1 全国设施蔬菜面积及结构类型变化

单位：万公顷

年份	小拱棚	大中棚	节能日光温室	普通日光温室	加温温室	连栋温室	合计
1978	0.37	0.13	0.00	0.00	0.03	0.00	0.53
1982	0.71	0.18	0.00	0.11	0.05	0.00	1.05
1984	2.17	0.55	0.01	0.31	0.12	0.00	3.16
1986	5.39	1.37	0.06	0.85	0.25	0.00	7.92
1988	7.87	2.15	0.22	1.43	0.33	0.00	12.00
1990	9.66	3.34	0.75	1.53	0.40	0.00	15.68
1992	14.33	5.73	2.22	1.57	0.51	0.00	24.36
1994	22.31	10.67	6.29	3.63	0.55	0.00	43.45
1996	37.57	25.59	12.53	7.16	0.97	0.01	83.83
1998	54.66	52.26	20.71	8.71	2.52	0.07	138.93
2000	69.12	71.27	28.35	11.68	2.85	0.13	183.40
2002	75.81	82.46	38.31	11.67	2.38	0.11	210.74
2004	98.87	106.65	39.19	10.78	1.47	0.73	257.69
2006	107.62	109.07	45.38	9.55	1.77	0.77	274.16
2008	127.88	130.21	61.77	11.57	1.93	1.31	334.67
2010	128.67	134.00	66.67	11.67	1.97	1.36	344.34
2012	105.47	166.20	72.53	16.80	2.07	2.80	365.87
2014	112.00	172.80	80.00	16.80	1.67	2.93	386.20
2016	—	—	—	—	—	—	391.50

注：1978 ~ 2010 年数据来源于《我国设施园艺概况及发展趋势》，2012 ~ 2014 年数据来源于《我国设施蔬菜有机肥撒施装备研究现状及发展趋势》，2016 年数据来源于《我国设施蔬菜产业概况与"十三五"发展重点》。

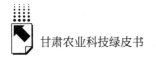

（二）国内外设施蔬菜产业绿色发展动态

随着时代的发展，人们对食品安全的要求越来越高，追求安全优质、营养健康的农产品生产已成为全世界农业发展的主旋律，特别是发展绿色蔬菜产业已成为农产品结构调整的主攻方向及适应农产品国际贸易快速发展和国际大市场的趋势。设施蔬菜是现代农业的重要组成部分，蔬菜设施栽培绿色发展是顺应时代潮流、促进设施蔬菜产业可持续发展的重要举措。

20世纪70年代以来，美国、日本、荷兰、以色列和法国等国家利用先进的技术，研发出很多环境控制设施设备，极大地促进了设施蔬菜产业的发展。90年代初，荷兰在温室发展中开始追求绿色、低能耗和多功能，设施蔬菜的可持续发展成为关注焦点。在设施蔬菜生产中对病虫害的防控一直坚持源头控制和综合防控，以精准调控温湿度及构建有益昆虫生态系为基础，充分发挥自然调控和生态调控的优势，通过定期监测预警，制定最佳的防治策略。高效的灌溉体系是以色列设施农业最显著的特征，全国的设施蔬菜栽培都采用滴灌技术，灌溉水利用率达95%。通过水肥一体化技术、循环利用技术等措施，以色列设施蔬菜生产平均可节水节肥30%~40%，而且蔬菜单产也显著提升。日本的设施蔬菜栽培大多采用立体化种植技术和植物工厂技术，植物工厂种植的蔬菜不仅外观齐整、营养元素均衡，而且高产高效、节水节肥。

与发达国家相比，中国在设施蔬菜绿色发展方面的技术水平比较落后，但经过广大科技人员的长期努力，目前我国的设施蔬菜已走出一条具有中国特色的绿色发展道路。以有机生态型无土栽培为核心的非耕地设施蔬菜产业是绿色发展成功的典范，利用石块在戈壁荒漠、盐碱地上建设日光温室，配制栽培基质的材料（玉米秸秆、麦草、棉籽壳、玉米芯、畜禽粪便等）就地选取，种植蔬菜用清水灌溉，生产的蔬菜质量符合"绿色食品"标准。尾菜的资源化利用也是促进设施蔬菜产业可持续发展的重要举措，尾菜中含有丰富的有机质、氮、磷、钾等营养元素及钙、镁、硫等微量元素，是可利用的有机肥料来源；堆、沤肥技术和菜叶还田技术以田间蔬菜尾菜为原料，通过肥料化利用，可最大限度解决田间环境污染。设施蔬菜生产由于栽培环境特殊，给病虫害创造了良好的滋生空间，绿色防控技术的研发、推广应用为设施蔬菜绿色发展注入了新的活力。在绿色防控技术产品的研发中，主要开发理化诱控、驱害避害、生物多样性、生物防治、生物工程和生态工程技术产品。在设施蔬菜生产中，主要推广以生物防治为突破的绿色防控技术，设立黄板、蓝板及防虫网，推广使用生物农药和植物源农药。绿色防控技术在设施蔬菜上的推广应用，有效控制了病虫害，而且极大减少了化学农药的用量，提高了设施蔬菜的质量安全水平，探索出一条从源头转变病虫防治方法、减轻面源污染及农药残留、促进设施蔬菜产业可持续发展的有效途径。灌溉和施肥是设施蔬菜生产管理的关键环节，水肥一体化精准管控技术的广泛应用，极大地减少了生产中的水肥投入成本，降低了因不合理施肥和灌水造成的资源浪费，提高了水肥利用效率和蔬菜品质及产量，也可避免土壤退化和环境污染。近年来，各级农业部门紧紧围绕"一控两减三基本"的目标，有效控制设施蔬菜生产用水和化肥、农药使用量，大力推广化肥减量增效和水肥一体化技术，鼓励农民增施有机肥，加快设施蔬菜病虫害绿色防控技术的研究、开发、集成、示范和推广。全面推进设施蔬菜废弃物综合利用，推进地膜清洁生产和农田残膜回收再利用试点。目前，我国设施蔬菜生产基本实现了化肥农药使用量零增长，一些地方实现了负增长，生产中产生的废弃物也基本实现了资源化利用；同时，政府建立了以绿色生态为导向的农业补贴制度，全国设施蔬菜产业绿色发展大步迈进。

二 甘肃设施蔬菜绿色发展现状与问题

（一）甘肃省设施蔬菜产业概况

甘肃地处黄土高原、内蒙古高原、青藏高原的交会地带，气候复杂，包含北亚热带湿润区、高寒区、干旱区等各种类型，独特的自然环境为发展设施蔬菜生产创造了得天独厚的条件。甘肃省设施蔬菜生产起步于20世纪80年代中期，自1998年甘肃省委、省政府实施日光温室翻番工程以后，全省设施蔬菜步入了快速发展阶段，栽培面积不断扩大，生产总量逐年递增（见图1）。1998年，全省设施蔬菜种植面积2.20万公顷，占全省蔬菜总面积的13.21%，其中日光温室蔬菜面积仅0.61万公顷，塑料大中棚1.60万公顷。"十二五"期间，甘肃省设施蔬菜种植面积呈持续增长势头，由2011年的6.61万公顷增加到2015年的10.40万公顷，增加了3.79万公顷，增幅57.42%，年均增长11.48%；其中日光温室蔬菜面积由2011年的3.19万公顷增加到2015年的3.95万公顷，增加了0.76万公顷，增幅23.67%，年均增长4.73%；塑料大中棚蔬菜面积由2011年的3.41万公顷增加到2015年的6.45万公顷，增加了3.04万公顷，增幅88.98%，年均增长17.80%。2016年，甘肃省设施蔬菜面积达10.55万公顷，占全省蔬菜种植总面积的19.29%；产量560.49万吨，占全省蔬菜总产量的28.72%；总产值超过170亿元，约占全省农业总产值的14%，农民从设施蔬菜生产中获得的收入人均达650元以上，占全省农村人均可支配收入的8.72%。目前，设施蔬菜产业是甘肃省农业生产中发展速度最快、效益最好

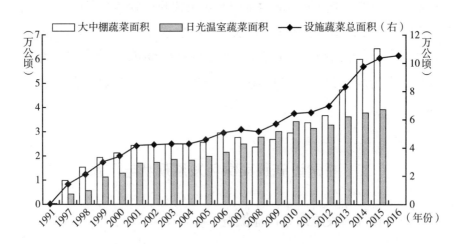

图1　1991～2016年甘肃省设施蔬菜面积变化

的农业产业之一，已成为城乡居民的"菜篮子"和农民"钱袋子"的重要组成部分。

设施蔬菜产业已成为甘肃省农业发展的突出亮点，全省各市（州）设施蔬菜产业呈蓬勃发展趋势。目前，全省设施蔬菜种植面积超过1万公顷的市（州）有4个，分别是天水市、武威市、白银市和张掖市（见图2）；武威市、白银市、张掖市、兰州市和酒泉市是甘肃省主要日光温室蔬菜种植区域，面积均在0.40万公顷以上（见图3）；塑料大中棚蔬菜面积超过0.40万公顷的市（州）有7个，分别是天水市、陇南市、庆阳市、兰州市、张掖市、酒泉市和白银市，其中天水市占全省总面积的28%（见图4）。经过多年的发展，全省已逐步形成以河西五市及兰州、白银为主的日光温室和以陇东、陇南为主的春提早秋延后塑料拱棚两大设施蔬菜优势产区，实现了蔬菜周年生产和均衡供应，设施蔬菜产业已成为甘肃省农业产业结构调整和增加农民收入的支柱产业之一。

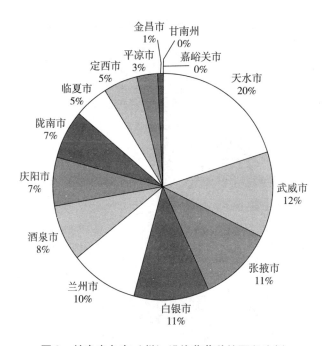

图2　甘肃省各市（州）设施蔬菜种植面积比例

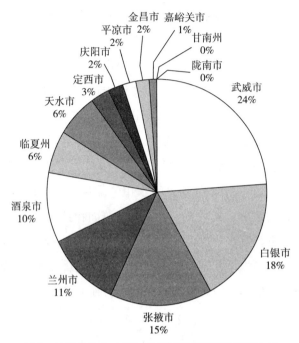

图3 甘肃省各市（州）日光温室蔬菜种植面积比例

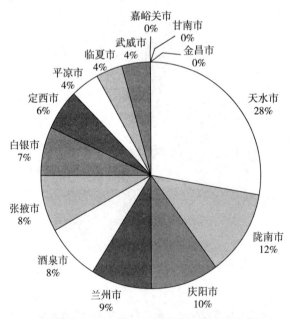

图4 甘肃省各市（州）塑料拱棚蔬菜种植面积比例

（二）甘肃省设施蔬菜绿色发展主要成效

近年来，甘肃省设施蔬菜绿色发展取得了显著成效，蔬菜提质增效能力不断加强，绿色生产水平不断提高，尾菜等废弃物综合利用水平逐年提升，设施蔬菜生产保障了蔬菜周年供应，促进了农民增收和农村发展，带动了城乡劳动力就业，提高了资源利用效率，而且以低碳节能生产、低成本简易设施、多种茬口果菜栽培为主，发展特色明显。

1. 设施蔬菜质量安全水平明显提高

近年来，按照"绿色、环保、健康"的要求，进一步加强设施蔬菜安全建设，提高产品质量，不断增强产品的市场竞争力，为广大消费者提供优质、安全、放心的绿色蔬菜产品。通过制定设施蔬菜绿色生产技术标准，生产中无公害、绿色和有机等"三品一标"蔬菜产品的比重不断提高，品质显著提升，设施蔬菜生产从注重产量向确保提质增效的方向加快发展。各地突出特色，抓点示范，重点扶持，形成了一批集新品种及新技术示范展示于一体的设施蔬菜标准化科技示范园和绿色生产基地。以番茄、辣椒、韭菜等优势设施蔬菜产品为主的反季节蔬菜享誉省内外，部分产品出口到东南亚、中亚、港澳等地区。目前，全省已建立12个国家级无公害蔬菜标准化生产示范县、40多个省级无公害蔬菜标准化生产示范县，64个蔬菜基地通过绿色食品基地认证，291种蔬菜有效使用绿色标志，生产的蔬菜在全国大中城市质量安全例行监测中合格率达到96％。

2. 设施蔬菜可持续发展能力不断增强

甘肃省在设施蔬菜发展中，始终坚持"科技兴菜"理念，建立了以科研院所、农业院校和蔬菜科技企业为主体的科技创新体系，在设施蔬菜绿色发展技术研发方面取得了重大突破。针对设施蔬菜产业健康、可持续发展的需求，全省农业科技人员在设施蔬菜安全高效栽培技术、水肥一体化技术、化肥农药减施增效技术、病虫害绿色防控技术、尾菜资源化利用技术、有机生态型无土栽培技术等方面开展了大量研究，取得了重大进展。目前，节本增效精量化水肥一体灌溉、非耕地设施蔬菜高效栽培、设施"三沼"综合利用等技术在设施蔬菜生产中大面积示范推广。此外，培养了一大批科技带头人和示范户，数百名农技专家扎根在基层，上千名"土专家"活跃在生产一线，科技的推广为全省设施蔬菜产业的发展注入了新的生机和活力，全面提升了设施蔬菜生产水平，促进了设施蔬菜产业可持续发展。

3. 废弃物综合利用水平不断提升

设施蔬菜生产中会产生大量尾菜，尾菜处理利用事关设施蔬菜产业健康发展，事关农业绿色发展。近年来，甘肃省各级政府非常重视尾菜的处理利用工作，尾菜的处理利用率逐年提升，截至 2016 年底，利用率达到了34.5%，比 2012 年提高了 13.9%。尾菜的资源化利用水平也在不断提高，堆肥、半堆半沤及直接还田等尾菜肥料化利用技术，茄果类蔬菜尾菜炭化技术及袋装码堆式和裹包式青贮饲料化利用技术等尾菜处理技术日趋成熟。有机生态型无土栽培的基质材料以玉米秸秆、麦草、棉籽壳、玉米芯等当地丰富的农业废弃物为主，伴随着以有机生态型无土栽培技术为核心的非耕地设施蔬菜产业在甘肃河西走廊地区的飞速发展，农业废弃物的综合利用水平不断提升。

（三）甘肃省设施蔬菜产业绿色发展存在的主要问题

近年来，甘肃省设施蔬菜产业发展迅速，在绿色发展方面也取得了显著成效，但由于设施蔬菜绿色发展时间较短，与世界先进国家相比，还存在以下几个方面的突出问题。

1. 绿色发展意识和观念淡薄

有些决策部门的领导和大多数的菜农对日益兴起的"绿色发展"态势缺乏清醒的认识，紧迫性不够。有些菜农"小农意识"作祟，为片面追求产量和经济效益，在设施蔬菜栽培中滥用农药、重施化肥现象时有发生，导致农药和化肥利用率低、土壤板结酸化、环境污染、生态平衡破坏等一系列问题，严重威胁设施蔬菜的绿色发展。有些设施蔬菜生产企业和合作社存在单纯经济观念，对保护环境的重要性认识不足，采取消极应付的态度，认为设施蔬菜绿色发展只是一种口号和宣传，当绿色生产与经济效益发生冲突时，为了提高利益仍大水大肥，甚至违规使用剧毒农药，严重影响设施蔬菜产品的质量安全水平。

2. 绿色发展的科技支撑能力亟待提高

绿色发展设施蔬菜，科技是强有力的支撑，技术创新是核心。长期以来，全省各级农业部门非常重视设施蔬菜科技工作，在水肥合理利用、化肥农药减施增效、病虫害绿色防控、尾菜资源化利用等方面取得了丰硕成果。但从现行体制来看，全省设施蔬菜绿色发展的科技创新能力还不够强，创新平台建设滞后，设施蔬菜绿色发展的技术力量薄弱，科技人员的创新积极性和热情不高，推广服务体系不完善，科技投入不足等问题比较突出。

3. 设施蔬菜绿色生产技术普及率低

设施蔬菜种植大户、专业合作社和龙头企业等新型经营主体少，不能有效组织生产者进行集约化、规模化、标准化绿色生产。虽然建设了一批设施蔬菜绿色生产基地，但基地较分散，生产条件和基础设施较差，很难形成拳头产品，直接影响到设施蔬菜产业绿色发展的步伐。设施蔬菜绿色生产基地点多面广，大部分分户生产，技术培训很难完全到位，同时菜农间个体素质差异较大，在接受新思想、新技术和新方法的程度上不尽相同，在蔬菜生产中难免出现各种问题。

三　甘肃设施蔬菜绿色发展思路、目标及重点

（一）基本思路和发展目标

1. 基本思路

顺应新形势和新要求，以推进设施蔬菜供给侧结构性改革为主线，以绿色发展为方向，以蔬菜产品安全供应和农民增收为目标，按照"节能、生态、高效、安全"的要求，立足甘肃省现有设施蔬菜主产区的区域优势，以科学高效利用自然资源为核心，以提升设施蔬菜生产节能化、高效化和生态化为重点，积极推进现有生产设施升级换代和蔬菜产品提质增产增效，科

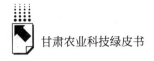

学规划设施蔬菜产业布局，为科学制定设施蔬菜产业扶持政策、确保设施蔬菜产业绿色发展奠定基础。

2.发展目标

坚持"节能、高产、优质、高效、生态、安全"的发展道路，以生产设施合理、生产手段先进、生产过程标准、产品质量安全为总目标，立足甘肃设施蔬菜绿色发展的资源优势，加快设施蔬菜产业集群发展，提升产业化水平。强化政府扶持推动，依靠科技创新，优化设施结构性能，完善良种良法集成配套应用，适度扩大规模，加快科技成果普及推广，挖掘设施蔬菜绿色生产潜能，提高生产技术管理水平，实现种植规模、产品质量和经济效益的协调发展，开创甘肃省设施蔬菜绿色发展新局面。到2020年，力争全省设施蔬菜种植面积达到250万亩，设施蔬菜生产化肥、农药使用量实现零增长；在保证稳产的基础上，实现化肥减施20%、农药减施30%，肥料和农药利用率均超过40%，提出节本提质增效的设施蔬菜综合生产技术模式；尾菜等废弃物综合利用率达85%以上。

（二）发展重点与主要方向

1.设施蔬菜绿色栽培技术研究

（1）有机生态型无土栽培技术。重点研究在温室环境下有机生态型无土栽培体系的关键技术，研发畜禽粪便、农作物秸秆等废弃物的无害化处理与快速腐熟技术，有机生物质复合基质配置及对蔬菜生长发育的影响；制定设施蔬菜有机生态型无土栽培技术规程，使产地环境和生产过程完全符合生产绿色蔬菜的标准，提高经济效益。

（2）设施蔬菜轻简省力化栽培技术。引进筛选、研发适用于土壤作业、繁育种苗、日常管理、收获和运输等设施蔬菜主要生产环节的机械装备；建立设施蔬菜轻简省力化装备数据库，实现设施蔬菜生产从整地、育苗到采收、运输等整个过程的机械化、轻简化及省力化管理。

（3）水肥一体化及高效利用关键技术。开展设施蔬菜水肥一体化精准微灌及施肥制度和膜下水肥一体化滴灌技术方面的研究，研发适宜于不同产地环境、不同蔬菜作物及蔬菜不同生育期的养分原位监测技术和水肥一体化技术。研究设施蔬菜根区水肥耦合迁移转化规律及机理，明确水肥运动、水肥残留量与供水量、节水模式和施肥量间的数量关系；建立节水灌溉条件下设施蔬菜的水肥生产函数，分析水肥与产量和品质的耦合关系，构建设施蔬菜节水灌溉数学模型，为其水肥高效调控奠定理论基础。

2. 设施蔬菜绿色控害技术研究

（1）病害预测预警技术。利用热平衡原理与设施内水分动态平衡构建设施蔬菜夜间冠层上方温湿度模拟模型，并将其应用于设施蔬菜病害预警模型，研发设施小气候环境的调控气象服务系统，为病虫害预警等决策提供支持。

（2）病虫害绿色防控技术。重点研究设施番茄黄化曲叶病毒病、黄瓜霜霉病等主要病害的发生规律及早期诊断技术，引进筛选、研制防治设施蔬菜主要病虫害的高效专一性天敌和生物制剂，开发设施蔬菜病虫害的生态调控与物理控制技术；在外部形态特征及田间危害症状判断的基础上，集成以农业防治、物理防治、生物防治和生态控制为主，适当辅以环境友好型农药化学防治的设施蔬菜病虫害绿色防控技术体系。

（3）设施蔬菜生产废弃物循环利用和处理技术。研制尾菜饲料化生产线，对主要设备的工艺参数和尾菜生产饲料辅料配比进行优化；开展尾菜不同堆置处理方法研究，筛选腐解菌剂，提炼蔬菜尾菜高效有机肥堆制方法。

（4）设施土壤生态系统修复与可持续利用技术。针对蔬菜生产设施内土壤耕性降低、次生盐渍化与土传性病害等问题，以提高土壤缓冲性和恢复土壤生物平衡为目的，研究设施土壤有益微生物增殖技术、土壤有机化养分缓释平衡技术、土壤毒害物生物降解技术和土壤生物熏蒸技术等。

3. 温室设计与配套技术研究

（1）光温资源高效利用技术。以节能日光温室和塑料大中棚为对象，在不同生态区域开展设施标准化设计与建造、设施环境调控等技术方面的研究，明确不同生态区域的设施建造标准和参数，提出与生态区相适应的蔬菜设施栽培环境调控技术措施。重点开展材料和设施结构优化及建造、温室蓄

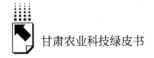
热增温设备研制、设施环境调控、塑料大棚多层覆盖等方面的技术研究。

（2）非耕地资源高效利用及配套技术。研究适宜于戈壁、荒滩、盐碱地等非耕地种植的设施蔬菜专用品种，适于栽培蔬菜的节能低成本绿色栽培基质，研发雨水集流和温光调控技术及相应配套设施设备。

四　设施蔬菜绿色发展载体建设与保障措施

（一）组建设施蔬菜绿色发展创新团队及产业联盟

以甘肃省农业科学院设施园艺作物高效栽培技术创新团队为依托，面向省内外聚集设施蔬菜产业及其相关专业优秀人才，建立一支具有明确主攻方向，团结协作、优势互补、竞争有力的甘肃省设施蔬菜绿色发展创新团队。以创新团队为平台，打破行政区划和层级界限，实现真正意义上的设施蔬菜科研产学研结合，协同攻关。成立由甘肃省农业科学院、甘肃农业大学和甘肃省农牧厅牵头，省内各市州农业科研机构、农业院校、农业主管部门、设施蔬菜生产企业、贸易机构、社会团体等互相协作和资源整合的产业联盟。联盟开展重点难点技术攻关，突破设施蔬菜绿色发展中存在的关键技术瓶颈；搭建资源共享平台，有效整合行业资源，促进成员间的合作与交流；搭建服务平台，以"高产、优质、高效、生态、安全"的现代农业发展思路为宗旨，推动设施蔬菜产业绿色发展基地建设；搭建发展平台，倡导绿色生产，宣传先进经验和管理模式；开展生产指导和技术培训，促进全省设施蔬菜绿色栽培技术水平提高。

（二）健全科技创新体系，加快技术创新

针对阻碍设施蔬菜产业绿色发展的瓶颈，利用设施蔬菜绿色发展创新团队和产业技术创新战略联盟的技术专家平台，开展联合攻关，因地制宜地研制和开发具有自主知识产权的设施农业装备，建立设施蔬菜绿色栽培技术创新高地、人才孵化基地、推广应用平台和互联网信息化"大本营"，充分发

挥创新团队和产业发展联盟的枢纽作用，带动设施蔬菜产业不断升级。推动设施蔬菜绿色栽培技术开发示范，进一步加快环境友好型生产技术的产业化进程，为推动设施蔬菜绿色发展提供技术支撑。

（三）提升队伍素质，健全设施蔬菜绿色生产技术推广服务体系

加强设施蔬菜绿色生产队伍建设，对现有科技人员进行设施蔬菜绿色生产技术的培训和知识更新，提高其实际操作技能和服务农民的本领；引导广大农村青年积极投身设施蔬菜产业绿色发展事业，优化种植者年龄结构，培养造就一批懂技术、会经营、善管理、能创新的新型职业菜农。在全省设施蔬菜优势产区，配建一定面积的培训服务设施，配备设施蔬菜绿色栽培专业技术人员，提高绿色生产技术推广服务水平，建设施蔬菜绿色生产专业化服务队伍，推进设施蔬菜绿色生产服务体系建设。

（四）建立和完善有利于设施蔬菜绿色发展的体制机制

完善设施蔬菜绿色发展投入机制，以财政资金为引导，种植大户、合作社和企业等生产经营主体为支撑，金融部门为依托，加大基础设施建设投入，提高设施蔬菜生产标准，增强综合配套能力，对设施蔬菜基地实施水、电、路等基础设施综合配套建设，为设施蔬菜绿色发展创造良好环境。各级主管部门要制定落实设施蔬菜绿色发展工作方案，切实抓好各项任务的分解落实，加强督促指导，培育典型，抓点示范，确保设施蔬菜绿色发展扎实推进。

参考文献

李华林：《向绿色生产方式要"效益"》，《经济日报》2017 年 2 月 10 日。

张真和、马兆红：《我国设施蔬菜产业概况与"十三五"发展重点——中国蔬菜协会副会长张真和访谈录》，《中国蔬菜》2017 年第 5 期。

Yang N. W. , Zang L. S. , Wang S. , Guo J. Y. , Xu H. X. , Zhang F. , Wan F. H. ,

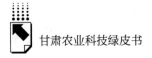
"Biological Pest Management by Predators and Parasitoids in the Greenhouse Vegetables in China", *Biological Control*, 2014, 68, 92 – 102.

甘肃省经济作物技术推广站：《甘肃省蔬菜产业发展现状及存在的问题》，《甘肃农业》2015 年第 10 期。

中国杨凌农交所：《设施蔬菜产业分析》，http：//www. yl01. com/zixun/129430. htm。

许斌星、马标、陈永生、曹伟清、顾振华、吴爱兵：《我国设施蔬菜有机肥撒施装备研究现状及发展趋势》，《中国农机化学报》2017 年第 6 期。

杨其长：《供给侧改革下的设施园艺将如何发展》，《中国农村科技》2016 年第5 期。

农业部种植业管理司：《全国设施蔬菜重点区域发展规划（2015~2020）》，http：//www. moa. gov. cn /zwllm/ghjh/201502 /t20150216_ 4413052. htm。

郭世荣、孙锦、束胜、陆晓民、田婧、王军伟：《我国设施园艺概况及发展趋势》，《中国蔬菜》2012 年第 9 期。

蒋卫杰、邓杰、余宏军：《设施园艺发展概况、存在问题与产业发展建议》，《中国农业科学》2015 年第 17 期。

甘肃农村年鉴编委会编《甘肃农村年鉴（2016）》，中国统计出版社，2016。

甘肃省统计局：《2016 年甘肃省国民经济和社会发展统计公报》，http：//www. gstj. gov. cn/www/HdClsContentDisp. asp? Id = 33642。

王晓巍、张玉鑫、马彦霞、蒯佳琳、张俊峰：《甘肃省蔬菜科技发展现状及思考》，《中国蔬菜》2017 年第 10 期。

G.15
甘肃省马铃薯产业绿色发展研究报告

吕和平　张　武　陆立银　李　掌　文国宏　李高峰　齐恩芳*

摘　要： 本文简述了国内外马铃薯产业发展概况，对甘肃省马铃薯产业发展优势、区域化布局、种质资源创新、新品种选育、标准化种植、脱毒种薯繁育、病虫害绿色防控、水肥一体化、贮藏与加工等现状及发展态势进行了系统分析研究，提出了存在的问题及绿色发展对策，旨在为甘肃省马铃薯产业可持续发展提供技术支撑。

关键词： 马铃薯产业　绿色发展　甘肃省

一　世界马铃薯产业发展概述

（一）世界马铃薯产业发展现状

马铃薯是世界第四大粮食作物，原产地位于南美洲安第斯山的智利、秘鲁一带。因其具有耐旱、耐瘠薄、高产稳产、适应性强，块茎含有丰富的淀

*　吕和平，研究员，甘肃省农业科学院马铃薯研究所所长，主要从事农作物有害生物绿色防控及脱毒种薯繁育技术研究；张武，甘肃省农业科学院马铃薯研究所研究员，主要从事马铃薯脱毒种薯繁育技术研究；陆立银，甘肃省农业科学院马铃薯研究所研究员，主要从事马铃薯栽培技术研究；李掌，甘肃省农业科学院马铃薯研究所研究员，主要从事马铃薯中早熟品种选育及种薯繁育技术研究；文国宏，甘肃省农业科学院马铃薯研究所研究员，主要从事马铃薯育种；李高峰，甘肃省农业科学院马铃薯研究所研究员，主要从事马铃薯育种；齐恩芳，甘肃省农业科学院马铃薯研究所研究员，主要从事马铃薯种质资源创新与生物技术研究。。

粉、维生素、木质素及矿物质等特点，在世界各地均有种植。据 2014 年世界粮农组织统计，全世界有 158 个国家和地区种植马铃薯，其中 80% 以上集中在亚洲和欧洲，总种植面积为 1920 万公顷，总产量 3.9 亿吨，平均单产 20.1 吨/公顷，其生产成本总体呈现上升趋势，在 100 ~ 300 美元/吨之间波动。种植规模在 100 万公顷以上的有中国、俄罗斯、印度和乌克兰等 4 个国家，合计占到世界总种植面积的 57.9%；总产量超过 1000 万吨的有中国、印度、俄罗斯、乌克兰、美国和德国等 6 个国家，合计占世界总产量的 59.6%；平均单产排在前 10 位的有 6 个欧洲国家，亚洲、美洲、大洋洲和非洲各有 1 个国家，平均单产均超过 40 吨/公顷。目前，世界范围内保存的马铃薯种质资源大约为 30 大类共 65000 份，新品种选育大多依靠传统育种技术，育种机构基本上由政府支持的民营行业协会承担，对选育出的新品种首先进行试验示范，并建立起严格完善的种薯生产、贮藏与加工利用和质量监测监督产业化认证体系，客户可随时查询、追溯。荷兰、美国、德国、日本等马铃薯机械化程度高，采用 GPS 引导管理；美国的爱达荷州被誉为"马铃薯之州"，驰名世界。世界上已经有 2/3 的人口把马铃薯作为主粮消费，其消费方式以直接食用为主，占总生产量的 51.1%。全球贸易信息服务中心提供的 84 个主要马铃薯贸易国进出口数据显示，2014 年进口总量为 1703.6 万吨，进口总额为 90.7 亿欧元；出口总量为 1880.9 万吨，出口总额为 98.6 亿欧元。欧洲是马铃薯贸易最活跃的地区，其次是美洲的加拿大和美国，再次是亚洲的日本。

（二）国内马铃薯产业发展现状

我国种植栽培马铃薯的历史已有 400 多年，种植区域广泛。2014 年我国马铃薯种植面积为 557.33 万公顷，总产量为 9551.5 万吨，种植面积和产量均占世界的 1/4 左右。但单产较低，仅为 17.7 吨/公顷，大大低于发达国家单产水平。大部分马铃薯主产地均设有马铃薯育种单位，开展全国马铃薯育种协作，种植布局基本上形成了以西北为主的北方一季作区、以华北与华中为主的中原二季作区、以云贵川为主的西南一二季混作区和以广州为中心的南方冬作区 4 个区域，各区域间马铃薯能够错季上市，余缺互补，终年供应。我国马铃薯脱毒种薯繁育技术研究起步于 20 世纪 70 年代，到 21 世纪初已初步形成产业化。目前，以科研院所、种薯企业和专业合作社为主体，建立了完整的育、繁、推体系，利用县乡农技推广部门形成了较为有效的种薯辐射推广网络。国家和地方政府出台了一系列与马铃薯种薯相关的法律、法规、技术标准等来完善质量监管体系，并成立相应的管理机构，明确监管职能，确保种薯质量能得到有效监管，极大地促进了马铃薯产业的发展。调查分析，现阶段我国马铃薯脱毒种薯普及率较低，仅为 35% ~ 50%。近年来，随着我国马铃薯生产及其加工业的发展，马铃薯脱毒种薯生产规模也越来越大，对优良种薯的需求意识也在不断增强，市场需求巨大。

随着马铃薯加工产业的发展，我国马铃薯人均消费量逐年上升，2014年达到 41.2 千克/人，仍处于较低水平。我国马铃薯消费以食用、饲用和加工为主。根据 2013 年 FAO 数据，中国马铃薯消费结构为 59.7% 食用，22.9% 饲用，8.7% 加工，5.0% 损耗，3.2% 种用，0.4% 其他用途。有关统计显示，我国共有马铃薯加工企业 5000 多家，其中规模以上的有 150 余家，产能 170 多万吨。据估算，目前全国马铃薯薯片产能近 32 万吨，全粉产能 20 万吨，淀粉产能 30 万吨以上，变性淀粉产能持续增加。2015 年 1 月，国家实施马铃薯主粮化战略，马铃薯成为我国继水稻、小麦、玉米之后第四大主粮作物，马铃薯主粮化已成为农业供给侧结构性改革背景下我国粮食战略的重要选择，对我国的粮食安全将会产生积极影响。

二 甘肃马铃薯产业发展概况

（一）甘肃马铃薯产业发展概况

新中国成立初期，甘肃省马铃薯种植面积 14 万公顷，1978 年扩大到 27.9 万公顷，面积翻了一番。20 世纪 90 年代中后期，进入快速发展阶段。2005 年种植面积达到 50.1 万公顷，2015 年全省马铃薯种植面积达 70.8 万公顷，总产量1211万吨，单产17.1吨/公顷，种植面积与总产量均列全国第二位，已成为全国马铃薯脱毒种薯繁育、商品薯生产及加工的重要基地。近年来，随着国家马铃薯主食化战略的深度实施，甘肃省委省政府对马铃薯这一特色优势产业极度重视，陆续出台了相关扶持政策，马铃薯质量标准和检测认证体系逐步健全，实现了马铃薯脱毒种薯全覆盖，不断建设完善市场营销、贮藏加工、质量检测体系，有力地促进了马铃薯产业的规范化、集约化、规模化发展，马铃薯产业发展有力助推了全省精准扶贫工作。

（二）甘肃马铃薯产业优势

甘肃省地处西北内陆，地形东西狭长，生态类型多样，气候差异性大。全省从东到西、从南到北均有马铃薯种植，马铃薯主产区海拔1700～2800米，土层深厚疏松，富含钾素，气候凉爽，昼夜温差大，光照充足，雨季与马铃薯生长发育需水敏感期同步，马铃薯生产具有得天独厚的自然气候资源。因此，甘肃马铃薯具有与众不同的品质优势，薯块个头大，干物质含量高、淀粉含量高、口感醇厚，耐贮藏运输，商品价值高，生产效益较稳定，是工业淀粉和食品生产的上乘原料。有关资料显示，2015年全省马铃薯种植面积和总产分别占全省粮食作物的25%和23%，成为全省第三大粮食作物，面积与总产均居全国第二位。自2008年《甘肃省马铃薯脱毒种薯质量管理办法（试行）》等一系列政策出台以来，全省建立健全了马铃薯脱毒种薯质量标准和检测认证体系，基本实现马铃薯脱毒种薯全覆盖，马铃薯脱毒种薯和商品薯销往全国各地，甘肃省已成为全国重要的马铃薯脱毒种薯繁育、商品薯生产与马铃薯加工基地。甘肃省先后注册了马铃薯品牌商标40多个，获得5个国家原产地地理标记证书、5个国家A级绿色食品证书，获国家有机食品认证1个，2012年国家工商总局把"定西马铃薯"认定为"中国驰名商标"。

（三）马铃薯区域布局不断优化，产业基地已初步形成

近年来，甘肃省各级政府不断加强马铃薯基地建设，马铃薯生产的区域

布局逐步优化，立足资源优势、生态条件、生产水平和栽培制度，在国内外市场对甘肃马铃薯及其加工产品的引导培育下，已初步形成了中部与东部高淀粉型及鲜食型马铃薯基地、河西及沿黄灌区休闲食品与全粉加工型马铃薯基地、陇南与天水早熟鲜食型马铃薯基地和高海拔冷凉区脱毒种薯生产基地四大优势生产区域。甘肃省马铃薯种植涉及 13 个市（州）的 60 个县，其中种植面积十万亩以上的县（区）有 30 个，二十万亩以上的县（区）有 9 个，五十万亩以上的市（州）有 8 个。优势产区种植面积超过全省的 70%，各市州中种植面积最大的定西市，面积和产量均占全省的 1/3 左右，会宁县种植面积突破百万亩。

（四）种质资源创新利用成效显著，为新品种选育提供了技术支撑

甘肃省马铃薯品种资源搜集、研究利用起步于 20 世纪 50 年代，主要以收集当地农家品种为主，到 70 年代，通过有性杂交、回交及辐射诱变等技术创新马铃薯品种资源材料；到 80 年代，开展单倍体诱导技术创新种质资源。到目前为止，应用创新的马铃薯品种资源材料先后培育出了陇薯、甘农薯、武薯、天薯、临薯、渭薯、定薯和庄薯等系列新品种，在马铃薯种质资源保存与利用、高淀粉及抗旱、抗病马铃薯新品种选育方面走在了全国前列，特别在高淀粉、抗晚疫病育种方面处于全国领先水平。近年来新育成的陇薯 7 号、陇薯 10 号在全国播种面积逐年上升，特别是陇薯 7 号既适合北方春播区种植，又适宜南方冬播区栽培。培育出的陇薯 8 号淀粉含量高达 26%，是目前世界上生产应用的淀粉含量最高的马铃薯新品种，为甘肃省马铃薯产业的发展提供了丰富的优良种质资源和品种支撑。

随着改革开放政策的实施，甘肃省马铃薯育种工作者对外交流活动活跃，先后从德国、美国、法国、俄罗斯及国际马铃薯研究中心引进了一大批育成品种、原始栽培种和野生种，创新并丰富了马铃薯种质资源，目前全省育种单位拥有各类马铃薯种质资源材料 800 多份，其中甘肃省农业科学院马铃薯研究所收集保存的种质资源达 540 多份。

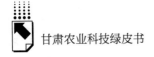
（五）新品种选育成绩突出，推动了马铃薯产业发展

甘肃马铃薯育种研究起步于 20 世纪 50 年代，早期的育种单位有甘肃省农业科学院、天水市农业科学研究所、临夏州农业科学研究所、陇南市农业科学研究所、渭源县农业技术推广中心。针对当时马铃薯产量低、抗病性差的状况，至 70 年代末，育成了抗疫 1 号、渭会系列、反修系列、渭薯 1 号、天薯 2 号、临薯 7 号、武薯 4 号等抗晚疫病、适应性广、产量高的优良马铃薯品种 39 个，在生产中大面积推广种植，提高了马铃薯的生产水平，为全省马铃薯产业的发展做出了重要贡献。到 20 世纪 80 年代初，在原有马铃薯育种单位的基础上，甘肃农业大学农学院、定西市农业科学研究所、庄浪县农业技术推广中心、甘肃爱兰马铃薯种业有限责任公司和甘肃腾胜农产品集团有限公司等科研单位和企业先后加入了马铃薯新品种选育行列。近年来，随着马铃薯产业的不断发展，育种研究水平逐步提高，分子标记、原生质体融合和基因工程等生物技术也开始在马铃薯遗传育种中得到应用，特别在高淀粉、抗旱、抗晚疫病马铃薯新品种选育方面居全国领先水平，优势明显。截至目前，全省已育成陇薯、甘农薯、天薯、临薯、定薯、武薯、庄薯、爱兰和腾薯等系列马铃薯品种 90 多个，绝大多数为中晚熟品种，引进外来品种 10 多个，大多为中早熟品种，为全省乃至全国马铃薯产业可持续发展发挥了重要作用。

当前甘肃省推广应用的不同熟性的主栽品种有 10 多个，其中中晚熟品种主要有陇薯 3 号、陇薯 6 号、陇薯 7 号、陇薯 10 号、庄薯 3 号、天薯 11 号、青薯 9 号、冀张薯 8 号；中早熟品种有克新 1 号、LK99、费乌瑞它、大西洋、夏波蒂、早大白、冀张薯 12 号、兴佳 2 号等。高淀粉晚熟品种在生产中占主导地位，适宜于马铃薯全粉加工及炸片、炸条等专用型品种缺乏。尽管近年来甘肃省引进了一批国外食品加工专用品种，如大西洋、布尔班克、夏波蒂等，但适应性差、抗病性弱、产量低、退化快，制约了这些品种的大面积种植。

（六）种薯繁育体系基本健全，生产供应能力显著提高

2006 年以来，随着《关于切实加强马铃薯种薯生产和管理工作的通知》和《甘肃省马铃薯脱毒种薯质量管理办法》等一系列政策的出台，甘肃省对马铃薯种薯生产经营许可、种子生产基地、种薯质量管理等方面有了明确的规定和要求，建成了省、市、县三级种薯质量检验体系，有效监管了种薯质量。2009 年以来，通过马铃薯脱毒种薯全覆盖工程的实施，建成了"马铃薯脱毒苗工厂化生产→网棚或温室隔离原种繁殖→网棚或高山区隔离原种扩繁→高山区良种扩繁"的四级脱毒种薯繁育体系，基本实现种薯繁育基地布局科学化、生产标准化，种薯生产企业采取"企业流转土地直接生产"或"公司 + 专业合作社 + 基地订单生产"的模式，建成了一批规模化、机械化生产的种薯基地，很好地保证了全省种薯产量和质量。目前，全省有70 多家从事马铃薯脱毒种薯生产经营主体，年产 7.2 亿粒原原种、3.6 万吨原种、16 万吨一级种、150 万吨二级种。2015 年种植面积在 2000 公顷以上的 53 个县（区）脱毒种薯推广面积合计达到 59.79 万公顷，基本实现了马铃薯脱毒二级种薯全覆盖，马铃薯单产水平大幅度提高。部分马铃薯脱毒种繁育企业凭借良好的信誉、扎实的技术功底以及过硬的产品质量，将种薯销往内蒙古、山东、河北、辽宁、贵州、山西、福建、云南、青海、新疆、上海等省份及省内主要马铃薯产区，年向外省销售原原种 1.5 亿~2.0 亿粒，良种 200 多万吨。近两年，种薯生产企业省外的订单数量逐年增加，在全国马铃薯种薯市场具有很重要的地位。

（七）丰产栽培技术日趋成熟，产量水平和效益不断提高

甘肃省马铃薯栽培技术研究工作起步于 20 世纪 50 年代初，以提高产量和防止块茎腐烂为目的，研究推广了坑作栽培、平作栽培和垄作栽培等生产技术，使马铃薯产量有了很大提高，到 20 世纪末全省马铃薯平均产量达到1000 千克以上，对促进现代农业发展起到了一定的推进作用。

随着马铃薯产业的不断发展，马铃薯生产范围由适宜生长的二阴区扩展

到干旱半干旱区，由雨养农业区扩展到灌溉农业区，产品由商品薯生产的随机留种、劣薯进加工厂的无序生产转变为种薯、加工原料薯、商品薯专用化生产，栽培模式由一季作生产发展成为设施促成、地膜栽培、露地生产多种形式，生产方式由原始的挖窝点种、蓄力耕作发展到小型机械 + 人工协作、全程机械化作业，病虫害防治由无控制生产到化学防控技术的应用，再到生物防控的绿色生产。马铃薯栽培技术研究因地制宜、因时制宜，以专用化生产为目的，开展了适于当地环境条件，充分利用自然资源的高产优质栽培技术研究与推广，通过农业技术人员的不断探索与实践，马铃薯栽培技术主要有以下几个方面突破。

1. 覆膜技术的推广应用

地膜覆盖是甘肃省旱作区主要保墒抗旱栽培技术，随着马铃薯产业的发展，地膜覆盖在马铃薯栽培过程广泛应用，2015 年全省地膜覆盖栽培面积占马铃薯总面积的 39.72%。一般在春季播种时、秋季降雨后、早春顶凌期等时间节点覆膜；有灌溉条件或二阴区覆膜多为大垄半膜覆盖，干旱半干旱区多采用微垄全膜覆盖。

近年来，甘肃省马铃薯黑色地膜覆盖栽培发展迅速，覆盖黑色地膜后，马铃薯结薯及膨大期膜下地温低于白色透明膜，促进块茎膨大和干物质积累，黑色地膜的不透光性能，减少了"青头薯"，同时可抑制杂草生长，减少除草剂用量，具有十分明显的增产提质效果。

2. 集雨技术的研发推广

全黑膜双垄侧播、全黑膜微沟播种是地膜覆盖技术基础上的创新提升，是抗旱生产由被动到主动的飞跃，除了保墒、增温、抑草之外，最为主要的是集聚无效降雨，减少水分蒸发，提高水分利用率，增加生物产量。

3. 节水技术的应用推广

随着马铃薯生产规模的扩大和效益的显著提升，在国家适度规模化经营政策的引导下，全省马铃薯由雨养农业区向灌溉区域扩展，现代节水技术逐步应用到马铃薯生产中。马铃薯生产中应用的节水技术主要有膜下滴灌、喷灌、水肥一体化形式。

4.适宜机械化作业的栽培技术

甘肃省马铃薯生产中机械化应用程度较低，目前适宜机械化作业的技术主要有二阴区"扩垄缩株"、旱地半膜微沟、灌区大垄半膜覆土技术。

（八）水肥一体化管理刚刚起步，"绿色植保"理念初步形成

马铃薯水肥一体化是通过滴灌或喷灌的形式将可溶性肥施入田间的一种节水节肥高效利用技术。国内部分地区特别是种薯生产企业、合作社已大面积推广应用，其配套设备精良，使用技术先进，操作简便，降低成本。甘肃省光热资源丰富，水资源贫乏，土地广阔而瘠薄，马铃薯主产区大部分处于干旱半干旱的贫困地区，地块小而分散，坡地多，收入低，配套设施不完善，技术培训与指导工作不到位，农民缺乏肥水一体化使用的知识与经验，水肥一体化技术研究尚在起步阶段。但在沿黄灌区、河西走廊地区，水资源相对丰富，土地平整且集中连片，便于机械化操作，水肥一体化高效利用已初具规模，特别是在土地进一步流转后，脱毒种薯生产基地的优势得到了更好的发挥，水肥一体化高效节水节肥的经济和社会效益得到了进一步提高。

马铃薯晚疫病是制约甘肃省马铃薯产业发展的重要病害，在全省马铃薯产区均有不同程度发生，甘肃省马铃薯产区多处于三大高原交会的丘陵沟壑山区，各地环境条件、栽培制度与技术力量差异较大，马铃薯病虫害监测预警系统相对薄弱，防控措施不当，对马铃薯病虫害的及时预警和科学防控造成严重影响。2012年马铃薯晚疫病大流行，发生面积约占种植面积的40%以上，严重田块病株率达60%～90%，出现大片枯死现象，损失惨重。近年来，全省各级农业和植保部门认真贯彻落实"预防为主、综合防治"方针和"公共植保、绿色植保"理念，以深化农业供给侧结构性改革为指导，紧紧围绕全省农业现代化建设的大局，全力推进马铃薯病虫绿色防控工作和植保社会化服务体系建设。设立财政专项资金，在各主产区建立马铃薯晚疫病监测预警系统，引导马铃薯种薯企业、合作社、种植大户等新型经营主体，应用病虫害全程绿色防控技术，助推农药零增长行动全面实施，扶持病

虫害专业化服务组织，开展专业化统防统治，成立了"甘肃省植保社会化服务联盟"，对"甘肃省农作物病虫害专业化防治百强服务组织"授牌。这些扶持政策与措施的有效落实，极大地推动了马铃薯产业的快速发展，使农民的经济效益得到大幅度提升。

（九）贮藏加工链条持续延伸，企业增值成效显著提升

1. 贮藏保鲜技术与智能化设施

截至 2015 年底，全省建成 1000 吨的种薯贮藏库 460 座，新增种薯贮藏能力 46 万吨；新建 10 吨、20 吨、60 吨三种类型农户贮藏窖 1.529 万座，新增商品薯贮藏能力 43.56 万吨。微型薯多采用智能化恒温库贮藏，原种、一级种、商品薯大多在安装强制通风换气设备的贮藏库，人工调控管理，少量贮藏库安装了智能化温湿度监测设备，自动调控温湿度；农户贮藏窖则以自然通风为主，通过人工调控通风窗开启程度控制温湿度。企业及合作社基本可以按照贮藏规范进行管理，加强马铃薯入库（窖）前的环境清洁消毒、入库（窖）前薯块的分级预冷，按品种和级别摆放，依窖容安排贮藏量，贮藏期间监测调控温湿度，勤检查，保证贮藏安全。总之，马铃薯贮藏能力稳步提高，贮藏体系进一步完善，智能化调控设施逐步增加，减少了贮藏损失，提高了贮藏质量，增加了企业和农户收益。

2. 精深加工与主食化产品研发

全省马铃薯加工企业大多以精粗淀粉、全粉和粉条、粉丝、粉皮加工为主。截至目前，全省已经建成有一定规模的马铃薯加工企业 100 多家，鲜薯年加工能力达 400 多万吨，其中精淀粉产能 60 万吨，全粉产能 5.8 万吨，速冻薯条产能 3000 吨，年增加值 5.4 亿元以上。近年来，全省马铃薯加工产品在普通淀粉的基础上，逐步增加了变性淀粉、全粉、薯条、膨化食品、主食化产品等 10 多个品种系列，特别在马铃薯主食化品种和产品研发方面取得了显著成效。陇薯 7 号、陇薯 10 号、陇薯 9 号、陇薯 12 号等 4 个品种，表现为芽眼浅、薯形好、干物质含量高、还原糖含量低、龙葵素含量少，富含蛋白质和维生素 C，符合主食化加工品种的要求。定西市清吉淀粉

制品股份有限公司、泾川县旭康食品有限责任公司被"全国马铃薯主食加工产业联盟"授牌为主食加工业示范企业，7 家企业单位研发出的马铃薯馒头、混合面粉、清真薯馕、无矾方便粉丝、挂面、清真烤饼等主食化产品及特色小吃、休闲食品已投放市场，为全省马铃薯主食产品及产业开发做出了示范。

（十）机械化生产技术初具规模，联合生产机械需求迫切

甘肃省马铃薯种植区域主要集中在黄土高原丘陵沟壑区和青藏高原的高寒阴湿区，地理环境条件复杂、气候差异很大。大部分产区地块小而分散，满足不了机械化作业的要求，制约着马铃薯规模化、标准化和机械化种植技术的应用和推广，机械化应用水平差异比较大。近年来，马铃薯覆膜、播种、培土、喷药和收获复合机具的出现为河西走廊地区及沿河灌区的马铃薯产业发展提供了有利条件。目前，全省马铃薯全程机械化生产起步相对较晚，推广应用程度不高，马铃薯机械化机具与农艺要求融合不够，缺乏马铃薯联合收获机械，特别是缺乏适应山地作业的马铃薯耕作机械。马铃薯机械熟练操作人手严重短缺，出于各种原因到目前还没有形成一批指导马铃薯机械化作业的技术人员，这制约着马铃薯机械化生产的发展。

三　甘肃省马铃薯产业发展存在的问题

（一）资源创新利用不够，品种选育技术落后

甘肃省马铃薯育种研究工作已经持续 50 多年，但目前马铃薯种质资源保存利用与育种研究还不能满足日益增长的市场多样化需求。主要存在如下几方面问题：（1）种质资源改良滞后，野生资源利用研究进展缓慢，现有品种资源的遗传背景狭窄。虽然从马铃薯主栽国和国际马铃薯中心（CIP）引进了部分资源材料进行保存和利用，但由于缺乏系统的长远的研究目标，种质资源改良和野生资源利用研究尚不系统不深入。（2）品种类型单一，

专用型品种短缺，品种搭配不合理。长期以来甘肃省马铃薯育种根据地域特点以高产、抗病为主要目标，大多数品种以高产、鲜食为主，食品加工专用型品种严重不足。在熟性方面，以中晚熟品种为主，早熟品种极少，特别是早中熟菜用型和加工品种奇缺，难以满足产业化发展需要。（3）育种基础理论和高效育种技术研究薄弱，对不同的育种目标性状的研究不够深入、针对性不够，特别是常规育种技术与倍性育种、基因工程、原生质体融合和分子标记辅助育种等现代生物技术的有机结合不够，育种效率低，新品种选育进程缓慢。（4）品种抗病性差，缺乏多抗品种，特别对晚疫病、病毒病、黑痣病和疮痂病抗性弱，产量不稳定，商品性差，严重影响生产能力。

（二）种薯生产成本逐年增加，质量参差不齐

近年来，全省在脱毒种薯生产体系建设方面作了积极尝试和探索，基本上实现了脱毒种薯全覆盖，特别是一些科研院所（校）、种薯企业和专业化合作社对提高种薯（苗）质量、保证生产效益发挥了积极作用。但是，脱毒种薯生产未能像水稻、小麦、玉米一样享受良种补贴政策，加之甘肃地域条件和现行的栽培、耕作机械化水平较低，脱毒种薯生产成本逐年增加，在一定程度上降低了农民使用脱毒种薯的积极性和主动性，这已成为制约马铃薯生产的"瓶颈"。

同时，马铃薯脱毒种薯繁育技术仍然滞后，现用的固体基质繁育系数低，新的高效繁育技术尚未得到大面积推广应用。另外，种薯企业和合作社所生产、供应的脱毒种薯质量参差不齐，这主要体现在原种和良种繁育生产环节，自然隔离不规范、田间管理粗放，病虫害防治不及时，导致马铃薯晚疫病、病毒病和土传病害年份间不同程度地发生，加之田间检测和种薯分拣不彻底，种薯质量难以保障。

（三）水肥一体化技术应用少，病虫害绿色防控不到位

甘肃省马铃薯主要集中种植在中部干旱地区，降雨量少，蒸发量大，极大地限制了产业的发展。目前，膜下滴灌水肥一体化技术是实现水肥高效利

用的重要途径，但该项技术除在沿黄灌区、河西走廊地区及部分种薯生产企业有应用外，在其他马铃薯主产区由于受地域条件的限制基本上没有得到推广。其主要原因首先是甘肃省土地集约化经营程度低，农户分散种植，规模小；其次是水肥一体化配套设施一次性投入高，如果没有政府在政策、资金、技术上的大力扶持，农户难以承受，增加了推广普及的难度。

甘肃省马铃薯主产区大多在贫困地区，技术的宣传培训不到位，农民缺乏对马铃薯主要病虫害的识别、危害及防控技术知识，致使部分病虫害不同程度地发生，危害损失严重，特别在对无公害绿色防控技术的认识方面存在严重不足，大剂量、高频次化学农药滥用现象时有发生，忽视了选用优质抗病品种、轮作倒茬、物理防治和生物防治技术对改善生态环境、保障人畜安全的作用。因此，普及科技知识、合理使用农药、增强绿色防控意识已成为保证马铃薯产业绿色发展的重要课题。

（四）机械化利用水平低，农机农艺融合度差

甘肃省马铃薯机械化生产技术处于初级阶段，缺少适宜山地、坡地马铃薯翻耕、播种、中耕除草、喷药、收获的小型机械，其相应的配套应用技术还不够完善。虽然，近年来河西走廊地区及沿河灌区马铃薯机械化生产水平在不断提高，但马铃薯生产机械与农艺技术相互融合还不够，制约着马铃薯产业的快速发展。同时，马铃薯生产系列机械价格偏高、故障多发、社会化服务体系不健全，农机具相互不配套、协调性差，易造成马铃薯收获时出现破薯、漏薯等现象；且绝大多数农民分散性经营，购买能力有限，积极性不高，严重制约了马铃薯机械化生产的推广。

（五）生产加工个体自产自销，社会化服务体系不健全

甘肃省马铃薯生产大部分是以家庭联产承包责任制为主的农户独立生产，缺乏获得市场信息的有效渠道和对信息的分析判断能力，销售渠道和方式比较单一，很难形成规模生产和效益，在马铃薯的销售旺季难免出现压价收购、缺斤短两等现象，从而使农民利益受到损害，严重影响了劳动生产率

的提高。马铃薯集约化生产经营仅局限在种薯企业和部分专业合作社，政府资金扶持主要集中在种薯繁育方面，而从事种薯繁育和商品薯生产的农户受益微薄。新型经营主体和社会化服务组织不多，管理不规范，服务不到位，整体社会化服务体系还不够完善。

健全的市场营销体系是马铃薯产品销售能力提高的前提条件。目前，全省马铃薯产业市场营销体系建设很不平衡，除了定西市安定区、陇西县、临洮县和张掖市的民乐县营销市场比较完善、专业化程度较高外，其他地区还十分落后，马铃薯种植和销售仍处在无序的自发状态。省内的马铃薯收购信息发布网络资源少且缺乏市场分析预测，难以起到调节市场价格的作用。全省专门从事马铃薯营销的企业和专业合作社数量有限，存在资金短缺等问题，营销企业与终端市场的联结不够紧密，导致马铃薯销售成本很高。

（六）贮藏保鲜能力弱，质量监管不到位

当前，甘肃省马铃薯生产企业和合作社标准化种薯储藏库较少，砖混窖体贮藏普遍，低温保鲜库稀少。砖混窖体的温湿度难以控制，马铃薯贮藏期易冻窖或受热发芽萎蔫，易烂窖，窖藏损失严重，使窖藏马铃薯质量大幅度降低。在全省马铃薯种薯和商品薯生产中，农户占主要地位，但是农户以地窖、窑窖分散贮藏，设施简陋，贮藏量小，损耗大，远不能适应规模化生产、市场周年供应与加工的要求。目前，全省专业种薯质量检测机构不多，种薯市场管理不到位，市场秩序尚未建立起来。市、县种子管理站受仪器设备和专业技术人员的限制，难以做到对种薯质量的有效检测，商品薯市场监管和质量监管实属空白。

四　甘肃省马铃薯产业绿色发展对策

（一）构建马铃薯产业技术体系，加强科技创新团队建设

充分发挥政府的引导作用，注重马铃薯产业发展的长远规划，构建良好

的协作环境，扶持马铃薯产业的可持续发展。（1）围绕"创新、协调、绿色、开发、共享"五大发展理念，立足甘肃自然资源禀赋和马铃薯产业化开发优势，以科研院（校）所为马铃薯产业技术创新主体，整合技术、人才资源，组建产业技术创新团队；（2）在全面了解掌握国内外产业发展现状及相关研究最新进展的基础上，系统把握制约产业发展的主要瓶颈问题，开展共性和关键技术研究与集成示范，推广一批新品种、新技术、新产品、新模式和新器械，促进科技成果向现实生产力转化；（3）稳定研发队伍，储备关键技术，提升服务能力，积累丰富经验，为现代农业产业技术体系的内在组织结构与制度建设提供新思路，为农业供给侧结构性改革提供合理化对策与建议；（4）建立信息交流平台，强化协同创新，联合新型经营主体，构建不同层级的社会化服务体系，实现马铃薯全产业链的大联合、大协作，互利共赢，全面提升甘肃省马铃薯技术水平和产业竞争力。

（二）加快育繁推技术集成创新，为产业发展提供技术支撑

1. 创新马铃薯种质资源，加快专用新品种选育

收集和保存马铃薯种质资源，挖掘并创制优异基因，广泛应用于马铃薯种质创新与育种实践。随着马铃薯产业的快速发展，以及国家马铃薯主食化战略的实施，马铃薯种质资源短缺问题日益明显。加强马铃薯种质资源发掘、保存，对马铃薯新品种的选育具有重要意义。

挖掘和引进一批优良马铃薯野生种、地方品种等种质资源，创制一批新种质，构建马铃薯种质资源保存库、育成品种指纹图谱数据库和基因资源信息平台。研究改进马铃薯远缘杂交、体细胞融合培养、单倍体育种、诱变育种等常规育种技术，研究功能基因规模化解析技术、全基因组选择与分子细胞设计育种技术等，开展马铃薯新品种定向培育技术研究，育成优质、丰产、抗逆、高效的马铃薯新品种，提高马铃薯品种质量，加快马铃薯产业发展。

2. 创新脱毒种薯繁育技术，加强脱毒种薯质量管理

继续开展马铃薯茎尖脱毒、组培苗快繁、原原种繁育技术研究，在高效

利用固体基质繁育原原种的基础上，不断探索不同模式下原原种繁育技术，降低马铃薯脱毒种薯繁育成本，提高种薯质量，增强全省马铃薯脱毒种薯市场的竞争力。特别要加大对雾培法原原种生产技术的研究，提高原原种的繁育系数，并投入技术力量开展原原种的贮藏技术研究。创新马铃薯脱毒种薯（种苗）病毒检测、品种真实性鉴定技术，制定技术规程和检测方法及标准，不断探索建立脱毒种苗对接专供机制，保障核心种薯（苗）质量。开展马铃薯脱毒种薯繁育技术和质量评价技术培训，加大种子执法力度，强化市场监管，着力构建高效低成本的脱毒种薯繁育推广体系，为全省马铃薯产业的持续、高效发展提供强有力的技术支撑。

3. 推广丰产栽培管理技术，提升马铃薯产量和品质

甘肃省生态区域复杂，不同生态区域有各自的丰产栽培模式，应因地制宜大力推广。选用优质抗逆新品种、推广应用脱毒种薯、优化抗旱节水栽培模式、实施测土配方施肥、实行合理轮作倒茬、开展病虫草害绿色防控，是奠定优质高产的基础。在干旱半干旱区应广泛推广应用全黑膜双垄侧播、全黑膜微沟垄上播种栽培模式，以抗旱抗病高淀粉品种为主，如陇薯6号、7号、10号及青薯9号、庄薯3号、天薯11号等；在省内主要水系川水台地、徽成盆地及城镇郊区等区域，推广应用半膜高垄或多层覆盖的早春促成栽培，以中早熟优质品种为主，如LK99、早大白、费乌瑞它、荷兰15、克新1号等；高寒阴湿区是甘肃省脱毒种薯繁育最佳区域，应广泛推广"扩垄缩株"半膜覆盖栽培模式，加强保温增热措施、病虫害防控，生产脱毒种薯、抗病高淀粉品种商品薯；在河西走廊及沿黄灌区应积极推广利用半膜高垄单行或双行膜下滴灌栽培模式，实施水、肥、药精准同步一体化管理措施，提高水肥药利用率，减少农药化肥施用量，降低生产成本，节省劳动力。适宜的栽培品种主要有大西洋、费乌瑞它、荷兰15、克新1号、夏波蒂等中早熟全粉、菜用、薯片（条）加工型品种。

4. 推广马铃薯病虫害绿色防控技术，健全病虫害测报预警系统

甘肃省马铃薯常见病虫害主要有晚疫病、早疫病、黑胫病、黑痣病、病毒病、环腐病、疮痂病及地下害虫、蚜虫、二十八星瓢虫等。为确保农业生

态环境及农产品质量安全，保持马铃薯产业绿色发展，实现农药零增长目标，必须在明确全省马铃薯主要病虫害种类、分布及其危害规律的基础上，进一步完善测报预警技术体系，并实施以农业防治为主，物理防治、生物防治与化学农药协调应用的绿色防控技术。一是农业防治技术，要优化作物布局，普及推广优质抗病品种，实现脱毒种薯全覆盖；加强种薯（苗）消毒处理，培育健康种苗，改善水肥管理条件，通过水肥一体化技术降低病害的发生；清洁田园，合理轮作倒茬、间作套种，深翻土壤，施足有机肥，恶化有害生物生存环境，减少初侵染来源，增强自然控害能力和作物抗病虫能力。二是充分利用物理防治方法，采用杀虫灯、诱虫板（黄板、蓝板）、防虫网、昆虫信息素（性引诱剂、聚集素等）等理化诱控技术诱捕隔离害虫，减少虫源基数。三是提倡生物防治，重点推广应用以虫治虫、以菌治菌、以菌治虫等生物防治关键措施，积极研发植物源农药、农用抗生素、植物诱抗剂等生物生化制剂应用技术。四是科学合理使用农药，加强技术培训，推广高效、低毒、低残留、环境友好型农药，如植物源、微生物源新农药和高效安全环保型化学农药；优化农药的轮换、交替使用、混合使用和安全使用技术；加强农药抗药性监测与治理，普及农药规范使用知识，严格遵守农药安全使用间隔期。通过合理使用农药，最大限度降低农药对生态环境的影响。

（三）重视贮藏加工体系建设，加快马铃薯加工业发展

贮藏保鲜是马铃薯生产中不可或缺的一个重要环节，各级政府要树立环保、减损、增产和增效的意识，从保障粮食安全的战略高度出发，制定政策，规范马铃薯贮藏设施建设。从原原种、原种、一级种、商品原料薯等全方位入手，进一步研究安全贮藏技术，解决马铃薯贮藏运输中的技术难点，提高窖藏质量，延长马铃薯贮藏时间，最大限度减少贮藏损失。积极培育龙头企业，优化产品结构，延伸产业链条，提高马铃薯精深加工产品的附加值。抓住国家"一带一路"建设的大好时机，多方争取项目，建立多层次、多渠道的投融资体系，提高一二三产业融合度。随着马铃薯主粮化战略的推进实施，要着力加强以马铃薯为主的大宗食品、休闲食品、

特色食品、功能食品研发，突出中国特色，符合大众饮食习惯，注重品牌培育；不断更新改造现有加工设备和生产工艺，加快形成结构合理、技术领先、环境友好、标准健全、质量安全、转化能力强的马铃薯加工产业体系，提高马铃薯精深加工产品的比例。各地除对马铃薯生产技术进行技术培训外，更要加强对马铃薯主食产品营养特性、功能作用的宣传，逐步改进中国传统的膳食习惯，使马铃薯主食化理念更加深入人心，进而推进马铃薯加工业的快速发展。

（四）加快构建网络服务体系，提升马铃薯市场竞争力

加强马铃薯专业信息网站服务平台建设，鼓励各类行业协会、种薯和加工贸易企业、专业合作组织、科研机构等创办马铃薯专业网站，积极对外宣传介绍甘肃马铃薯及其制品，提高市场知名度、美誉度和竞争力；及时向薯农和加工贸易企业提供有关马铃薯种植、加工、销售的市场信息和价格信息，推广普及马铃薯优质抗旱抗病新品种与种植、植保、节水、加工、储藏等方面的技术知识，增强各类加工贸易企业和薯农参与市场竞争、应对市场变化、抵御市场风险的能力。建设马铃薯及其制品仓储物流基地，大力发展电子商务，强化终端市场研究，通过精细包装，打造具有地方特色的个性化品牌，培育完善一批集贮藏保鲜、加工包装、信息发布、交易批发于一体的马铃薯专业批发市场，加快推进电子化、网络化、信息化建设进程，改善经营条件，助力销售物流发展，为马铃薯产业发展创造良好的市场环境。

（五）加大政府扶持力度，促进产业转型升级

目前，马铃薯产业已进入转型发展期，各级地方政府要加大科研创新力度，以科技进步和自我创新推动马铃薯产业由粗放增长向集约增长转变，由生产初级产品向高精尖的中高端产品转变。要实施品牌战略，着力培育龙头企业和产业集团，打造名牌产品，带动马铃薯产业向规模化、集群化方向发展。建议各级政府要集中有限资源加大对马铃薯生产基地、专业合作社和加

工企业的政策支持力度，鼓励金融机构为从事马铃薯生产、加工、经营的农民和企业提供优质、便利、快捷的服务，鼓励马铃薯生产经营企业、专业合作社或农民积极参与农业保险体系，增强抵御农业风险的意识和能力。充分发挥当地科研机构和企业的研发作用，加大在马铃薯新品种选育、脱毒种薯繁育、水肥一体化高效利用、病虫害测报预警与绿色防控、贮藏与加工等方面的补贴力度，促进技术创新，提升产业竞争力。积极推广新品种、新技术、新模式、新装备，采取渐进的方式逐步降低生产成本，提高产品转化利用率，推动马铃薯产业向布局区域化、种植标准化、品种专用化、生产集约化、产品优质化和加工精深化方向发展。

参考文献

秦军红：《世界马铃薯产业发展概况》，《2016 年中国马铃薯大会论文集》2016 年第8 期。

杨祁峰：《甘肃省马铃薯产业与主食化发展分析》，《2016 年中国马铃薯大会论文集》2016 年第 5 期。

吴秋云、黄科、宋勇、何长征、刘明月、熊兴耀：《2000～2009 年世界马铃薯生产状况分析》，《中国马铃薯》2012 年第 2 期。

徐建飞、金黎平：《马铃薯遗传育种研究现状与展望》，《中国农业科学》2017 年第6 期。

李掌、文国宏、曲亚英、张武：《领悟法国马铃薯发展，提升甘肃马铃薯产业》，《马铃薯产业与精准扶贫》2017 年第 5 期。

刘小林：《马铃薯主粮化对粮食安全的积极影响及建议》，《农村经济与科技》2015年第 11 期。

杨启东：《甘肃省马铃薯机械化发展现状分析》，《农机质量与监督》2016 年第 7期。

王丽、孙秀俊、王忠伟：《我国马铃薯机械化种植的现状及前景分析》，《农业科技与信息》2011 年第 23 期。

黄冲、刘万才：《近年我国马铃薯病虫害发生特点与监控对策》，《中国植保导刊》2016 年第 6 期。

田世龙、李守强、李梅、程建新、葛霞、张欣：《西北马铃薯贮藏现状分析及建

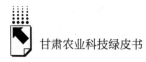

议》，《农业工程技术》2012年第8期。

黄凤玲、张琳、李先德、蔡典雄：《中国马铃薯产业发展现状及对策》，《农业展望》2017年第1期。

张丽莉、宿飞飞、陈伊里、卢翠华、程海民：《我国马铃薯种质资源研究现状与育种方法》，《中国马铃薯》2007年第4期。

G.16
甘肃省优质林果业绿色发展研究报告

王发林　马　明　王　鸿　刘小勇　郝　燕　李红旭　王玉安[*]

摘　要： "十二五"期间，甘肃省林果业围绕优质、高效、生态、安全发展方向，坚持政府引导、社会参与，营造良好发展环境；突出特色、优化布局，明确产业发展方向；技术引领、示范带动，推动产业转型升级。研发、示范并推广了低效果园改造、果园省力化栽培、病虫害综合防控、节水及水分高效利用等技术30多项，示范推广各类果树新品种100多个。推广绿色生产理念，甘肃林果产业开始由数量扩张型向质量效益型转变。

关键词： 林果业　绿色发展　甘肃省

一　甘肃省林果业绿色发展现状

甘肃省地处黄土高原、蒙新高原和青藏高原交会处，地理位置在北纬

---

 * 王发林，甘肃省农科院林果花卉研究所所长，理学博士，研究员，博士生导师，主要研究方向为果树育种栽培；马明，甘肃省农科院林果花卉研究所副所长，研究员，主要研究方向为苹果育种与栽培；王鸿，甘肃省农科院林果花卉研究所副所长，生物学博士，研究员，主要研究方向为果树栽培生理生态；刘小勇，甘肃省农科院林果花卉研究所研究员，主要研究方向为特色经济林果育种与栽培；郝燕，甘肃省农科院林果花卉研究所研究员，主要研究方向为葡萄育种与栽培；李红旭，甘肃省农科院林果花卉研究所副研究员，主要研究方向为梨育种与栽培；王玉安，甘肃省农科院林果花卉研究所研究员，主要研究方向为葡萄育种与栽培。

32°31′~42°57′，东经 92°12′~108°46′，南北相距约 10 个纬度，东西相距 16 个经度。地跨黄河、长江、内陆河三大流域，海拔高度从甘川边界的白龙江河谷 550 米到甘青边界疏勒山 5803 米，相差 5000 余米；具有亚热带、暖温带、温带等多种气候类型和多种果树生态区，果树资源丰富且种类繁多，果树栽培历史悠久，是我国果树种质资源保存、演化、栽培的重要地区。根据《甘肃农村年鉴（2016）》统计资料，截至 2015 年底，全省林果总面积 120.1 万公顷。已形成了以苹果、花椒、核桃、葡萄、枸杞、枣、杏、桃、梨、油橄榄、甜樱桃、银杏 12 个经济林树种为主的陇中优质元帅系苹果基地、陇东优质富士系苹果基地、陇南大红袍系花椒基地、陇南优质核桃基地、河西走廊无公害葡萄基地、沿黄灌区无公害枸杞基地、陇南优质油橄榄基地等 22 个特色鲜明的优质林果生产基地。

"平凉金果""花牛苹果""秦安蜜桃""武都大红袍"等一批名优林果产品品牌在国内外市场初具知名度和影响力；"巨峰葡萄""敦煌李广杏"等近百个果品获国家地理标志产品保护或绿色认证。优质经济林果生产技术及产品质量标准等地方标准的制定及应用日益得到重视。秦安、临泽、成县、静宁、积石山、康县、镇原 7 个县被评为全国经济林名特优之乡。

2016 年中央一号文件指出，推动农业可持续发展，必须确立发展绿色农业就是保护生态的观念，加快形成资源利用高效、生态系统稳定、产地环境良好、产品质量安全的农业发展新格局。林果产业虽已成为甘肃省特色优势产业，但与全国、世界林果生产先进的省（区）及国家相比，甘肃省林果产业在绿色发展方面还存在差距。

二 甘肃省林果业绿色发展存在的主要问题

（一）老龄低效果园更新改造面临挑战

甘肃省现有林果栽培面积 120.1 万公顷，其中以苹果为主的果园 30%以上树龄超过 20 年，产量下降，品质降低，管理成本逐年升高。甘肃省传统果树生产多采用大冠稀植，20世纪80年代之后，受西方果树密植栽培的影响，逐渐由稀植向密植方向发展，90%左右的密植成龄乔化果园大多果园郁闭，光照不良，病虫滋生，过量施用化肥农药，由此引起环境污染和果品质量安全问题。目前老龄低效果园更新改造面临挑战：一是由于近年苹果等果品价格较高，果农更新改造的积极性不高；二是老果园改造涉及土壤消毒、老果树挖除、开沟增施有机肥、购买苗木等费用，成本较高，果农承担的压力较大；三是老果园更新面临重茬和果园生态恢复、土壤修复等问题，这方面尚未形成完善的技术体系。

（二）果园土肥水管理需要加强

甘肃地处内陆腹地，地域狭长，是一个山地型高原省份，山地、高原占总面积的3/4以上。复杂的地形加上早期林果发展"上山下滩，不与粮棉争地"的政策引导，使全省90%以上的果园分布在丘陵山地、高山坡地、沟壑改造地、荒坡梯田地。土壤基础条件较差、有机质含量低、保水保肥能力差，目前尚未建立起科学高效的土壤管理与培肥技术体系，施肥过量与不足并存，肥料利用率低。肖元松等对包括甘肃省在内的我国桃主产区土壤肥力与管理现状调查发现，我国95%以上的桃园仍采用清耕制，70%以上的桃园土壤有机质不足1%。田间^{15}N示踪试验结果表明，氮肥当季吸收利用率不足20%，当季损失率高达40%。虽然桃园肥料投入量大，但是通过土壤养分分析测得的氮磷钾含量并不是太高，而且含量不足的也占相当一部分：0~20厘米土层中，硝态氮低于20微克/克的占11.1%，有效磷低于10微克/克的占55.6%，速效钾低于100微克/克的占33.3%。20~40厘米土层中，硝态氮低于20微克/克的占33.3%，有效磷低于10微克/克的占66.7%，速效钾低于100微克/克的占44.4%。国家苹果产业技术体系专家研究结果表明，我国苹果栽培区域大多土壤基础条件较差、有机质含量低、表层土壤沙化、有益微生物种群失衡、渤海湾土壤酸化、黄土高原土壤碱化等土壤问题突出，导致果园土壤质量退化现象严重，成为果树健壮生长、品质改善和产量提高的重大障碍。而有关苹果园土壤质量判别标准、障碍性土壤改良及土壤质量提升技术研发不足，成为产业可持续发展的瓶颈问题。多数旱地苹果园，土壤长期处于饥渴状态，部分15年生以上果园，土壤出现不同程度的干层，且不断加重。近年来，我国苹果园效益较好，果农化肥施用量逐年递增，但利用效率不高，造成土壤环境污染，加上重金属污染问题，果园整体生态环境恶化。

"十二五"期间研发提出的旱地果园垄膜保墒集雨技术、果园膜下滴灌及水肥一体化技术、山地果园袋控省力化施肥技术、果园生草技术等在支撑产业发展方面起到了重要作用。但甘肃省果树生产距科学、精准的土肥水管理还有较大差距，科学利用肥水资源、改良土壤、平衡树体营养、克服生理病害等果园营养与施肥和水分高效利用研究需要进一步加强。强化地下管理，培肥地力是解决果树生长和果实发育所需营养物质的关键。

（三）果园病虫害综合防控技术体系尚不健全

病虫害是制约林果产业发展的瓶颈。"十二五"期间开展了梨小食心虫，葡萄主要病害白粉病、霜霉病，桃"黑斑病"，果树腐烂病等病原、发生规律研究，示范推广了梨小食心虫迷向素等生防技术，在引领产业病虫害绿色防控方面发挥了积极作用。但不同树种和不同生态区主要病虫害种类、发生规律不同，尚缺乏针对不同生态区域果园病虫流行或成灾规律的系统研究。同全国一样，甘肃省果园病虫害的防控主要依靠化学药剂，盲目用药现象普遍存在；大量化学农药增加了果园管理的成本，使果园生态环境恶化，对果品安全质量构成威胁。生物防治、物理防治技术等一方面应用率不高，另一方面技术有待完善。生产上以农业防治为基础，生物防治、物理防治、化学防治技术相结合的病虫害综合防控体系尚未完全建立起来。

（四）栽培新技术应用或集成应用不够，引领示范作用有待加强

林果产业涉及从产地到餐桌、从生产到消费、从研发到市场各个环节。"十二五"期间，甘肃省科研、教学、推广单位的科技人员重点围绕老龄低效果园改造、果园省力化栽培、旱地果园水分高效利用、灌区果园节水及水

肥一体化、重要病虫害综合防控、果园生草培肥地力、省力化施肥等关键技术开展研究及"高优省"栽培模式示范园建设，在生产应用上取得了良好效果。但总体上技术应用或集成应用不够，现代化栽培技术模式示范园建设滞后，示范引领作用有待加强。

在花果管理方面，甘肃省苹果红富士系品种95%以上的果园，桃、葡萄、梨等水果60%以上的果园采用了套袋技术措施，对改善和提高果实外观质量起到了关键作用。近年来，受国内外果品市场的影响和劳动力缺乏的影响，套袋成本逐年增加，降低套袋成本、替代套袋或无袋栽培技术开始引起重视。

（五）果园废弃物资源化利用率低

随着农村生活条件的改善，烧饭、取暖等对果园废弃物的利用在减少。每年果园改造、整形修剪大量果园废弃物弃置于田间地头，不仅污染环境，而且造成病原菌和虫卵的传播。目前，甘肃省农科院林果花卉研究所开展的梨树修剪枝条粉碎还田、堆肥发酵肥料化利用研究为果园废弃物利用提供了方向。但果园废弃物肥料化利用及无害化覆盖提高土壤有机质含量、改善土壤的理化和生物学性质等技术研究需要引起重视和加强。

三 甘肃省优质林果业绿色发展对策

（一）病虫害绿色防控是果品安全生产的前提

果园病虫害绿色防控技术是在研究掌握主要病虫害发生规律、流行条件的基础上，筛选安全高效的防治药剂，明确不同药剂农药残留动态及与环境因素之间的关系；研究精准的施药技术，应用物理、生物防控病虫害的最新研究结果和理念，制订科学的病虫害综合防治方案，在有效控制各种病虫害的前提下，减少化学农药的投入次数和投入量，生产出安全、优质果品，也是近30年来世界病虫害防控技术研发与创新的重点和热点，已经成为产业必须面对的技术问题和健康发展的重要技术需求。

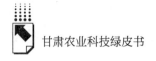

（二）果园土肥水管理是产业可持续发展的保证

土肥水管理的目的是为果树正常生长发育提供一个适宜的土壤环境，包括物理环境、化学环境与生物环境等，同时满足果树生长与结果对养分与水分的需求。采用科学的土肥水管理技术是林果产业可持续发展的重要保证。近年来，随着人们产品质量意识、食品安全意识与环境保护意识的日益增强，应重点研发与推广生态可持续型、资源高效利用型以及省工型等土肥水管理技术新模式。

1. 土壤管理制度创新

近年来我国采用覆盖制的果园呈现增加的趋势，行内采用秸秆或树皮等有机物料覆盖，可起到保温、调温、保水、增肥和提高果实品质的作用，既利用了有机废弃物，又防止了因焚烧而造成的环境污染。"十二五"期间，国家桃产业技术体系兰州综合试验站在秦安县旱地桃园开展了桃园覆草试验示范，通过连续 6 年覆草，在有效提高土壤水分的同时，土壤有机质由13.1 克/千克提高到 15.2 克/千克，平均单果重增加 11.4%。甘肃省林果产区地形、土壤类型复杂多样，总体上土壤基础条件较差、有机质含量低、土壤碱化等问题突出。进一步研究不同生态条件下果园土壤健康与营养水平、微生物系统、根域环境等有关指标和参数，科学评判果园土壤健康影响因素，提出改善果园土壤状况的技术规程，创新土壤管理制度。

雨养农业区果园实施地表覆盖不仅能抑制土壤水分蒸发，蓄水保墒，还能增温保温，保护土壤表层，改善土壤物理性状，提高水分利用效率等（孙宝胜等，2005）。甘肃陇东黄土高原旱地苹果园覆沙，果树生长季节 0~60 厘米土壤相对含水量始终保持在 60% 以上，果实单果重增加，品质得到改善（张坤等，2010）。国家桃产业技术体系兰州综合试验站在秦安县旱地桃园开展了桃园覆草试验示范，覆草桃园 3~6 月份 0~60 厘米土壤相对含水量为 66.6%，较清耕桃园提高 14%。针对甘肃省果树主产区旱地果园面积大、雨养农业区自然降水特点和果树需水规律，由甘肃省农业科学院林果花卉研究所研发的"旱地果园垄膜保墒集雨技术"大面积应用实践表明，该技术应用使果园缺水的 3 ~ 6 月份，0 ~ 60 厘米土壤的相对含水量由 52.6% 提高到 63%，缓解或满足了果树在关键物候期对水分的需求；产量平均提高 8.2% ~ 14.9%，品质得到改善。国家苹果产业技术体系的专家研究表明，多数旱地果园，土壤长期处于饥渴状态，部分 15 年生以上果园，土壤出现不同程度的干层，且不断加重。进一步研究甘肃省黄土高原果树优质高效水分稳定需求和养分平衡供需规律，找出树体肥水需求与自然降水和土壤养分供应的差异，提出肥水供应的最佳参数和限量标准，制定不同类型果园精准水肥一体化技术、肥水耦合土壤管理模式等技术规程，保证果园可持续生产。

2. 土壤培肥技术研究

重视和利用发酵肥料和腐熟的农家肥培肥土壤是满足果树对养分需求的基本要求。国内外的实践证明，果园生草不但可以减少对土壤结构和微生物环境的破坏，减少水土流失，培肥地力，减少施肥量，而且可以促进果实着色，改善果实品质，同时为抑制天敌创造环境，有利于果品的有机生产。果园自然生草与人工种草相结合的果园生草制能够起到快速改良、培肥土壤的作用。"十二五"期间，国家桃产业技术体系兰州综合试验站在雨养农业区实施果园生草制，5 年生草果园土壤有机质提高 0.6 ~ 1.0 个百分点；果园生草改善了土壤理化性状，增加土壤通透性；缓解施用化肥造成的土壤板结；增加土壤中的有益微生物，快速增加有机质，有肥沃土壤的效果；减少地表失水，增强根系抗逆性；坡耕地上自然生草，能有效减轻水土流失。

从果实品质与环境保护两个方面考虑，许多国家开始对果园化学肥料的施用量进行控制，目前我国开展的果树减肥减药提质增效关键技术集成研究与示范也是基于此目的。国家桃产业技术体系"十二五"期间开展了控释掺混肥、袋控缓释肥在桃园应用，实践表明，在现有果园土壤条件下利用控/缓释肥，在产量不降低的情况下可降低 30% 的化肥施用量，节约施肥用工成本 25%。培肥地力是解决果树生长和果实发育所需营养物质的关键，进一步开展培肥地力技术研究，加强土壤诊断、树相诊断、叶分析指导精准施肥研究，建立果树优质丰产叶片营养含量标准和诊断施肥技术规程，是甘

肃省未来果树现代化栽培的重要方向。

3.水分调控技术研究

大多数果树在生长季节的不同阶段，其营养（枝条）生长与果实生长的速度存在差异，果实的生长曲线一般呈 S 形或双 S 形，而枝条生长曲线则为抛物线形。调控营养生长阶段的水分灌溉次数和灌水量，使植株承受一定的水分应力，控制植株生长，减少修剪量，而在果实迅速膨大期恢复充分灌溉，不影响果实品质和产量，同时节约用水提高果树生产率（黄兴法等，2001）。澳大利亚的科学家在桃、梨等果园进行了实践和验证，并提出了调控亏水度灌溉，简称调亏灌溉，Regulated Deficit Irrigation，简称 RDI）果园灌溉新技术。甘肃省农科院林果花卉研究所在河西走廊日光温室桃促早栽培水分管理的实践证明，采果后土壤相对含水量控制在 40%～50%，在不影响产量的前提下，可溶性固形物较对照（60% 以上含水量）提高 1.3%，提出了"基于水分调亏效应的日光温室桃节本、省工、高效树体管理技术"。该项技术已开始在张掖、酒泉、嘉峪关等地日光温室桃促早栽培中示范应用。在进一步研究不同种类果树、不同熟期品种需水特性、规律和营养生长—生殖生长的基础上，开展水分调控技术研究，到达节水和肥水高效利用的目的。果园调亏灌溉技术在甘肃省灌溉果园有着广阔的应用前景。

（三）重视果园废弃物资源化利用，减少环境污染

针对甘肃省果园废弃物量大、面广、利用率低的现状，重视果园废弃物收集、利用的体制机制建设。围绕果园废弃物肥料化利用、无害化覆盖提高土壤有机质含量、改善土壤理化和生物学性质的目的，开展修剪枝条直接粉碎还园研究，研究粉碎后的修剪枝条直接还园覆盖、施入土壤的最佳用量、施用方法，修剪枝条长期直接还园对果园土壤生物学和理化性状的影响，长期直接还园对果树生长和品质的影响。开展修剪枝条高效堆肥研究，筛选并优化适合修剪枝条木质素、纤维素和半纤维素快速分解的复合微生物菌株，定型枝条堆肥菌剂；研究和优化枝条堆肥工艺参数及发酵条件，建立适合不同区域的枝条堆肥技术规程。

（四）果树省力化、轻简化栽培技术是林果产业节本增效方向

随着我国农村劳动力的减少和老龄化问题的日趋严重，劳动力成本逐年上升，已成为制约林果产业可持续发展的瓶颈问题，果园省力化栽培、果园管理机械化作业逐步成为林果生产发展方向，对显著降低果园用工量及生产成本，提高果园综合生产能力和经济效益，具有重要意义。

通过矮化砧木及砧穗组合比较试验，筛选适合省力化栽培的苹果矮化砧木及砧穗组合。研究提出适合于果园机械化的树体结构、果园群体结构和栽培模式等；研发或选型配套果园机械，创建果园生产农艺、农机协同模式。筛选出适宜不同生态区域的主推树形及整形修剪技术；研发不同树形建模可视化系统，进一步研发省力、高光效树形及简化修剪配套技术。研究不同区域壁蜂授粉、专用授粉树配制等提高坐果技术及化学（或机械）疏花疏果技术，降低套袋成本、替代套袋或无袋栽培技术，提出不同生态区域省力化花果管理技术规范。围绕果园喷药、果园割草、开沟施肥、修剪采摘、水果物流、枝条处理、苗木繁育等开展研究和机械选型。与国家农业技术云平台相结合，通过大数据分析及移动互联网络实现各生产关键环节的技术推送，逐步实施果园智能化、省力化管理。

（五）老龄低效果园更新改造关系林果产业可持续发展

甘肃省苹果30%以上树龄在20年以上；90%左右的密植成龄乔化果园大多果园郁闭，光照不良，病虫滋生。老龄低效果园改造不仅涉及重茬病克服、果园生态修复、土壤培肥、良种大苗培育、早果丰产等配套技术，还存在更新改造果农承担较高成本的问题。

在认真调查研究老龄低效果园改造面积、分步改造的基础上，完善或建立主要推广品种采穗圃、优质大苗繁育圃；研究容器大苗促花培育技术，提出优质分枝大苗或容器大苗培育技术规范。研究、明确引起果树连作障碍的主要原因，研究传统方法与抗连作砧木、连作拮抗菌、土壤消毒剂、间作植物、有机肥料等相结合的克服连作障碍简易综合技术。形成老

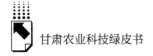
果园改造重茬病克服、土壤修复与质量提升、新旧栽培模式转化等技术规程。

研究诊断各类老果园淘汰后土壤肥力状况特点，研究评价果园深翻换坑改土、施用有机物料或新型生物菌肥、种植绿肥休耕等土壤修复技术效果，形成土壤修复与质量提升技术规范和技术模式。研究老园淘汰后，在原址应用新栽培模式的高效建园技术，比较提出老果园重茬更新效益最佳化模式。研究分枝大苗或容器大苗建园，幼树早果丰产技术，形成技术规范。

（六）果品采后商品化处理及精深加工是延长产业链的重要方式

总体来说，甘肃省果品采后商品化处理程度低，采后处理不科学、冷链流通体系不健全。苹果是甘肃省主要果树，采后贮藏加工不足15%，而发达国家为80%以上，全国平均为30%。果品采后贮藏加工是延长产业链的重要方式，产后增值幅度大，产业发展空间大。因此，研究开发适合国情、省情的高效贮藏技术和加工产品，实现果品区别利用、营养化利用、最大化利用和高附加值利用，增加附加值是重要方向。

开展苹果超低氧和动态气调贮藏技术研究，建立主栽品种气调贮藏模式；利用计算流体动力学方法，建立冷库环境三维数值模型，优化贮藏管理技术；开展贮藏果实品质风险预警技术研究和新品种采收期、贮藏特性研究，进一步完善苹果贮藏工艺流程。研究苹果生物发酵过程中酵母对风味物质的影响、不同陈酿阶段香气成分特征及变化规律、高级醇的形成机理及调控技术以及苹果醋酿造中微生物增殖与代谢、风味改善及风味物质形成等关键工艺技术；研究提出苹果生物发酵核心技术方案，开发高品质苹果白兰地、苹果酒和苹果醋等系列产品。进行果渣中果肉、果皮、果籽的有效分离，研究不同部分的物性特点、营养价值，开发果肉、果皮产品；开展苹果果汁、果浆胶体体系物性及体系稳定性研究，进行短链条、营养化、高附加值产品创新技术研究并开发相关产品。

参考文献

甘肃省人民政府：《甘肃省千万亩优质林果基地建设发展规划》，2010。

甘肃省人民政府：《甘肃省林果产业发展扶持办法》，2011。

甘肃省人民政府：《深入推进"365"现代农业发展行动计划着力实施"十百千万"工程的意见》，2015。

甘肃农村年鉴编委会：《甘肃农村年鉴（2016）》，中国统计出版社，2016。

国家桃产业技术体系：《中国现代农业产业可持续发展战略研究·桃分册》，中国农业出版社，2016。

魏胜文、乔德华、张东伟：《甘肃农业科技发展报告（2011~2015）》，社会科学文献出版社，2016。

张坤、尹小宁、刘小勇、王发林：《陇东旱地果园覆沙对苹果树蒸腾耗水及果实品质的影响》，《应用生态学报》2010年第11期。

肖元松、彭福田、房龙、严克发、张华美、齐玉吉、李勇：《树盘施肥区域大小对 ^{15}N 吸收利用及桃幼树生长的影响》，《植物营养与肥料学报》2014年第4期。

孙宝胜、杨开宝、拓文俊：《黄土高原丘陵沟壑区土壤水资源平衡利用与生态植被可持续发展》，《西北农业学报》2005年第4期。

黄兴法、李光水、曾德超：《调亏灌溉——果园节水管理新技术》，《节水灌溉》2001年第2期。

G.17
甘肃省中药材产业绿色发展研究报告

王国祥*

摘　要： 随着人民生活水平的提高，人们越来越重视自身健康，中药
材以其较小的毒副作用备受人们的青睐，高品质中药材需求
量日益增大，绿色中药材生产将成为中药材生产的大势所趋。
本文阐述了甘肃绿色中药材生产发展现状、成就及存在的问
题，提出甘肃省中药材绿色生产建议及措施。

关键词： 绿色中药材　永续利用　甘肃省

随着人民生活水平的提高，人们防病治病和保健意识日益加强，人类对中药资源的需求也逐年增加，同时生态环境受到人类活动的影响，特别是种植户为了中药材的高产而大量使用化肥、农药，不仅污染了大气、土壤、水体，更直接地影响到中药材的质量安全。

中药材作为一种特殊的产品，主要用以治病救人或保健养生，其使用人群多为病患或体弱多病者，这类人群由于疾病的侵扰，身体抵抗力及免疫力均低于常人，对于中药材中可能存在的农药残留、重金属等尤其敏感。农残及重金属问题的显现可能使中药材处于更大的危险中，如服用的中药含有上述有害物质，则不但不能治病，还有可能导致更加严重的疾病发生。因此，实施绿色中药材战略，最大程度减少中药材生产中引入的有害物质，提升中

---

* 王国祥，甘肃省农业科学院经济作物与啤酒原料研究所、中药材研究所所长，副研究员，长期从事经济作物育种与高效栽培技术研究及示范推广工作。

药材的品质，对于保障人民生命安全、提高健康水平、提升中药整体发展水平及国际竞争力均有十分重要的现实意义。

绿色中药材是无污染、安全、优质的中药材，绿色中药材生产就是要从生产基地划分、品种选择、肥料施用、栽培模式、病虫害防控及产地加工、贮藏等环节和投入品选取方面高标准、严要求，不仅要生产出绿色的中药材，还要避免对环境造成污染。同时对于野生药材要合理利用，注重资源和生态环境的保护，以实现永续利用。

一 甘肃绿色中药材发展成就

（一）促进绿色中药材产业发展的政策法规

2017年7月1日起施行的《中华人民共和国中医药法》，首次以国家法律的形式对中药材的生产进行了规范，其内容涵盖了绿色中药材生产的主要方面，为绿色中药材的发展提供了政策和制度上的保障。其中明确提出，国家制定中药材种植养殖、采集、贮存和初加工的技术规范、标准，加强对中药材生产流通全过程的质量监督管理，保障中药材质量安全；国家鼓励发展中药材规范化种植养殖，严格管理农药、肥料等农业投入品的使用，禁止在中药材种植过程中使用剧毒、高毒农药，支持中药材良种繁育，提高中药材质量；国家建立道地中药材评价体系，支持道地中药材品种选育，扶持道地中药材生产基地建设，加强道地中药材生产基地生态环境保护，鼓励采取地理标志产品保护等措施保护道地中药材；国家保护药用野生动植物资源，鼓励发展人工种植养殖，支持依法开展珍贵、濒危药用野生动植物的保护、繁育及其相关研究。

2016年9月5日，甘肃省政府办公厅印发的《甘肃省"十三五"陇药产业发展规划》中明确提出发展中药材标准化生产，积极推进大宗优势品种标准化种植，扩大规范化生产规模，提高中药材质量品质和种植效益。建立甘肃大宗道地中药材质量标准体系，制定标准化栽培技术规程，指导中药材规范化生产，建设中药原料标准化生产示范基地和良种繁育基地，支持采用现代技术进行绿色加工，从源头上确保中成药和中药饮片产品质量。

2017 年 2 月 23 日，甘肃省正式获批建设国家中医药产业发展综合试验区，其总体方案中提出"规范中药材种植，推进中药材种植、生产标准化，建设道地药材种质资源园（圃）及种子种苗繁育基地，制定甘肃道地药材标准化种植技术规程"。

（二）绿色无公害中药材生产基地建设

中药材的品质与其生产基地有密切关系，即"道地性"，不同产地的中药材品质也不相同，并且中药材由于其特殊性，对生产基地的水体、大气、土壤等自然条件要求也更高。甘肃省中药材主要产地土壤重金属残留调查分析表明，土壤中 As、Hg、Pb、Cr、Cd 和 Cu 平均含量分别为 12.75、0.040、41.88、94.62、0.19、19.44 毫克/千克，均没有超出无公害农产品产地环境规定的标准，中药材产地土壤重金属积累不明显。经过多年努力，全省共有 5 家中药材企业的 6 个基地通过 GAP 认证（见表 1）；通过无公害中（藏）药材产地认定的 66 个，其中面积大于 1000 公顷的有 20 个（表 2）；通过农业部农产品地理标志认证的中药材产品有 12 项（见表 3）。

表 1　甘肃省通过 GAP 认证基地名录

序号	企业名称	注册地址	种植品种	种植区域	公告
12	甘肃省农垦集团有限责任公司	甘肃省兰州市滨河东路 609 号	罂粟壳	甘肃省武威市、张掖市、金昌市、白银市	（第 2 号）2004 年 12 月 29 日
43	甘肃岷归中药材科技有限公司	兰州市城关区雁西路 726 号	当归	甘肃省宕昌县哈达部镇、岷县西寨镇	（第 5 号）2006 年 12 月 25 日
61	甘肃省农垦集团有限责任公司	甘肃省兰州市滨河东路 609 号	罂粟、紫斑罂粟、红花罂粟	甘肃省武威市、张掖市、金昌市、白银市	（第 8 号）2009 年 12 月 30 日

序号	企业名称	注册地址	种植品种	种植区域	公告
102	四川新荷花中药饮片股份有限公司	成都高新区西部园区合瑞南路8号	半夏	甘肃省西和县石堡乡张刘村、十里乡板桥村	（第19号）2012年12月14日
133	甘肃劲康药业有限公司	甘肃省定西市岷县岷阳镇南川中药材加工园区	当归	岷县禾驮乡石家台村红花沟，岷县麻子川乡麻子川村、上沟村	（第22号）2014年5月23日
146	东阿阿胶高台天龙科技开发有限公司	甘肃省定西市陇西县福星镇马营湾村	党参	甘肃省定西市陇西县福星镇马营湾村	（第22号）2014年5月23日

资料来源：国家食品药品监督管理总局网站，http://www.sfda.gov.cn/WS01/CL1045/。

表2　甘肃省无公害中（藏）药材产地（面积大于1000公顷）认定备案目录

备案号	证书编号	生产单位	产地地址	规模（公顷）	颁证日期
BA-201505-101348	WNCR-GS14-00054	临潭县户保中药材种植农民专业合作社	临潭县羊永乡白土村	1300	2014年12月16日
BA-201505-101445	WNCR-GS14-00151	礼县松鹤中药材种植农民专业合作社	礼县漱山、上坪、白关、沙金、白河、洮坪6个乡镇	1340	2014年12月16日
BA-201604-100025	WNCR-GS15-00029	舟曲县大峪乡康宁药材种植农民专业合作社	舟曲县拱坝、曲告纳、博峪、峰迭、果耶、曲瓦、大峪7个乡镇	3034	2015年12月28日
BA-201604-100035	WNCR-GS15-00039	卓尼县富民药材专业合作社	卓尼县木耳、柳林、纳浪、藏巴哇、洮砚、喀尔钦、扎古录7个乡镇	1200	2015年12月28日
BA-201604-100049	WNCR-GS15-00053	民乐县中药材行业协会	民乐县三堡、民联、洪水、永固、新天、六坝、南丰、顺化、丰乐、南古10个乡镇	6667	2015年12月28日

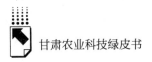
续表

备案号	证书编号	生产单位	产地地址	规模(公顷)	颁证日期
BA－201604－100095	WNCR－GS15－00099	宕昌县八力乡大东山中药材农民专业合作社	宕昌县哈达铺、理川、南阳、城关、官亭、阿坞、南河、八力、庞家、木耳、韩院、好梯、竹院、贾河、将台、车拉、新城子、临江、甘江头、两河口20个乡镇	6666.7	2015年12月28日
BA－201604－100102	WNCR－GS15－00106	瓜州昊泰生物科技有限公司	瓜州县三道沟镇、河东乡、布隆吉乡、腰站子乡、瓜州乡、西湖乡、南岔镇、锁阳城镇、双塔乡、七墩回族乡、广至藏族乡、沙河回族乡、梁湖乡13个乡镇	6700	2015年12月28日
BA－201604－100195	WNCR－GS15－00199	甘肃义顺莲花山药业有限责任公司	康乐县景古、五户、莲麓、草滩、胭脂、上湾、八丹、鸣鹿、八松、苏集、白王11个乡镇	3000	2015年12月28日
BA－201604－100235	WNCR－GS15－00239	甘肃伟盛药业有限责任公司	渭源县新寨镇、庆坪乡、清源镇、会川镇、路园镇、莲峰镇、祁家庙乡、北寨镇、锹峪乡、田家河乡10个乡镇	12900	2015年12月28日
BA－201404－100086	WNCR－GS13－00086	华亭县中药材产业发展服务中心	甘肃省华亭县马峡、西华山寨、河西、策底、上关、砚峡、东华、安口、神峪等10个乡镇的85个村	6666.7	2013年12月25日
BA－201404－100128	WNCR－GS13－00128	宕昌县中药材开发服务中心	甘肃省宕昌县哈达铺、理川、南阳、城关、官亭等20个乡镇	10000	2013年12月25日
BA－201303－103614	WNCR－GS011－079	礼县松鹤中药材种植农民专业合作社	礼县湫山、上坪、白关、沙金、白河、洮坪6个乡镇	1340	2011年12月1日
BA－201303－103679	WNCR－GS12－015	临潭县雯商中药材开发专业合作社	临潭县城关、术布、长川、羊永、流顺、新城、店子、王旗、石门、三岔、洮滨11个乡镇	3000	2012年2月1日
BA－201303－103680	WNCR－GS12－016	卓尼县富民药材专业合作社	卓尼县木耳、柳林、纳浪、藏巴哇、洮砚、喀尔钦、扎古录7个乡镇	1200	2012年2月1日

续表

备案号	证书编号	生产单位	产地地址	规模(公顷)	颁证日期
BA - 201303 -103681	WNCR - GS12 -017	舟曲县大峪乡康宁药材种植农民专业合作社	舟曲县拱坝、曲告纳、博峪、峰迭、果耶、曲瓦、大峪 7 个乡镇	1500	2012 年 2 月 1 日
BA - 201303 -103718	WNCR - GS12 -054	瓜州昊泰生物科技有限公司	瓜州县三道沟镇、河东乡、布隆吉乡、腰站子乡、瓜州乡、西湖乡、南岔镇、锁阳城镇、双塔乡、七墩回族乡、广至藏族乡、沙河回族乡、梁湖乡 13 个乡镇	6700	2012 年 12 月 1 日
BA - 201303 -103728	WNCR - GS12 -064	甘肃伟盛药业有限责任公司	渭源县新寨镇、庆坪乡、清源镇、会川镇、路园镇、莲峰镇、祁家庙乡、北寨镇、锹峪乡、田家河乡 10 个乡镇	12900	2012 年 12 月 1 日
BA - 201303 -103739	WNCR - GS12 -075	民乐县中药材行业协会	民乐县三堡、民联、洪水、永固、新天、六坝、南丰、顺化、丰乐、南吉 10 乡镇	6667	2012 年 12 月 1 日
BA - 201303 -103751	WNCR - GS12 -087	宕昌县中药材开发服务中心	宕昌县哈达铺、理川、南阳、城关、官亭、阿坞、南河、八力、庞家、木耳、韩院、好梯、竹院、贾河、将台、车拉、新城子、临江、甘江头、两河口 20 个乡镇	6666.7	2012 年 12 月 1 日
BA - 201303 -103777	WNCR - GS12 -113	康乐义顺莲花山药业有限责任公司	康乐县、景古、五户、莲麓、草滩、胭脂、上湾、八丹、鸣鹿、八松、苏集、白王 11 个乡镇	3000	2012 年 12 月 1 日

资料来源：中国农产品质量安全网，http：//www.aqsc.agri.cn/wghncp/cdcx/。

表 3　甘肃省中药材通过农业部农产品地理标志认证名录

序号	年份	产品名称	申请人全称	登记证书编号
638	2011	哈达铺当归	宕昌县中药材开发服务中心	AGI00639
639	2011	武都红芪	陇南市武都区中药材技术服务中心	AGI00640
640	2011	宕昌党参	宕昌县中药材开发服务中心	AGI00641
986	2012	渭源白条党参	渭源县中药材产业办公室	AGI00987
1352	2013	瓜州枸杞	瓜州县林果科技服务中心	AGI01353

续表

序号	年份	产品名称	申请人全称	登记证书编号
638	2011	哈达铺当归	宕昌县中药材开发服务中心	AGI00639
1444	2014	宕昌黄芪	宕昌县中药材开发服务中心	AGI01445
1653	2015	瓜州锁阳	瓜州县锁阳协会	AGI01654
1726	2015	宕昌大黄	宕昌县中药材开发服务中心	AGI01727
1876	2016	武都纹党参	陇南市武都区纹党参协会	AGI01877
2002	2016	岷县当归	岷县中药材生产技术指导站	AGI02003
2003	2016	陇西白条党参	陇西县中医药产业发展局	AGI02004
2004	2016	陇西黄芪	陇西县中医药产业发展局	AGI02005

资料来源：中国农产品质量安全网，http：//www.aqsc.agri.cn/ncpdlbz/cpcx/201702/t20170222_249974.htm。

（三）甘肃省中药材新品种选育

优良品种是保证中药材品质的关键因素，抗逆品种能减少肥料和农药的施用，提升中药材的"绿色"水平。经过多年的生产实践和选育，甘肃省已选育出"岷归"系列当归新品种、"渭党"系列党参新品种、"陇芪"系列黄芪新品种、甘草系列新品种、"陇秦"系列秦艽新品种共25个（见表4），这些抗逆、优质、高产的新品种为绿色中药材生产提供了良好的基础条件。

表4　甘肃省中药材已认定品种

认定编号	药材名称	品种名称	品种来源	选育单位
甘认药2009001	当归	岷归1号	岷县地方品种选育而成	定西市旱作农业科研推广中心
甘认药2008001	当归	岷归2号	岷县地方品种选育而成	定西市旱作农业科研推广中心、中国科学院近代物理研究所等
甘认药2009002	当归	岷归3号	岷县地方品种选育而成	定西市旱作农业科研推广中心
甘认药2011001	当归	岷归4号	用岷归1号种子经辐射选育而成	定西市旱作农业科研推广中心、甘肃中医学院
甘认药2013003	当归	岷归5号	用岷县大田当归系统选育而成	定西市旱作农业科研推广中心

认定编号	药材名称	品种名称	品种来源	选育单位
甘认药 2016006	当归	岷归 6 号	应用 40Ar17＋中能离子束,对岷归 1 号种子进行辐照处理,按诱变育种选育程序选育而成	定西市农业科学研究院、甘肃中医药大学
甘认药 2008002	党参	渭党 1 号	渭源县地方品种选育而成	定西市旱作农业科研推广中心、渭源县科学技术局等
甘认药 2009003	党参	渭党 2 号	渭源县地方品种选育而成	定西市旱作农业科研推广中心
甘认药 2013002	党参	渭党 3 号	用渭党 1 号辐照诱变选育而成	定西市旱作农业科研推广中心、中国科学院近代物理研究所
甘认药 2015002	党参	渭党 4 号	用渭党 1 号种子辐照处理诱变选育而成	定西市农业科学研究院
甘认药 2009004	黄芪	陇芪 1 号	陇西县地方品种选育而成	定西市旱作农业科研推广中心
甘认药 2009005	黄芪	陇芪 2 号	渭源县地方品种选育而成	定西市旱作农业科研推广中心
甘认药 2013001	黄芪	陇芪 3 号	用陇芪 1 号进行辐照诱变选育而成	定西市旱作农业科研推广中心、中国科学院近代物理研究所
甘认药 2014001	黄芪	西芪 1 号	从陇西当地蒙古黄芪中系选而成	陇西稷丰种业有限责任公司
甘认药 2015001	黄芪	陇芪 4 号	从陇西大田品种中系统选育而成	定西市农业科学研究院
甘认药 2014002	柴胡	陇柴 1 号	从野生狭叶柴胡(*Bupleurumscorzomerifolium* Willd)中选育而成	陇西稷丰种业有限责任公司
甘认药 2014003	甘草	国甘 1 号	从甘肃民勤地方甘草品种选育而成	中国药材公司
甘认药 2016001	甘草	甘育甘草 1 号	从宁夏盐池引进种植的野生乌拉尔甘草种子混合群体中系选而成	甘肃农业大学、甘肃巨龙供销(集团)股份有限公司
甘认药 2016002	甘草	甘育甘草 2 号	从新疆喀什引进野生光果甘草种子混合群体中系选而成	甘肃农业大学、甘肃巨龙供销(集团)股份有限公司
甘认药 2016003	甘草	甘育甘草 3 号	从新疆喀什引进野生胀果甘草种子混合群体中系选而成	甘肃农业大学、甘肃巨龙供销(集团)股份有限公司

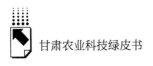

续表

认定编号	药材名称	品种名称	品种来源	选育单位
甘认药 2015003	板蓝根	定蓝 1 号	从当地大面积种植的板蓝根混合群体中,采用单株选育法选育而成	定西市农业科学研究院
甘认药 2016004	秦艽	陇秦 1 号	以野生秦艽作为原始亲本,通过单株选择、自交采种、冬季温室育苗、形成品系、鉴定筛选形成的常规品种	甘肃省农科院中药材研究所、甘肃省农业科学院经济作物与啤酒原料研究所
甘认药 2016005	秦艽	陇秦 2 号	从陕西凤县引进的秦艽资源中选育而成	甘肃省农科院中药材研究所、甘肃省农业科学院经济作物与啤酒原料研究所
甘认药 2016007	大青叶	中青 1 号	用当地大规模种植种子辐照处理诱变选育而成	中国科学院近代物理研究所
甘认药 2016008	枸杞	银杞 1 号	从宁杞 1 号的优势单株中系统选育而成	白银市农业技术服务中心

资料来源:甘肃农业信息网,http://www.gsny.gov.cn/apps/site/site/issue/tzggg/gsgg/index.html。

(四)甘肃省中药材绿色栽培技术

2017 年 6 月 1 日,新修订后的《农药管理条例》开始施行,其中提出"国家通过推广生物防治、物理防治、先进施药器械等措施,逐步减少农药使用量"。绿色防控、高效利用、减少农肥、农药施用已成为中药材生产的新趋势。甘肃省在中药材科学施肥技术、覆盖栽培技术、绿色防控技术和适期采挖技术等方面进行了一系列研究,取得了一些创新性成果,推动了中药材栽培技术的科学化和规范化。甘肃省农科院研制出的当归专用型长效肥增产幅度达 10.0% ~ 20.7%,党参专用型长效肥增产幅度达 8.5% ~ 15.2%;通过选择适当茬口,合理轮作,降低了连作障碍对中药材生产的影响;采用黏虫板、杀虫灯、性诱剂等物理和生物防治方法对中药材病虫害进行防控,减少了化学农药的施用量;气调养护技术、辐照技术、生物防虫技术等绿色加工贮藏技术也得到应用,定西市率先在全市中药材重点县区试点推广中药材气调养护技术;通过"三百科技行动""三区人才""农业综合开发"项目，在全省范围内开展了绿色中药材生产的示范和培训工作，向基层科技人员、种植大户、专业合作社农民灌输"绿色"理念，使其掌握绿色中药材生产技术。

（五）甘肃省野生中药材资源保护和利用

野生中药材是中药材资源的重要组成部分，但随着用量的增加，部分野生药材也面临资源的枯竭，目前甘肃省有野生濒危药植物60多种。为保护珍贵的野生资源，甘肃省建立了兴隆山、小陇山、崆峒山、莲花山等多个国家级自然保护区和一批省、市级自然保护区；建成了甘肃省民勤县沙生植物园药用植物园、陇西药圃园、甘肃中医药大学和政药用植物园、宕昌官鹅沟中药材科技示范园等，开展了野生资源保护、驯化，品种选育，新技术实验示范等工作；秦艽、半夏、黄芩、肉苁蓉、羌活、款冬花等一批中药材实现了人工栽培，冬虫夏草、贝母、淫羊藿等濒危名贵中药材的人工驯化工作也取得了重大突破，为甘肃省中药材的资源保护和可持续发展提供了技术支撑。

二 中药材绿色生产存在的问题

（一）绿色中药材生产环境问题

1. 气候变化、产区植被破坏，导致产区生态环境恶化

部分中药材沿袭传统垦荒、伐林育苗模式，农户乱开滥伐现象较为普遍，植被变得稀疏，其调节气候、涵养水源、净化空气等功能得不到充分发挥，导致土壤侵蚀、土壤理化性状改变和土壤肥力下降，更为严重的引发水土流失，陇南山地近年来多数沟道每年发生3~5次泥石流。

2. 药材种植生态环境受到污染

农业生产中大量使用的化肥、农药、农膜等在提高作物产量的同时，也对药材生产的空气、水、土壤和中药材产品都造成了极大的污染。同时生活

垃圾污染也日显突出。废水、废弃物的无序排倒，破坏了地表植被，污染了水体和土壤。农药及化肥过量使用，造成土壤板结，加快了土壤及水体污染，导致土壤生态环境严重恶化。

3. 盲目引种、生产区域性迁移，导致药材品质下降

目前，我国野生资源量日趋减少，人工栽培已成为中药材原料的主要来源。由于种植中药材的经济效益明显，有些地方政府将种植中药材作为调整农业结构的重要手段，鼓励和引导农民大面积种植中药材。但是，没有根据当地的自然环境选择品种，可能导致药材品质的改变。此外，在新产区地方政府缺乏有效的监管，药农也对中药材种植认识不足，导致其种植、采收、产地加工过程不规范，直接导致中药材质量的下降。

（二）绿色中药材生产过程中的技术及管理问题

1. 品种选育及改良滞后

中药材育种较其他农作物周期长，且科研起步较晚，工作长期滞后，导致优良品种缺乏、种子（苗）参差不齐，中药材品种混杂。另外，由于药农对品种缺乏认识，长期以自留种进行繁殖，同时无计划地购买市场流通的药材种子和种苗，造成区域种质退化，目前在甘肃道地中药材产区这种现象普遍存在。

2. 优质中药材种子种苗繁供体系不健全

目前，省内缺乏良种繁供体系，致使中药材种子种苗市场混乱。据调查，目前甘肃省主要传统大宗中药材在生产中主要存在的问题有优良品种缺乏、种子种苗繁育技术落后、储藏方式粗放等。例如，在当归种植区，当归种子种苗都是农民自己进行留种与育苗，采收的种子成熟度不一致，种苗大小不均匀，是引起当归早期抽薹的主要原因之一。

3. 现代农业技术手段在中药材生产中的应用甚少

中药材种植是特殊种类的植物生产，其规范化、规模化发展必须借助现代农业技术手段。然而，目前甘肃省中药材生产中现代农业技术手段的应用较少。如半夏生产上采用异地调种，容易引发新的病虫草害，同时种源个体

间存在显著差异，导致药材质量不均一。选择优良种茎进行无性快繁，可使半夏药材实现"高效、可控、稳定"的质量标准。

4. 施用农药化肥过量

过量使用化肥，有些不能被植物有效吸收利用，容易被固结，导致土壤物理性状改变，土壤养分失调。另外，导致土壤中有机质含量降低，产品质量下降，且容易引起变质腐烂现象的发生。目前，药用植物病虫害防控是生产中最薄弱的环节，药农对农药知识了解较少，错用、误用、滥用农药时有发生，再加上地域条件限制，经常使用单一农药容易产生抗药性，导致药农用药次数和用量增加，可能使药材农药残留超标。此外，过量使用农药和化肥对栽培区的土壤、地下水、空气质量都会产生严重影响。

5. 缺乏严密的质量控制标准和科学检测手段

中药材生产涉及多个环节多种因素，主要包括种子选育、育苗移栽、大田栽培、采收、加工与储藏等过程。因此，要保证中药材的安全有效、质量稳定可控，严密的质量控制标准和科学的检测方法起到十分重要的作用。但是我国现有的质量标准水平偏低，且部分国家标准与部颁标准不统一。

（三）缺乏病虫害绿色防治技术体系

目前，甘肃省道地中药材主要病虫害发生规律及绿色防治技术系统性研究相对很少，因此病虫害危害已成为制约甘肃省中药材产业发展的重要因素。存在的问题主要有病虫害绿色防治技术的研究和应用滞后，技术普及服务不到位，防治效果较差，违禁农药依然使用，滥用激素类生长调节剂等。此外，在加工仓储运输过程中有些依然使用硫磺熏蒸防虫防蛀等。例如，在党参产区，药农盲目和滥用"壮根灵"类药剂，使用后对党参药材产量有一定的促进作用，但是党参炔苷含量平均降低20%。

（四）绿色中药材生产技术服务体系薄弱

甘肃省中药材种类多且研究起步晚，科研基础较大宗农作物薄弱，缺乏相应的技术体系，特别是科研落后于生产，专业人员有限，技术力量薄弱，

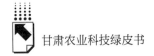

起不到科技支撑的作用。此外，政府对中药材研究科研投入少，资金扶持力度小，也是限制中药材产业发展的主要因素之一。

（五）绿色中药材生产优势未能充分凸显

目前，甘肃省绿色中药材仍以原材料为主，加工产品比例低，效益不高。绿色中药材品牌意识淡薄，无绿色中药材驰名品牌。因此，甘肃省绿色中药材生产规模小、优势尚未形成，绿色中药材生产提升潜力巨大。

三　甘肃中药材产业绿色发展措施

绿色中药材是随着人们生活质量的提高和对药材质量的重视而逐渐形成的一种较高形式的无公害中药材。目前，大部分农作物、蔬菜、水果等都已形成无公害、无污染的"绿色食品"体系，随着中药材临床疗效的不断提升、优质药材的需求逐年增大，中药材生产形成"绿色无公害"已势在必行。

（一）突出产地环境保护修复，优化产地布局，形成绿色中药材生产独特优势

据《中华本草》（1999）记载，我国共有中药8980种。若加上蒙、藏、苗等少数民族用药，中药材共有12800余种，但目前人工种植的中药材仅有三百多种，绝大多数为野生资源供应市场，长期以来的过度采挖，严重破坏了中药材种质资源和产地生态环境，导致部分野生资源处于濒临灭绝的境地。因此，急需从保护野生资源、保持生物多样性、维护生态平衡入手，通过野生驯化、仿野生栽培、生态种植等措施努力营造中药材生长发育微环境，促进天然中药材产地生态环境修复及资源保护再生。中药材讲求道地性，药材疗效受种质、环境、采收时间等多重因素的影响，在特定的自然条件、生态环境区域内所生产的药材，由于栽培历史悠久、环境适宜、产量丰富、栽培技术良好、采收加工考究、疗效稳定，得到公众认可的药材称之为

优质药材。在绿色中药生产过程中一定要按照中药材产地适宜性优化原则，按照药材生长发育规律，选择适宜生长的气候和土壤条件进行适宜性分析，建立中药材产地适宜性区划，按照区域化和道地性布局中药材种植产区，在生产基地选择上将大气、土壤、水等环境条件放在首位合理布局、规模发展。通过保持和创造大范围的中药材绿色生产的生态环境，全面营造绿色中药生产的大环境，形成绿色中药材生产的独特优势。

（二）突出生产措施提质增效，制定产地标准，推进绿色中药材生产基地建设

我国是中药的发源地，资源丰富、药用历史悠久，但在国际中药市场上我国出口的中药仅占世界中药贸易额的3%，而韩国、日本等国家及地区则占97%，我国中药材出口主要以中药材原料或中药饮片出口，而一些中药材经过日本、韩国等国外深加工企业再返销到我国，这种现象直接影响了我国中药的声誉及出口创汇的机会。因此，建立优质绿色中药材生产基地，对优质药材进行深加工延长产业链是中药材生产提质增效的必然出路。

在中药材绿色生产环节：一是要加强野生资源保护，加速濒危药材人工驯化进程，培育推广优良品种，从源头保证优质药材生产；二是要处理好化肥施用问题、农药使用问题和生态环境保护问题之间的关系；三是增加对绿色中药材生产基地建设的投入，研发提质增效栽培措施；四是制定产地生产标准，指导药材生产，促进中药材产业标准化；五是针对不同中药材不同药用部位有针对性地研发出轻简、高效农机具，降低劳动力投入，增加种植收益；六是严格管理加工、贮藏、包装工艺及设备，提高药材质量，通过扶持绿色中药材生产基地为加工企业提供原料上的保证。

在药材精深加工环节：一是要加大对龙头企业的培育和支持，围绕区域特色绿色中药材基地做好产品精深加工，在产品加工、炮制生产、分离提取、药材饮片生产等方面加强研究，加大产品开发力度，延伸中药材产业链条，增加中药材产品附加值，提升绿色中药材产业竞争力。二是开拓终端市场，加大对大型药化企业公关力度，开拓绿色中药材终端市场，逐步完善产业链条。

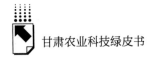
（三）突出综合防控技术，优化投入品结构，提升绿色中药材生产质量和安全水平

随着人们对化学杀虫剂、农药残留危害的重视，绿色中药材生产过程中必须对农药、化肥等中药材投入品结构进行调整优化，积极研发物理防治、生物防治等非化学病虫害防治技术，大力推广"预防为主，综合防控"的非化学农药防治技术；替代或减少化学投入品使用；按照药材种类进行需肥规律及次生代谢研究，明确营养元素对药材产量及品质的关系，研发高效缓释专用肥，推广普及专用肥及精准施肥高效施药技术，提高中药材对肥料和农药的利用率，从药、肥环节保证药材质量，提升药材品质；推进无硫加工，禁止使用硫磺熏蒸中药材，是推进中药材绿色生产加工的基础性工作。

（四）突出人才队伍建设，强化技术支撑，建立绿色中药材生产技术服务体系

通过政策引导，加大科研经费支持力度，优化研究人才结构，整合优势人才资源，通过对现有人才培养提高或引进急需人才的方式提升中药材领域研发队伍的整体素质；通过设立现代中药材产业创新体系，整合各层次人才，打通省、市、县科技支撑网络。创新机制建立健全技术服务机构，强化技术集成研究，创新技术服务推广手段；建立健全以生产绿色中药材为目标的技术服务体系。

（五）突出激励机制创新，完善政策措施，实施"绿色＋道地"优势品牌战略

加强宣传，实现绿色中药材的品牌效应；坚持"绿色＋道地"，推进中药材优质优价。一方面可以对绿色中药材生产企业或种植基地在生产过程中给予有机肥、专用肥、生物农药等生产投入品补贴，进而提高企业或农民专业合作社进行中药材绿色生产的积极性；另一方面积极扶持本省具有影响力

的生产企业，突出品牌优势，在主产区建立绿色中药材生产基地，实施
"绿色＋道地"优势品牌战略，提高企业影响力和竞争力。

参考文献

程惠珍、丁万隆、陈君：《生物防治技术在绿色中药材生产中的应用》，《中国中药杂志》2003 年第 8 期。

程惠珍、肖培根：《论绿色中药材生产技术》，《中国医药情报》1996 年第 4 期。

赵仁君：《绿色中药材：中药资源可持续发展的希望》，《亚太传统医药》2006 年第 1 期。

李瑞琴、车宗贤、胡梅：《甘肃省名优中药材产地土壤重金属残留调查分析》，《农业环境科学学报》2006 年第 2 期。

G.18
甘肃省现代种业绿色发展研究报告

张正英*

摘　要： 国务院把农作物种业定位为国家战略性、基础性的核心产业。经过多年发展，甘肃省已成为国内生产规模最大、产业聚集度最高、最具优势的玉米制种基地，国内重要脱毒马铃薯繁种基地和瓜菜花卉制种基地，在全国现代种业的发展中占据重要地位。本文回顾了甘肃省种业发展阶段和发展成效，以绿色发展的观点和内涵分析了现代种业发展中存在的主要问题，提出了促进现代种业绿色发展的具体建议。

关键词： 现代种业　绿色发展　玉米制种　甘肃省

国以农为本，农以种为先。科技兴农，良种先行。农作物种业是促进农业稳定发展、保障国家农产品有效供给、保持农产品国际竞争力的根本，是一切农业科技创新的前提、基础和核心，也是其他技术措施得以发挥作用的载体。作为农业生产大国的中国，自然也是农业用种大国。国务院把农作物种业定位为国家战略性、基础性的核心产业，凸显了种业的重要地位。新中国成立以来特别是改革开放以来，甘肃省主要农作物种业取得了显著成效。但几十年来在以提高产量为主要育种目标的农作物育种理念指导下，育成品种资源利用率低、品质性状较差，而且面临着病虫危害加重和受气候变化影响较大等严峻挑战，加之化肥和农药等化学品的大量施用，农产品的质量和

* 张正英，硕士，研究员，甘肃省农科院作物所副所长，主要从事农作物遗传育种工作。

安全得不到保证，农业生态环境问题日趋严重，制约着农产品的有效供给和农业的可持续发展。

调整农业产业结构，需要找到符合结构调整要求、适宜目标区域种植的高附加值的特色优质农产品品种。转变农业发展方式，呼唤高产稳产、适宜全程机械化作业、肥水高效利用、广适多抗的优良品种，以此来有效化解农村劳动力成本刚性上涨、资源环境硬约束限制、农产品国际竞争力严重匮乏等突出矛盾。种子是内因，决定了农产品的种类、生产方式、技术措施和产品品质，因而现代农业绿色发展，就必须紧紧扭住农作物种业这个核心技术，努力解决"绿色品种"选育、绿色生产方式、资源高效利用和产品质量安全等现代种业绿色发展面临的四方面突出问题，在种业绿色发展上率先实现突破。

一 甘肃省种业发展历史回顾

与全国一样，自新中国成立以来，甘肃省种子工作可划分为农户自留自用、"四自一辅"、"四化一供"和现代种业四个发展时期。真正形成育种、繁种、加工与营销等具有产业链意义的种子产业即种业，起始于20世纪70年代的种子"四化一供"时期。1978年6月，农林部决定在全国建立12个"四化一供"试点县和良种繁育推广体系，开始了全国繁种体系建设，种子的基地化、专业化生产业态初步形成。同年，利用购置引进的玉米种子精选加工设备开展了玉米种子的商业化加工。1987年，农牧渔业部决定对种子管理部门和种子公司进行改革，实行政企机构、职能和资产分开，种子公司独立运行，开始了专业化的种子生产营销。1989年国务院发布《中华人民共和国种子管理条例》。1995年国家开始实施"种子工程"，为建立基地规模化生产、企业专业化经营、规范化管理及育繁推一体化的商业化现代种子产业链形成奠定了基础。《中华人民共和国种子管理条例》等政策法规的发布和"种子工程"的实施极大地促进了我国现代种业的发展。

经过多年发展，甘肃省已成为国内生产规模最大、产业聚集度最高、最具优势的玉米制种基地，国内重要脱毒马铃薯繁种基地和瓜菜花卉制种基地，在全国现代种业的发展中占据重要地位。

玉米种业是甘肃省种业的领头羊，主要集中于甘肃省河西地区。但甘肃省河西地区玉米种业起步较晚。1964 年，省社教工作组科技人员在张掖开始引种玉米获得成功，引起张掖地委和行署的重视。为满足当地玉米生产，1966 年在高台县开始生产玉米双交种"威尔 42"等，当年制种单产 3000 千克/公顷。1975 年张掖开始规模化生产玉米种子，制种面积达到 266.7 公顷，单产 5302.5 千克/公顷，产种 100 多万千克。1978 年，生产"张单488"666.7 万公顷，产种 500 万千克，除满足本区玉米用种外，还向周边省区提供种子 300 万千克。1982 年、1983 年临泽县和高台县"中单 2 号"制种面积分别达到 666.7 万公顷，成为甘肃省的两个"万亩制种县"，自此产自张掖的玉米种子开始大量销往全国，也带动了河西和沿黄地区玉米制种的发展。20 世纪 90 年代，按照国家实施"种子工程"建设的目标要求，甘肃玉米种业开始向现代化、专业化、社会化、育繁推一体化方向发展，成为全国最大的玉米制种基地。

1986 年前后，中国种子公司等单位在甘肃酒泉建立专业化蔬菜种子生产基地，为国外公司生产番茄等蔬菜种子，开创了甘肃蔬菜现代种子产业。据文献报道，至 2013 年底甘肃省河西地区种子进出口贸易备案登记企业有122 家，蔬菜、花卉等每年对外繁种量达到 1447 万千克，出口量 1100 万千克，占全国制种出口量的 75%，出口额 1.32 亿美元，占全国制种出口额的60% 以上。甘肃省河西地区的酒泉、张掖及武威 3 市已发展成为全国最大的蔬菜、瓜类、花卉对外制种基地。

甘肃省农业科学院于 20 世纪 70 年代末开展了马铃薯茎尖脱毒及组织培养技术，建立了马铃薯脱毒种薯繁育基地。90 年代末集成茎尖组培脱毒、日光培养快繁、网棚原种生产、高海拔隔离良种生产等多项技术，形成了一套科学实用的高效低成本脱毒快繁技术体系，并向全省地市县农业部门和企业推广，带动全省马铃薯脱毒种薯生产，结合马铃薯育种优势，甘肃很快成长为全国马铃薯脱毒种薯的供种基地，微型薯产量的一半销往外省。

二 甘肃种业发展成效

（一）品种创新

近年来，甘肃省育成品种审、认定数量大幅度增加。2011～2017年，甘肃省审定小麦、玉米、马铃薯、油菜、胡麻、棉花、大豆七大主要农作物品种362个（见表1）。

表1 2011～2017年甘肃省审定主要农作物品种数量

单位：个

年份	合计	春小麦	冬小麦	玉米	马铃薯	油菜	胡麻	棉花	大豆
2011	37	2	9	14	0	9	2	0	1
2012	46	4	8	22	7	3	0	2	0
2013	37	5	4	16	1	5	1	5	0
2014	48	8	6	20	5	3	2	1	3
2015	64	5	10	33	1	5	3	0	7
2016	72	4	11	32	6	9	2	4	4
2017	58	6	8	35	0	0	0	4	5
合计	362	34	56	172	20	34	10	16	20

数据来源：历年甘肃省品种审定委员会公告。

2011～2016年，甘肃省认定非主要农作物品种950个，其中大田类45个，瓜蔬类83个，果树类9个，中药材14个，花卉8个（见表2）。

表2 2011～2016年甘肃省认定非主要农作物种类及品种数量

单位：个

年份	品种	作物种类						
		大田类	瓜蔬类	果树类	中草药	花卉	其他	合计
2011	103	7	14	0	1	0	3	25
2012	50	7	10	0	0	1	0	18
2013	153	7	15	2	3	1	1	29
2014	156	9	12	0	3	0	3	27
2015	281	6	17	2	3	0	1	29
2016	207	9	15	5	4	6	2	41
合计	950	45	83	9	14	8	10	169

数据来源：历年甘肃省品种审定委员会公告。

1. 各地区品种创新

甘肃省各地区农作物新品种创新能力从高到低依次为兰州市、酒泉市、武威市、张掖市、天水市、定西市及其他市州。主要农作物审定品种和非主要农作物认定品种趋势基本一致（见图1）。

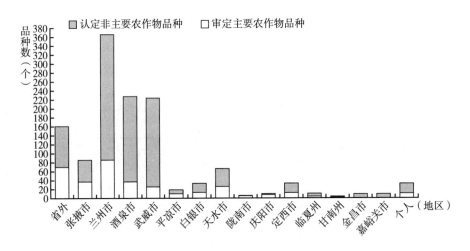

图1　甘肃省各地区审、认定品种数量（2011～2017年）

2. 各地区品种选育或推荐单位

甘肃省各地区开展农作物新品种选育或品种引进推荐单位数量从高到低依次为兰州市、武威市、酒泉市、张掖市、白银市、平凉市、天水市、定西市、陇南市及其他市州。主要农作物审定品种和非主要农作物认定品种趋势基本一致。省外育种单位推荐参与省内品种审定或认定的单位占比很高（见图2）。

3. 各科研单位品种创新

2011～2017年，甘肃省共有25个涉农科研、教学单位选育的新品种通过省级审、认定。选育审、认定农作物新品种数量居前三位的科研单位依次为天水市农业科学研究所、甘肃省农科院作物所研究所和甘肃省农科院蔬菜研究所。

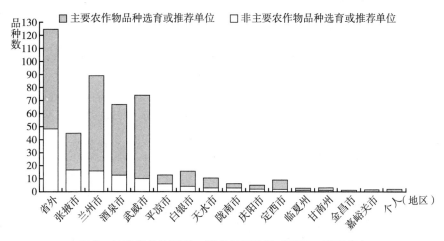

图2 甘肃省各地区审、认定品种数量（2011~2017年）

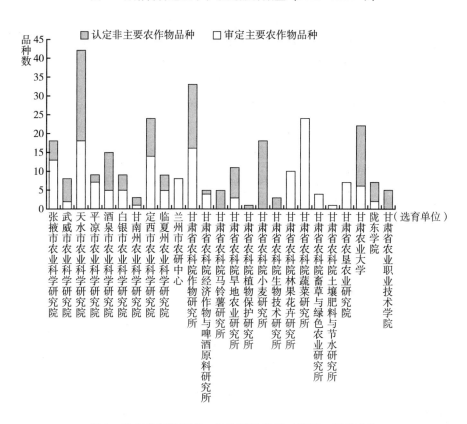

图3 甘肃省各地区审、认定品种数量（2010~2017年）

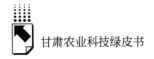

（二）种子产业发展

1. 作物良种生产情况

2010～2015 年，甘肃省农作物种子生产面积稳定在 22.5 万公顷以上，种子产量保持在 24 亿千克以上，其中制种作物玉米、马铃薯和瓜菜花卉的平均生产面积分别为 9.70 万公顷、9.05 万公顷和 1.55 万公顷，平均产种量分别达到 5.63 亿千克、20.60 亿千克和 0.128 亿千克（见表3）。

表 3　2010～2016 年甘肃省农作物制种情况

年份	农作物		玉米		马铃薯		瓜菜花卉	
	制种面积（万公顷）	产种量（亿千克）	制种面积（万公顷）	产种量（亿千克）	制种面积（万公顷）	产种量（亿千克）	制种面积（万公顷）	产种量（亿千克）
2010	24.47	30.00	9.47	4.80	8.50	25.00	1.00	0.035
2011	26.47	30.50	9.73	5.80	10.20	22.00	1.00	0.03
2012	29.80	31.70	10.07	6.98	11.67	21.70	1.00	0.045
2013	25.20	27.80	9.73	5.80	8.33	18.50	1.67	0.063
2014	22.47	29.30	8.20	4.78	8.27	22.60	1.67	0.115
2015	24.27	24.20	9.93	5.30	7.68	14.80	2.27	0.319
2016	26.00	27.00	10.79	5.96	8.72	19.60	2.27	0.293
平均	25.52	28.64	9.70	5.63	9.05	20.60	1.55	0.128

数据来源：摘自甘肃省种子管理局各年度种业基础信息。

自 1997 年以来，甘肃省玉米杂交种制种面积和总产量总体呈现增长趋势，面积和总产量之间有显著正相关（r = 0.9817）。但是不同年度间有波动，且具有一定的周期性。

2. 作物良种供种情况

甘肃省主要农作物良种覆盖率在 90% 以上，统供率在 80% 以上。玉米、杂交油菜和蔬菜种子的良种覆盖率和统供率达到 100%。玉米、马铃薯、油菜用种全部由省内提供，小麦、大豆用种主要由省内提供，部分品种余缺省外提供，棉花用种部分自繁，大部分由新疆调入。

（三）产业地位

甘肃省农作物种业的重要性主要体现在玉米种业的发展上，因而甘肃省农作物种业的地位以玉米种业为例说明。

1. 确保国家粮食安全

玉米是多用途作物，在保障全国粮食安全中的作用十分重要。甘肃省玉米制种产业的发展从数量和质量两方面保障了全国玉米生产稳定发展，促进玉米栽培方式的转变。

（1）据统计数据，1997～2015年，甘肃省玉米制种面积扩大了19.25倍，制种产量增加了24.45倍（见图4）。2015年甘肃省用占全国43.6%的制种面积生产出了48.5%的玉米种子（见图5）。另有文献报道，近年来甘肃省玉米制种面积稳定在10万公顷以上，产种量6亿千克左右，占全国用种量的60%。

（2）据统计，2015年全国玉米制种面积22.8万公顷，产种量10.97亿千克。甘肃制种面积和产量居全国之首，新疆和云南紧随其后。甘肃、内蒙古、新疆和宁夏制种区制种产量较高，单产量超过4500千克/公顷，其他区域较低。

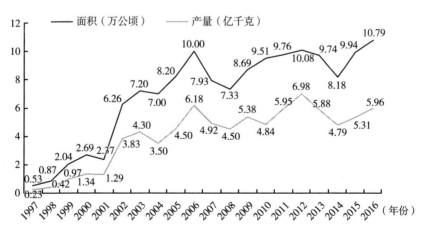

图4　1997～2016年甘肃省玉米杂交种子生产情况

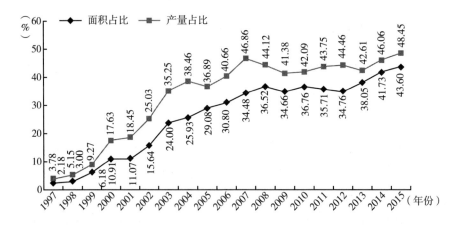

图5　甘肃省玉米制种面积与产量占全国玉米制种面积与产量的比重

表4　2015年全国各区域玉米制种情况

省份	制种面积 （万公顷）	产种量 （亿千克）	制种面积占比 （%）	产种量占比 （%）	单位面积产量 （千克/公顷）
甘　肃	9.94	5.31	43.61	48.45	5641.05
新　疆	6.92	3.21	30.35	29.26	4638.3
云　南	1.54	0.48	6.74	4.38	3124.95
黑龙江	0.83	0.34	3.65	3.1	4080
内蒙古	0.68	0.33	2.96	3.01	4886.55
四　川	0.60	0.26	2.62	2.37	4352.7
宁　夏	0.39	0.30	1.73	2.73	7614.15
其　他	1.90	0.74	8.34	6.75	3892.05
合　计	22.80	10.97	—	—	—

数据来源：摘自甘肃省种子管理局各年度种业基础信息。

（3）甘肃省玉米种业的最大优势不仅在基地规模，更在于产品质量。在省、部级连续种子质量抽检中，张掖市所产种子平均纯度≥97.9%、净度≥99.7%、发芽率≥98%、水分≤11.9%，所产种子70%以上可用于单粒播种，高于国家标准，达到或高于国外企业的种子质量标准。其他花卉、蔬菜等农作物种子质量也都达到或超过国家质量标准。

表5 张掖玉米种子与国内外种子质量标准对比

单位：%

标准	纯度≥	净度≥	发芽率≥	水分≤
国家标准	96.0	99.0	85.0	13.0
先锋公司	97.0	99.0	95.0	12.0
登海先锋	97.0	99.0	92.0	12.0
张掖玉米种子	97.9	99.7	98.0	11.9

2. 确立了国家级种业基地地位

2011年，"张掖玉米种子"获全国唯一的种子国家地理标志证明商标。2012年，国家级种子基地（张掖）管理协调领导小组成立。2013年，农业部认定张掖市为全国杂交玉米制种基地大市，临泽县为全国杂交玉米制种基地超级大县，肃州区、甘州区、高台县、永昌县、凉州区、古浪县为全国杂交玉米制种基地大县，并于2015年和2016年分别对临泽县、甘州区、高台县、凉州区和永昌县启动奖励资助，奖励资金1.65亿元，推动基地规模化、机械化、标准化、集约化和信息化"五化"建设。这些都标志着甘肃省已经确立了国家级制种基地的战略地位，成为全国现代种业无可争议的三大核心基地之一。

3. 成为农民增收的主要渠道

据统计，甘肃省有94万农户通过从事农作物制种业实现增收超过110亿元，其中通过玉米制种增收35亿多元。从2011年起，张掖市玉米制种田产值超过30000元/公顷，2016年达到38767.95元/公顷。张掖市等主要制种区农民人均纯收入的70%以上来自玉米制种，达到4000元。玉米制种业已成为当地带动性最强、收入比重最大、经济效益最显著的支柱产业。玉米制种业的发展也带动了关联二、三产业的快速发展，产生了显著的经济效益。

4. 产业集聚度增强

在农业部的大力支持下，甘肃省以玉米制种基地建设为主体，推行"公司＋制种大户＋基地""公司＋合作社＋基地""公司＋基地"等新型

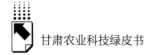

基地建设模式，提高了玉米种子生产组织化程度和产业竞争力，推进了"五化"制种基地建设，为全国种子基地建设提供了经验。建成国家级玉米制种示范基地 2.07 万公顷，为全省现代种业体系建设奠定了基础。

一批国内外知名种业企业落户甘肃省。国际跨国种业公司杜邦先锋、先正达、孟山都和利玛格兰，41 家国内种业骨干企业在甘肃省建立了生产基地或加工中心，建成玉米种子加工中心 147 个，种子加工能力 7 亿千克以上，产业集聚度显著增强，综合生产能力和抗风险能力显著提高。

（四）甘肃种业发展环境

1. 加大政策扶持力度

2013 年，甘肃省将现代种业发展作为发展现代农业的重点产业进行扶持，并列入《甘肃省"365"现代农业发展行动计划》中。2014 年，甘肃省人民政府制定了《甘肃省农作物种业发展规划（2014～2020 年）》，明确了扶持现代种业发展的优惠政策。2016 年，甘肃省农牧厅等五部门转发《农业部科技部财政部教育部人力资源和社会保障部关于扩大种业人才发展和科研成果权益改革试点的指导意见》的通知，要求各有关单位结合实际，认真贯彻执行。

2. 种业法律体系初步完善

近年来，甘肃省相继出台了《甘肃省农作物种子生产基地管理办法》《甘肃省农作物种子条例》等 17 项相关配套管理制度和 230 多个种子生产、贮藏、销售等方面的地方标准，形成了以《种子法》为核心，地方性法规、政府规章及各类规范性文件为基础的种子法律体系，为种业发展提供了有利的发展环境。

3. 种业监管体系逐步健全

目前，甘肃省建立了省、市、县三级种子监督与管理体系，拥有 1600余人的种子管理队伍，45% 人员具有执法资格证，20% 人员具有种子检验员资格证，现场执法监督能力较强。已建成省、市（县）、企业三级检测机构相结合的种子质量检验体系，建成检测能力 3 万份的市级以上种子质量检测中心 8 个。其中省种子质量监督检测中心已具备种子质量常规指标检验和转基因、品种真实性及马铃薯病毒分子检测能力和检验检测资质。

4. 加快诚信体系建设

严格企业准入，适度控制种子企业数量，推动种子企业重组，促进产业升级。开展基地认定，合理布局，规范管理。开展种子基地专项整治，规范种子市场秩序。强化合同管理，切实维护制种企业和制种农户的合法权益。发挥甘肃省种子行业协会职能，对种子企业进行信用等级评价，着力营造诚实守信、公平竞争的种业环境。

三　甘肃省现代种业绿色发展问题分析

发展绿色农业，就是保护生态，形成资源利用高效、生态系统稳定、产地环境良好、产品质量安全的绿色发展模式，从而大幅度节约水肥资源，减少化肥、农药的施用，实现"资源节约型、环境友好型"农业的可持续发展。只有树立绿色发展的理念，从现代种业发展的主要环节着手，深入剖析问题，才能找到现代种业绿色发展的应对之策。

（一）品种创新不足

1. 自主产权品种占有率低，市场竞争力不强

目前在甘肃基地制种的 400 余个玉米杂交种中，有自主产权的品种仅有 25 个，占生产品种总数的 6% 左右，在全国市场占有率仅在 2% 左右；各类蔬菜、瓜果品种 400 个左右，基本都是国外或省外品种。没有过硬的自主产权品种，造成制种企业缺乏核心竞争力。

2. 新品种水肥资源利用效率低，抵御自然风险能力不强

长期以来，农作物育种以产量为主要（甚至唯一）指标，忽视水肥资源利用效率和生态环境安全。如何提高农作物新品种水肥资源利用效率和增强农作物抗逆、抗病虫能力，选育"绿色品种"已成为农作物新品种培育必须解决的重大问题。

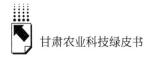

3. 新品种不能满足当前和未来一段时期农作物种植结构调整的需求

新一轮农作物种植结构调整的一个重要方面是提高农作物产品的品质和商品性以满足市场需求。而目前对新品种的审定评价以产量为主要指标，对品种的营养、加工、口感等品质和商品性状重视不够，导致农作物产品难以适应市场需求。

4. "绿色品种"育种理念和目标没有树立，缺少围绕农作物绿色性状的重大基础研究项目

对成果的评价过于强调急功近利式的应用，造成原始创新成果严重缺乏，难以形成具有自主知识产权的基因资源和专利技术，成为制约中国现代种业发展的技术瓶颈。

（二）资源利用率不高

目前甘肃省主要农作物种子生产模式仍以"高投入、高产出"为特征，水、肥、药等投入过高，利用效率很低。化肥利用率平均仅为 30% ~ 35%，是发达国家的一半左右。据文献调查，河西地区玉米制种田普遍存在化学肥料投入过量的问题，有些地区氮素（N）化肥施用量高达 525 千克/公顷，磷素（P_2O_5）施用量达 180 千克/公顷，过量投入氮磷化肥造成肥料资源严重浪费，多次施肥的施用方式也增加了制种成本。尽管开展了节水技术的研究与推广，但小农户分散的经营方式难以大幅度提高水资源利用率。残膜回收利用率低，残膜污染日趋严重。

（三）病虫害发生日趋严重

我国农作物生产每年因气候灾害和病虫害造成的损失超过 35%。由于引种和多年的连作，甘肃省制种基地各类病虫害在种类、数量及发生危害程度上都日趋严重。以玉米制种为例，1983 年张掖地区病虫害普查资料记载玉米病害的种类仅有 18 种，危害程度不及全国病害水平的 25%。目前有 73 种之多，其中严重发生的 13 种，中等发生的 18 种，轻度发生的 42 种，是制种前病害数量的 4 倍，玉米瘤黑粉病平均发病率 8% 以上，部分自交系制

种田发病率达 30% ~ 50%；主要虫害发展到 20 余种，棉铃虫、红蜘蛛、蚜虫成为玉米制种田的三大常发虫害。棉铃虫穗部被害率达 30%，玉米红蜘蛛、蚜虫危害减产 10% ~ 30%。

（四）玉米制种收益相对下降，影响制种农户的积极性

土地租金、劳动力、农业生产资料投入等成本的增加，带动玉米制种成本上升较快，造成玉米制种收益有所下降，加之种植业结构调整和高效设施农业的发展，诱发玉米制种向其他农业产业更替或转移，比如酒泉市近年来大力发展高效瓜菜产业，效益高于玉米制种。由于制种比较效益下降，农民从事种子生产的积极性有所降低。

（五）种业基础建设滞后，影响产业竞争力提升

制种基地农田农户分散经营，存在地块小、土地平整度差、长期连作土壤肥力降低、节水设施不全、田间道路不配套等基础设施条件落后，大中型机械不能作业，机械化水平低等问题；基地建设与标准化、规模化、集约化、机械化和信息化"五化"标准还有较大差距，产量水平提升空间小；品种布局不合理，生产过程易受自然灾害影响；收获加工的季节性与销售期间隔短，烘干设备不足。这些问题造成种子生产的可持续能力和抗风险能力差，极大地影响甘肃省种业技术升级和产业竞争力提升。

（六）政府的扶持力度不够，产业发展缺乏后劲

制种产业涉及管理、政策、技术、基地、装备、市场等方面，许多制种企业和农户自身难于解决。在对玉米制种产业的扶持方面，并未体现出与重点产业对等的优惠政策。比如制种企业收购玉米种子时难以得到政策性贷款的支持；种子企业享受减免税收政策，对地方财政收入的贡献小，加之地方财政困难，限制了地方政府对种业的财政投入。在国家和省上尚未建立相关补偿机制的前提下，地方政府无法对种业发展提供有力的财政保障。

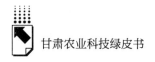

四 加快甘肃种业绿色发展的路径选择

（一）树立绿色发展理念

农业绿色发展，简而言之就是要走出一条保护生态、产出高效、产品安全、资源节约、环境友好的农业现代化道路。要推动甘肃省现代种业绿色发展，就要以保障国家粮食安全和促进当地农民持续增收为首要任务，努力解决"绿色品种"选育、绿色生产方式、资源高效利用和产品质量安全等现代种业绿色发展面临的四方面突出问题，不断增强甘肃省现代种业竞争力。推进甘肃省现代种业绿色发展，必须依靠科技创新。

（二）选育作物"绿色品种"

"绿色品种"是指所选育作物新品种在保持产量增长的同时，更加聚焦于综合绿色性状的提升，具有抵御非生物逆境（干旱、盐碱、重金属污染、异常气候等）、生物侵害（病虫害等）、水分养分高效利用和品质优良等性状，实现产量、品质和抗性的同步改良。从而大幅度节约水肥资源，减少化肥、农药的施用，为实现"资源节约型、环境友好型"农业的可持续发展奠定基础。

加强优异种质资源的引进及优质、抗病虫、抗逆、水分养分高效利用性状的鉴定研究，建立包括水肥资源高效利用和抗逆性能为指标的多元化新品种鉴定体系；整合主要农作物遗传材料资源的表型鉴定、品质分析、基因定位、分子标记和基因克隆等数据，建立种质资源和生物信息共享机制与交流共享平台，服务于绿色种业的研发；促进科研院所种业基础研究成果向种业企业转移转化；修改品种审定和种子广告审查等制度，鼓励绿色新品种的培育、宣传和推广。

（三）推行绿色生产方式

推进化肥和农药产业转型升级，推广缓释、复合多元平衡化肥和高效低毒低残留农药；加快建设农作物病虫害绿色防控体系，推广统防统治、自动化药械防治，提倡生物防治。实施种植业有机肥替代化肥计划，提高土壤有机质，增强作物抵御生物或非生物胁迫的能力，减少施药量。强化节水灌溉、精准施肥以及水肥一体化、精量播种、精量施药等技术的推广应用。强化废旧地膜、秸秆、畜禽粪便综合利用。

（四）提升种子产量质量

开展高效安全低成本种子生产技术的研究，推动制种产业规模化和机械化进程；重视种子精加工技术、分子检测技术、无损生活力测定技术、贮藏和包衣新技术研究，支撑种子质量提升；推动"育繁推一体化"种业龙头企业向"绿色种业"的转变；推进制种机械化，加强急需机型如玉米制种去雄机、联合收获机等的研发。

（五）加快现代化制种基地建设

依据自然条件和基础条件，科学规划，合理布局制种基地。将制种基地农田纳入基本农田范围，进行严格保护，确保面积不减、用途不变。倡导土地经营权流转，引导土地向制种企业、制种专业合作社或制种大户集中。整合项目资金，用于整治土地、培肥地力、建设农田节水设施、机耕道路和农田防护林。通过专业化农机服务，提高制种作业的综合机械化水平，降低制种成本，提高制种效益。通过种子综合生产能力、种子加工能力以及抵御灾害能力的提升，实现高质量种子的有效供给。

（六）营造良好发展环境

各级种子主管部门要加强与相关部门的协作，通过联合执法，加强对制种基地的巡查、对制种企业的督查和对种子市场的监管力度，杜绝不合格种子流入市场。

合理控制种子企业数量，严把企业准入关；制定基地建设和管理办法，严格落实制种基地准入制度。依托合同管理，鼓励引导种业企业通过多种方

式重组，增强其竞争力。

通过实施企业信用评价等措施，打造一批诚实守信的种业企业，着力营造公平竞争的市场环境，保障全省农作物制种产业稳定持续发展。

五　政策建议

（一）设立"绿色品种"育种专项，夯实现代种业绿色发展基础

"绿色品种"是现代种业绿色发展的前提和核心。选育"绿色品种"须在资源挖掘、亲本创新、鉴定评价等方面开展全新的理论和技术研究。建议省政府设立"绿色品种"育种专项，组织省内外相关科研机构和科技人员开展科技攻关，发掘高产、优质、抗病虫、抗逆、水分养分高效利用等重要农艺性状的新基因，创制优异种质材料；开展分子标记辅助选择聚合育种、作物分子设计育种理论和方法及其在新的优良品种培育上的应用研究，培育一批综合性状突出的特色功能型和生态型品种并大面积推广；加速适宜机械化生产的新品种选育，适应制种产业的规模化和机械化进程要求。

（二）加强关键技术创新集成，示范推广绿色种植模式

突出环境友好、产品安全、节本增效导向，加强绿色制种技术和种植模式关键技术研究与集成，示范推广绿色种植模式，真正实现现代种业的绿色发展。主要在制种作物病虫害绿色综合管理技术，水肥一体化技术，精量播种、精准施肥、精量施药技术，降解地膜利用技术、土壤有机质提升技术、机械去雄等关键技术方面实现突破。

（三）加大政府扶持力度，增强产业发展后劲

1. 实施制种奖励补贴政策

建议国家出台相关政策，一是对种子生产大县进行奖励补贴，弥补财政

收入不足，以调动县级政府发展种业的积极性；二是对土地流转面积大的企业或合作社的贷款利息进行补贴，扶持这些经营主体通过流转土地建立稳定的制种基地；三是提高对制种农民的补贴，调动优势区农民从事制种的积极性；四是制定种业企业种子收购资金政策性贷款等扶持政策；五是建议将制种企业用于种子烘干的电价、用于种子加工的机械设备纳入农业用电和农业机械补助的范畴。

2. 强化监管能力建设

建议农业部加大对基层种子监管能力的建设力度，不断提升种子检测能力和执法能力。

3. 推进种业生产加工的机械化自动化

建议设立专项资金，研发制种关键环节农机装备，支持发展专业性的社会化制种业农业机械装备服务组织。

4. 建立政策性保险制度

建议由省级政府牵头，建立种子生产政策性保险制度，设立种子生产保险专项补助引导性资金，督促保险机构出台与种子生产相适应的保险产品，对种子生产风险进行有效调控，保障种子产业的可持续发展。

参考文献

农业部种子管理局：《2016 年中国种业发展报告》，中国农业出版社，2016。

常宏：《甘肃国家级玉米制种"四化"基地建设情况调研报告》，《甘肃农业》2014年第 8 期。

常宏：《甘肃现代制种业发展的思路与对策》，《农业科技与信息》2013 年第 2 期。

陈士辉：《河西地区玉米制种产业调研报告》，《甘肃农业》2014 年第 8 期。

郑荣：《河西走廊玉米制种膜下滴灌水肥一体化栽培技术》，《农田水利》2016 年第 7 期。

孙宁科：《河西走廊制种玉米氮磷钾适宜用量及需肥进程》，《西北农业学报》2016年第 9 期。

蒋春明：《甘肃专业化种子生产基地的形成和发展》，《种业科学》2013 年第 2 期。

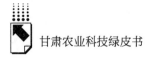
程红玉：《连作对玉米制种田土壤养分和土壤酶活性的影响》，《土壤》2013 年第 4 期。

索东让：《河西走廊制种田与生产田玉米需肥特点比较》，《植物营养与肥料学报》2013 年第 4 期。

❖ 皮书起源 ❖

"皮书"起源于十七、十八世纪的英国,主要指官方或社会组织正式发表的重要文件或报告,多以"白皮书"命名。在中国,"皮书"这一概念被社会广泛接受,并被成功运作、发展成为一种全新的出版形态,则源于中国社会科学院社会科学文献出版社。

❖ 皮书定义 ❖

皮书是对中国与世界发展状况和热点问题进行年度监测,以专业的角度、专家的视野和实证研究方法,针对某一领域或区域现状与发展态势展开分析和预测,具备原创性、实证性、专业性、连续性、前沿性、时效性等特点的公开出版物,由一系列权威研究报告组成。

❖ 皮书作者 ❖

皮书系列的作者以中国社会科学院、著名高校、地方社会科学院的研究人员为主,多为国内一流研究机构的权威专家学者,他们的看法和观点代表了学界对中国与世界的现实和未来最高水平的解读与分析。

❖ 皮书荣誉 ❖

皮书系列已成为社会科学文献出版社的著名图书品牌和中国社会科学院的知名学术品牌。2016年,皮书系列正式列入"十三五"国家重点出版规划项目;2013~2018年,重点皮书列入中国社会科学院承担的国家哲学社会科学创新工程项目;2018年,59种院外皮书使用"中国社会科学院创新工程学术出版项目"标识。

权威报告·一手数据·特色资源

皮书数据库
ANNUAL REPORT(YEARBOOK)
DATABASE

当代中国经济与社会发展高端智库平台

所获荣誉

- 2016年，入选"'十三五'国家重点电子出版物出版规划骨干工程"
- 2015年，荣获"搜索中国正能量 点赞2015""创新中国科技创新奖"
- 2013年，荣获"中国出版政府奖·网络出版物奖"提名奖
- 连续多年荣获中国数字出版博览会"数字出版·优秀品牌"奖

成为会员

通过网址www.pishu.com.cn或使用手机扫描二维码进入皮书数据库网站，进行手机号码验证或邮箱验证即可成为皮书数据库会员（建议通过手机号码快速验证注册）。

会员福利

- 使用手机号码首次注册的会员，账号自动充值100元体验金，可直接购买和查看数据库内容（仅限使用手机号码快速注册）。
- 已注册用户购书后可免费获赠100元皮书数据库充值卡。刮开充值卡涂层获取充值密码，登录并进入"会员中心"—"在线充值"—"充值卡充值"，充值成功后即可购买和查看数据库内容。

社会科学文献出版社 皮书系列
SOCIAL SCIENCES ACADEMIC PRESS (CHINA)

卡号：352838173649
密码：

数据库服务热线：400-008-6695
数据库服务QQ：2475522410
数据库服务邮箱：database@ssap.cn
图书销售热线：010-59367070/7028
图书服务QQ：1265056568
图书服务邮箱：duzhe@ssap.cn

中国社会发展数据库（下设 12 个子库）

全面整合国内外中国社会发展研究成果，汇聚独家统计数据、深度分析报告，涉及社会、人口、政治、教育、法律等 12 个领域，为了解中国社会发展动态、跟踪社会核心热点、分析社会发展趋势提供一站式资源搜索和数据分析与挖掘服务。

中国经济发展数据库（下设 12 个子库）

基于"皮书系列"中涉及中国经济发展的研究资料构建，内容涵盖宏观经济、农业经济、工业经济、产业经济等 12 个重点经济领域，为实时掌控经济运行态势、把握经济发展规律、洞察经济形势、进行经济决策提供参考和依据。

中国行业发展数据库（下设 17 个子库）

以中国国民经济行业分类为依据，覆盖金融业、旅游、医疗卫生、交通运输、能源矿产等 100 多个行业，跟踪分析国民经济相关行业市场运行状况和政策导向，汇集行业发展前沿资讯，为投资、从业及各种经济决策提供理论基础和实践指导。

中国区域发展数据库（下设 6 个子库）

对中国特定区域内的经济、社会、文化等领域现状与发展情况进行深度分析和预测，研究层级至县及县以下行政区，涉及地区、区域经济体、城市、农村等不同维度。为地方经济社会宏观态势研究、发展经验研究、案例分析提供数据服务。

中国文化传媒数据库（下设 18 个子库）

汇聚文化传媒领域专家观点、热点资讯，梳理国内外中国文化发展相关学术研究成果、一手统计数据，涵盖文化产业、新闻传播、电影娱乐、文学艺术、群众文化等 18 个重点研究领域。为文化传媒研究提供相关数据、研究报告和综合分析服务。

世界经济与国际关系数据库（下设 6 个子库）

立足"皮书系列"世界经济、国际关系相关学术资源，整合世界经济、国际政治、世界文化与科技、全球性问题、国际组织与国际法、区域研究 6 大领域研究成果，为世界经济与国际关系研究提供全方位数据分析，为决策和形势研判提供参考。

法律声明

　　"皮书系列"（含蓝皮书、绿皮书、黄皮书）之品牌由社会科学文献出版社最早使用并持续至今，现已被中国图书市场所熟知。"皮书系列"的相关商标已在中华人民共和国国家工商行政管理总局商标局注册，如 LOGO（🖐）、皮书、Pishu、经济蓝皮书、社会蓝皮书等。"皮书系列"图书的注册商标专用权及封面设计、版式设计的著作权均为社会科学文献出版社所有。未经社会科学文献出版社书面授权许可，任何使用与"皮书系列"图书注册商标、封面设计、版式设计相同或者近似的文字、图形或其组合的行为均系侵权行为。

　　经作者授权，本书的专有出版权及信息网络传播权等为社会科学文献出版社享有。未经社会科学文献出版社书面授权许可，任何就本书内容的复制、发行或以数字形式进行网络传播的行为均系侵权行为。

　　社会科学文献出版社将通过法律途径追究上述侵权行为的法律责任，维护自身合法权益。

　　欢迎社会各界人士对侵犯社会科学文献出版社上述权利的侵权行为进行举报。电话：010-59367121，电子邮箱：fawubu@ssap.cn。

社会科学文献出版社